法学论丛

安徽省高等学校省级质量工程项目马克思主义法学教学团队系列成果
安徽师范大学国家级一流本科专业（法学）建设点系列成果

生态环境法教学论

余　俊◎著

安徽师范大学出版社
ANHUI NORMAL UNIVERSITY PRESS
·芜湖·

图书在版编目(CIP)数据

生态环境法教学论 / 余俊著. — 芜湖:安徽师范大学出版社,2022.10
ISBN 978-7-5676-5680-2

Ⅰ. ①生… Ⅱ. ①余… Ⅲ. ①生态环境–环境保护法–中国–教学研究 Ⅳ. ①D922.684

中国版本图书馆 CIP 数据核字(2022)第 173894 号

生态环境法教学论 余 俊◎著
SHENGTAI HUANJING FA JIAOXUELUN

责任编辑:陈贻云 责任校对:盛 夏
装帧设计:王晴晴 责任印制:桑国磊
出版发行:安徽师范大学出版社
芜湖市北京东路1号安徽师范大学赭山校区
网 址:http://www.ahnupress.com/
发 行 部:0553-3883578 5910327 5910310(传真)
印 刷:江苏凤凰数码印务有限公司
版 次:2022年10月第1版
印 次:2022年10月第1次印刷
规 格:700 mm × 1000 mm 1/16
印 张:17.75
字 数:286千字
书 号:ISBN 978-7-5676-5680-2
定 价:80.00元

序　言

党的十八大以来，在习近平生态文明思想指引下，许多环境资源保护法律通过修改废立，立法质量得到了提升。由于国家的环境资源法律在不断地改变，以往环境资源法学教材又多为法解释学教材，原有的一些环境资源法学教材与新时代生态环境法的发展不相适应。为此，从2017年到2021年间，安徽师范大学马克思主义法学教学团队申报了省级质量工程项目——《环境立法决策学概论（汉英对照）》规划教材，从立法决策视角探索环境法的发展趋势和环境资源法课程的教学工作，并以《环境立法决策学概论（汉英对照）》作为法学本科生的教材。该教材根据辩证唯物主义一般和具体相结合的方法论，抓住立法决策作为立法过程的核心这一关键要素，从我国环境保护立法决策过程和立法决策案例分析的角度论证了环境与资源保护法学应该研究的基本问题，不仅阐述了立法学原理中的一些前沿理论，还阐述了新时代以来生态环境法的发展动态，适应了法制变革中的环境资源法学教学需求。该教材在安徽师范大学、桂林电子科技大学等高校使用，反馈良好。但是，由于该教材局限于环境立法决策教学，对环境司法教学作用不大。在此之前，马克思主义法学教学团队负责人余俊教授曾为桂林电子科技大学环境资源法学科研创新团队的首席专家，2015年在桂林市中级人民法院挂职，挂职期间和桂林市中级人民法院的宿健慧法官合作主编了《环境司法判解研究》。该著作通过收录“环境司法判例功能笔谈”“国内环境司法判例评析”“域外环境司法案例评析”，从国内和国外的双重视野向读者展示了环境法的前沿动态，说明了环境司法专门化的难点及其与民事诉讼、刑事诉讼、行政诉讼的关系，论证了环境司法在生态文明法治建设中的作用，提供了环境资源法学教学的判例素材。随着新时代生态文明制度体系的完善，以及环境司法案例的丰富，有必要撰写一部集环境立法与司法调整范围演变于一体的生态环境法教学研究著作，供法学本科生、研究生和从事环境立法、环境司法的实务工作者参考使用。

教材是体现教学内容和教学方法的载体。捷克教育家夸美纽斯是人类教育史上里程碑式的人物，他于1632年写成的《大教学论》一书，论述了教材在知识传授中的教学作用和意义。夸美纽斯强调教材教育的系统性和知识全面性，主张将一切知识教给一切人，认为一部好的教材应该符合受教育者的发展特色，各级学校应该按学生的年龄、已有知识，以及兴趣爱好，选择切合实际需求的教材。夸美纽斯还系统地论述了教材在班级授课制中的优势，指出在班级授课制中，学生对教材的不同理解和交流可以增强学生对于教材所传授知识的熟悉程度。

教材是一门学科知识体系的积累，教学论则是在教材教学中获得的经验、体会或学问的阐述。但是二者又有密切联系，教学论需要建立在一定的教材基础上。《生态环境法教学论》与一般环境资源法学教材的不同特点是，它不仅是环境资源法知识体系的积累，而且是环境资源法教学的经验、体会或学问，阐述了生态环境立法和司法的前沿动态和作者的相关观点。在西方教育史上，赫尔巴特是传统教学理论的代表，他强调教材的重要性，提出学生以学习间接知识为主、应注重书本知识。这种教材教学理论重视教材的理论性和科学知识的系统性，有助于教师传授系统知识和提高课堂教学效果，但忽视了学生作为受教育主体的作用，与职业训练和实践教学有一定距离。

美国学者约翰·杜威被视为20世纪最伟大的教育改革者之一。在《民主主义与教育》中，杜威说教育就是经验的改组或改造，这种改组或改造既增加经验的意义，又具有提高指导后来经验进程的能力。在关于教育与职业的论述中，杜威提到，职业就是任何形式的继续不断的活动，这种活动既能为别人服务，又能利用个人能力达到某种结果，职业实际上也是一种教育。杜威的思想曾对20世纪前期的中国教育界、思想界产生过重大影响，强调课程组织以学生的经验和兴趣为中心，从做中学，教育即生活、生长、经验的不断改组和改造。可以说，杜威的教育思想揭开了现代教育的序幕。

“生活即教育，社会即学校，教学做合一”。诚然，大学法学教材无疑是理论性很强的知识体系，但我们的教学应该将它与法律职业教育结合起来。受到杜威等教育学家的影响，被称为课程评价之父的泰勒指出了教学目标、课程设计与经验体验之间存在着密切的联系。他于1949年出版的《课程与教学的基本原理》一书，围绕学校应力求达到何种教育目标、如何选择有助于实现这些教育目标的学习经验、如何为有效的教学组织学习经验、如何评价学习经验的有效性、学校或学院的教师如何从事课程编制工作等内容展开，被公认为是对课程开发原理最完美、最简洁、最清楚的阐述，这对我国法学教材开发也具有一定启发意义。目前，一些法学教材与法律职业的学习经验教育没有挂钩。法学本科生在学校接受的法学教育大多是学习书本知识，了解法律条文，对法官、律师的职业生活认识不多。法学教材是教学基础，教会我们最基本的职业技能，但总还欠那么一点火候。体验式教学就是那恰如其分的一把火，它除了让我们在实践中强化理论认识，更重要的是让我们在生活中兼具法律逻辑和社会逻辑，成为一个有温度的法律人。生活是真实的，法律实践是接地气的，如果说法学教材将我们带入深奥的法学天空，那么教学论会为我们铺设一座桥梁，让我们还能回到脚下真真实实的地面，知法条却不以法条为限。

体验式教学法是指在教学过程中为了达到既定的教学目的，从教学需要出发，引入或创设与教学内容相适应的具体职业场景或氛围，以强化学生的职业体验，帮助学生迅速而正确地理解教学内容，促进他们的心理机能全面和谐发展的一种教学方法。联合国教科文组织在《学会生存——教育世界的今天和明天》中明确指出：“教师的职责现在已越来越少地传递知识，而越来越多地激励思考，他将越来越多地成为顾问，一位交换意见的参考者，一位帮助发现矛盾论点而不是拿出现成真理的人。”20世纪初，哈佛大学法学院在法学教学中创造了案例教学法。即围绕一定的培训目的把实际中真实的立法和司法情景加以典型化处理，形成供学员思考分析和决断的案例（通常为书面形式），通过独立研究和相互讨论相结合的方式，来提高学员分析问题和解决问题的能力，这就是一种体验式教学法。

因此，笔者结合新时代出现的一些新生态环境立法案例和环境司法典型判例，将环境立法决策教学与环境司法教学衔接起来，撰写了《生态环境法教学论》。本书的特色是以习近平生态文明思想和习近平法治思想为指导，以培养德法兼修的法律人才为目标，改革教学内容，突出生态环境法教学知识的新颖性、前沿性和系统性，做到理论与实际相结合。本书在更新立法案例和司法案例的同时，通过案例分析和评述的教学方式引导学生关注立法决策和司法判例背后的法理，思考生态环境法前沿问题，将教材中的理论学习和法律职业的实践训练结合起来。

在生态环境法教学的内容设计方面，中华传统文化中有“天人合一”“格物致知”和“修身齐家治国平天下”等博大精深的教学理论富矿值得挖掘。习近平总书记曾在不同场合多次谈到中国“天人合一”的生态文化以及和谐相处的国际观。习近平总书记2013年11月在关于《中共中央关于全面深化改革若干重大问题的决定》的说明中深刻指出：“山水林田湖是一个生命共同体，人的命脉在田，田的命脉在水，水的命脉在山，山的命脉在土，土的命脉在树。”2014年5月15日，习近平主席在中国国际友好大会暨中国人民对外友好协会成立60周年纪念活动上的讲话中指出：“中华文化崇尚和谐，中国‘和’文化源远流长，蕴涵着天人合一的宇宙观、协和万邦的国际观、和而不同的社会观、人心和善的道德观。”在2018年5月召开的全国生态环境保护大会上，习近平总书记指出：“中华民族向来尊重自然、热爱自然。”2021年7月1日，习近平总书记在庆祝中国共产党成立100周年大会上的讲话中再次强调：“以史为鉴、开创未来，必须不断推动构建人类命运共同体。”2021年10月12日，习近平主席在《生物多样性公约》第十五次缔约方大会领导人峰会上的主旨讲话中指出“我们要解决好工业文明带来的矛盾，把人类活动限制在生态环境能够承受的限度内，对山水林田湖草沙进行一体化保护和系统治理。”

以习近平生态文明思想和习近平法治思想为指导，对中华法文化的“天人合一”教育理念进行创新性改造，是本书的特色之一。本书的内容框架设计如下。

第一编“总论”，这一部分分为四章。第一章“生态环境法的教学内容”，核心内容是揭示法律调整人与自然关系的范围演变趋势，指出生态环境法的调整范围是在历史发展过程中积累起来的，是关于生态环境立法和司法的智慧、知识和经验的结晶。第二章“生态环境法与其他部门法的关系”，说明了生态环境法与民法、经济法、行政法和刑法调整范围的区分与融合。第三章“环境立法决策学的教学要点”，通过对单行法、地方立法等不同类型立法角色的体验教学，论证了环境立法决策主体的立法思路和立法技能提升的重要性，并通过环境法典化的立法动态揭示了学习环境立法决策学的重要性。第四章“环境司法判解的教学目的”，论证了对环境民事公益诉讼、环境行政公益诉讼和环境刑事附带民事公益诉讼进行角色体验的教学目的，对典型的环境司法案例进行了判解评述。

第二编“国内生态环境法教学论”，这一部分包括三章内容，课程设计以山水林田湖水草人作为生命共同体的法律保护为主线展开，并分别介绍了土地法、水法和生物安全等国内典型生态环境保护立法和司法案例。其中，第五章“土地法的国内法教学案例”，讲授了中华法文化的“人法地”特色。与西方将自然法实体化为人法、物法不同，中国传统文化并不把自然界视为“物”，对于人们来说土地（包括草原、森林等）是“家”，中国传统法文化是以“土地法”为核心的制度体系，说明土地开发利用与土壤污染防治等相关制度设计对现代环境法典化仍有启示意义，土地法编应作为环境法典的重要组成部分。第六章“水法的国内法教学案例”，介绍了中华法文化“地法天”的制度演变，对现代水资源利用和水污染防治的典型案例进行了评述。水资源对人与自然和谐共生的重要性，必然要求现代水资源开发利用与污染防治在环境法典中占有重要地位。第七章“生物安全的国内法教学案例”，说明了中华法文化“民胞物与”的价值内涵，论证了现代森林法、草原法和野生动植物保护法律法规等相关立法和司法案例背后的法理依据。树木对于人类的生存和生物多样性保护，都起着非常重要的作用。在中国传统文化中，有“仁者乐山”“智者乐水”“盛德在木”的典故，倡导人们重视森林、草原和野生动植物的保护。因此，森林、草原和野生动植物保护等立法也应成为环境法典的一部分。

第三编“国际生态环境法教学论”，这一部分也分为三章，分别从国际海洋法、大气法、森林公约和湿地公约的制定和国内法转化适用等角度进行课程设计，将习近平生态文明思想中人类命运共同体理念融入国际生态环境法的教学内容。在人类命运共同体中，海洋是人类生命的源泉，是国际法产生的最初场域，森林被称为地球之肺，湿地被称为地球之肾。了解国际海洋法、大气法、森林公约与湿地公约等对每个国家的环境立法和司法的影响，更能让我们体会人类命运共同体的内涵，也对国内环境保护立法、环境教育和司法适用具有重要意义。

目　录

第一编　总　论

第一编 ▶▶▶▶

总 论

生态环境法是对人与自然和谐共生的生态系统进行整体性保护，而不是单纯地对山水林田湖草沙进行保护。单纯地保护山水林田湖草沙的法律是“物法”，将保护山水林田湖草沙的法律汇编为环境资源法学教材容易忽视人作为法律适用主体的作用。因此，生态环境法教学论试图将环境保护法律系统与法律人的职业生活世界衔接起来。与此相适应，应该将生态环境法这一“物法”与环境立法、司法和教育等职业活动的“人法”融合起来进行教学。

第一章　生态环境法的教学内容

要弄清楚生态环境法的教学应该教什么，学生应该学什么，首先就必须弄清楚生态环境法的规范体系构造是怎样的，这是生态环境法教学论需要解决的基本问题。而生态环境法的规范体系构造与立法和司法主体对生态环境的概念认定密切相关，这也就是生态环境法的教学内容。

第一节　人与自然关系的法律调整

人与自然关系的法律调整，是通过对生态环境的概念进行法律确认体现出来的。对生态环境的不同法律界定，决定了生态环境法律体系的不同规范构造与内容范围。2014年修订的《环境保护法》第2条规定："本法所称环境，是指影响人类生存和发展的各种天然的和经过人工改造的自然因素的总体，包括大气、水、海洋、土地、矿藏、森林、草原、湿地、野生生物、自然遗迹、人文遗迹、自然保护区、风景名胜区、城市和乡村等。"由此可以看出，生态环境法的范围包括土地法、森林法、水法等。

一、人与自然关系的法律调整目的

生态环境法不只是简单地对环境与资源保护法（简称"环境法"）所列举的各种环境要素的保护，更是对人与自然和谐共生关系的维护。习近平总书记曾指出："山水林田湖是一个生命共同体，人的命脉在田，田的命脉在水，水的命脉在山，山的命脉在土，土的命脉在树。"若要知道生态环境法的特征是什么，就要回答人与自然关系这个基本的问题。

人与自然关系有自然法关系与意定法关系的区分。人与自然的自然法关系是就自然界对人天生的生存影响而言的，在中国传统文化中就是“天之道”。老子《道德经》第二十五章曰：“人法地，地法天，天法道，道法自然。”这里的“自然”是自然而然的自然，即“无状之状”的自然。从这里可以看出，老子的自然法思想就是自然界自然而然的本性所在。在中国诸子百家学说中，道家是推崇自然法的，主张听天由命，无为而无不为。否则就会法令滋彰、盗贼多有。所谓人与自然的意定法关系就是立法主体为什么制定法律来调整人与自然关系。我国儒家思想提倡“人治”，就是一种意定法的表现。孔子说“为政在人”“文武之政，布在方策。其人存，则其政举；其人亡，则其政息”。（《礼记·中庸》）孔子还提倡“仁”，所谓“仁”，他认为“克己复礼为之仁”。“仁者，亲也，从人从二”。“仁”的本意是“爱人”。孟子继承和发展了孔子以“仁”为核心的思想，提出了“教以人伦”“薄其赋敛”并“制民之产”的“仁政”方略，丰富和发展了处理人事关系的儒家“德治”思想。与儒家不同，在人事关系处理方面，法家提倡“法与时转则为治”的“法治”观念，希望通过法来定纷止争。与道家自然法观点不同的是，儒家、法家思想多涉及人事关系的处理，而不是人与自然关系的处理。

通过天道、人情来指引法律的制定和实施，构成了中华法文化“天人合一”的法律调整目的。“天人合一”最早由庄子阐述，《庄子·达生》曰：“天地者，万物之父母也。”董仲舒《春秋繁露·王道通三》篇曰：“天，仁也。天覆育万物，既化而生之，有养而成之。事功无已，终而复始，凡举归之以奉人。察于天之意，无穷极之仁也。人之受命于天也，取仁于天而仁也。”荀子综合儒家、道家、法家的思想，提出了“明于天人之分”“制天命而用之”的新儒学思想，后被汉代儒学思想家、阴阳家董仲舒发展为天人合一的哲学思想体系，并由此构建了中华传统文化的主体。

董仲舒认为，天是万物之祖，通过阴阳寒暑来使万物生长。所以圣人效法天而创立道，仁是人君用来爱护人民的，德是人君用来养育人民的，刑罚是人君用来惩罚人民的。道的根本来自天，天不变，道也就不变。因此，中国古代产生了有利于现在所谓环境保护方面的“天人合一”思想和制度。但是，中华传统法律文化对人与自然关系的理解过于抽象笼统，没有形成科学分析的法律调整规范体系。

由于历史文化等条件不同，各国关于法律调整人与自然关系的目的也是不同的。在西方传统法律文化中，古希腊思想中的自然法观念是人是万物的尺度，人的本性也是宇宙本性的体现。按照自然法生活，就是按照自己的本性和普遍的人性生活，这就是自然法。以自然法为理念，古罗马创设了丰富的私法制度，产生了以土地、水、森林为对象的物权制度。因此，西方传统文化蕴含人本主义思想，环境与资源在法律意义上是被作为“物”看待的。

在国外，环境法律规则的产生，其渊源常常不是自然而然的结果，而是发轫于人类对自然的掠夺开发行为。1962年美国生物学家雷切尔·卡尔逊所著的《寂静的春天》播下了“生态运动”的种子，深深植根于美国公民的意识中。《寂静的春天》的出版应该被看成是现代环保运动的肇始。两年后美国设立《荒原法》虽然和其并无直接关系，但这是那个时代大背景下的产物，是美国政府从法律上对“生态运动”的一个回应。《荒原法》保护当代乃至未来美国人拥有不朽的荒原资源。因此，在美国，生态环境法的调整范围很广，是一个很综合的法律，不仅包括联邦《清洁空气法》《清洁水法》等有关环境要素保护的单行法，也包括《联邦环境政策法》等约束政府决策和企业行为的基本法。

因此，在大多数学者看来，生态环境法是法律对人与自然关系的调整，而法律对人与自然关系的调整目的是：通过规范和指导人的意志行为，形成人与自然的和谐关系。生态环境法是在自然法基础上的意定法。我国《环境保护法》第1条就规定：“为保护和改善环境，防治污染和其他公害，保障公众健康，推进生态文明建设，促进经济社会可持续发展，制定本法。”

二、生态环境法律关系的特点

自然界是人类生存、生活的环境。现代社会科学技术的发展，使得万物有灵或神学的自然法发生了质的蜕变，自然法变化为自然和人类社会规律的“客观法”“社会法”，是人类意识在尊重自然与社会规律基础上的主观能动的产物。

由于我国近代法治观念是引进西方文化后的概念化产物，因此，在关于法律、法学的概念界定上多采用的是西方话语。比如，法律常被定义为统治阶级意志的体现，法学研究人与人之间的关系，而研究人与自然之间关系的学科是自然科学。也就是说，法律多被视为意定法，如有的学者认为，环境法是由国家制定或认可、并由国家强制力保障和推动的，为实现经济和社会可持续发展目的，调整有关保护和改善环境、合理利用自然资源等社会关系的法律规范的总称①。

因此，在我国主流法理学中，法律科学作为人文科学，是以人与人之间的社会关系研究为重点的，但也涉及人与自然关系的研究。既然主流法理学只将“法律关系”界定为人与人之间的关系，为此，环境法学者蔡守秋教授提出一个新概念——“法定关系”，也就是说环境法主要调整人与自然的法定关系，使之与“法律关系”予以区别。蔡守秋教授认为，环境法是关于环境、资源与生态系统的开发、利用、保护、改善及其管理的各种法律规范和法律表现形式的总和②。

生态环境法不是单纯的自然法或意定法，而是二者的统一。不过这里的“自然法”，不是西方法理学中抽象的理性、人性，也不是中国古代法中的“天命”，而是一种符合科学规律的技术规范和客观社会规范。环境问题不仅包括人与自然关系的不协调，还包括人与人之间为利用环境这种“公共资源”而产生的冲突。环境问题的根本解决，不仅需要运用法律规

① 周珂，孙佑海，王灿发，等．环境与资源保护法［M］．北京：中国人民大学出版社，2010：22.

② 蔡守秋．环境与资源保护法学［M］．长沙：湖南大学出版社，2011：19.

范式来处理人与自然的理性和感性关系，还需要理顺人与人之间文化沟通的理性和感性关系，环境法律关系就是这种具有主体间性的连带社会关系的事实体现。传统法律科学范式的弊端不是没有重视人与自然的关系，而是过分彰显人类社会中个人的权利或人类对自然的权利，对人与人之间的沟通关系重视不够。

三、生态环境法的范围

生态环境法的范围，是对调整人与自然关系的各类法律规范进行集中的结果。目前，我国最主要的人与自然关系的法律体系以1989年制定的《环境保护法》（2014年进行了修订）为综合性环境基础法，具体包括环境污染防治法、自然资源保护法以及国土综合开发和特定区域环境保护法三大部门法。

理论上来说，首先，环境污染和其他公害防治法包括大气污染防治法、水污染防治法、噪声污染防治法、固体废物污染防治法、有毒化学品管理法、放射性污染防治法、恶臭污染防治法、振动控制法等。目前，我国已经颁布的单行法律法规主要有《土壤污染防治法》《大气污染防治法》《水污染防治法》《海洋环境保护法》《环境噪声污染防治法》《固体废物污染环境防治法》等。以这些法律法规为基础，还制定有地方性的法规和规章。其次，自然资源保护法包括土地资源保护法、矿产资源保护法、水资源保护法、森林资源保护法、草原资源保护法、渔业资源保护法等。目前，我国已经颁布的有关法律法规主要有《土地管理法》及其实施条例、《矿产资源法》及其实施细则、《水法》、《森林法》及其实施条例、《草原法》、《渔业法》及其实施细则、《水产资源繁殖保护条例》、《基本农田保护条例》、《土地复垦条例》、《森林防火条例》、《草原防火条例》等。最后，国土综合开发和特定区域环境保护法包括野生动植物保护法、水土保持法、湿地保护法、荒漠化防治法、海岸带保护法、绿化法，以及风景名胜、自然遗迹、人文遗迹等特殊景观保护法等。目前，我国已经颁布的有关法律法规主要有《野生动物保护法》、《水土保持法》及其实施条例、

《自然保护区条例》、《风景名胜区条例》、《野生植物保护条例》、《城市绿化条例》等。

我国关于环境法概念的内涵界定，主要是从自然环境的构成要素来分析的，而不是从处理人与自然关系的行为来界定的。如果我们仅从某种环境要素的角度来理解生态环境法，那么生态环境法的调整范围是相当碎片化的。我们应该以生命共同体的整体观念来理解生态环境法，也就是从人与山水林田湖草沙整体生态系统的关系中理解生态环境法，这样就可以避免出现环境立法的碎片化现象，解决环境司法救济渠道不畅的问题，探索完善的生态环境法律调整体系建构的路径。

第二节　人与自然关系的立法调整

法律是一套特殊的行为规范。立法调整就是立法主体为什么、怎么样立法对人的行为进行规范的决策行为。目前的环境资源法学教材多为法律注释，对立法介绍不多。了解一门法律怎么用，首先必须清楚它是怎么来的、起什么作用。因此，学习对人与自然关系进行立法调整的缘由，进行立法主体角色体验是生态环境法教学的首要内容。

一、立法调整的概念

立法调整就是通过立法来规范人们的行为。立法是一个历史概念，与国情和政治体制有很大关系。在不同的历史阶段、不同的国家，关于立法的解释也不同，立法调整的目的、对象和范围也就不同。

（一）古代的立法

根据马克思主义法学原理，立法是随着国家的出现而产生的，原始社会的习俗不是法。“立法”一词，早见于我国古籍中。战国时代的《商君书·更法》中记载：“伏羲神农教而不诛，黄帝尧舜诛而不怒，及至文武，各当时而立法，因事而制礼。礼法以时而定，制令各顺其宜，兵甲器备各便其用。”可见，中国古代的“立法”是与“制礼”相并列的官方管理行为，立法仅是制定一些刑事规范，相当于“制刑书”，有所谓“礼不下庶人、刑不上大夫”之分。公元前536年，郑国执政子产将郑国的禁令铸在象征诸侯权位的金属鼎上，向全社会公布，史称“铸刑书”。公元前513年晋国的赵鞅、荀寅“铸刑鼎”，也是中国历史上一次重要的立法活动。从上述历史文献载明的立法活动来看，先秦时期的立法者不仅是君王，还可以是一些有很大政治影响力的权贵，专门性的立法机构还没有产生。为了使自己制定的法律具有权威性，统治者常以“天命”“巫术”之类的借口，对于一些非官方的“立法”进行打压。春秋末期思想家邓析就因不满郑国执政子产所铸刑书，私造“竹刑”而被子产的继任者驷颛所杀。至于战国时李悝编著的《法经》，虽然不是官方制定的，属于学者编著之类，但被后世的统治者奉为“法律”。秦朝采纳法家“壹赏、壹刑、壹教”（《商君书·赏刑》），立法集中于官府。韩非子说：“法者，宪令著于官府，刑罚必于民心，赏存乎慎法，而罚加乎奸令者也。”西汉司马迁所著《史记·律书》上也说“王者制事立法”。因此，古代的立法就是一种统治者将自己的意志奉为国家法律的过程。而“制礼”不仅可以是官方的行为，也可以是圣人的言教，如周公对以往的宗法传统习惯进行整理，制定出一套“周礼”，属于官方制礼；孔子作《春秋》，开始只是一部编年体史书，通过汉朝董仲舒等春秋折狱，逐步“引礼入刑”，形成了中华法系“礼刑结合”的伦理法传统。

与我国古代立法逐步从民间走向官府不同，西方国家的立法则逐步从官府走向市民化。古希腊政治家德拉古于公元前621年整理雅典法律，制定出一部完整的法典。从该法典的法律条文来看，对偷窃水果、懒惰等都要判处死刑，因此其性质也相当于现代的刑法。德拉古的继任者梭伦将法典废除，保留有关惩治谋杀的部分，规定了更多民商法方面的内容，改变了法典的属性，史称“梭伦改革”。梭伦按财产的多少将全体公民划分为四个等级，不同等级的公民享有不同的政治权利。谁的财产多，谁的等级就高，立法权也就逐步为一些财阀集团把控。古罗马时期，出现了平民化的“市民法”，立法从皇帝的敕令、裁判官的告示走向民间，契约也具有了立法的属性。在古罗马市民法的形成过程中，职业法学家阶层发挥了重要作用，他们编著的《法学阶梯》《法学汇编》本来是教材，但后来被罗马皇帝颁布的“引证令”奉为法律，与《查士丁尼法典》《查士丁尼新律》并称为古罗马时期的四部法律汇编，后世统称为《国法大全》或《民法大全》。

（二）现代意义上的立法

现代意义上的立法是由特定主体依照法定的程序并依据一定的职权，运用一定的技术，制定、认可、修改和变动法这种特定社会规范的活动。现代意义上的立法有广义和狭义之说。广义的立法，又称法律的制定，通常是指一定的国家机关依据法定职权和法定权限，制定、修改和废止法律和其他规范性法律文件的一种专门性活动。狭义的立法，专指国家的最高权力机关及其常设机关依据法定职权和程序，制定法律这种特定的规范性文件的活动①。

现代意义上的立法是资本主义法治发展的结果，是市民社会与政治国家协调的产物。作为现代“宪政母国”的英国首先出现了贵族与国王签订的《自由大宪章》和议会组织，议会的立法权逐步扩大。在法国，大革命后议会也取得了很大的立法权，但行政主体在立法决策中的作用仍然很大。19世纪初，拿破仑主持审定通过的民法、刑法、商法、民事诉讼法、刑事诉讼法五部法典为法国立法带来了最根本的变革。其中，《法国民法典》更是具有里程碑意义，具有极强的生命力。《法国民法典》于1804年推出，大多数条款拿破仑都亲自参与了讨论，最后经立法院一致通过。据说，在召开的关于制定民法典的100多次会议中，拿破仑出席的就有90多次，其结构和大部分条款至今未作修改，仍然完整地适用。

中国近代化的立法始于清末改制。光绪二十七年（1901年）开始，清政府在法律方面进行了一系列系统性改革，如1903年由新设立的商部负责率先制定了《钦定大清商律》，包括《商人通例》和《公司律》。后来专门成立宪政编查馆进行宪法改革，成立修订法律馆进行部门法修订。修订法

① 张文显.法理学：第五版[M].北京：高等教育出版社，2018：226.

律馆负责起草的部门法典，奏交宪政编查馆审查，由宪政编查馆分咨部院堂官、各省督抚限期签注意见，最后由宪政编查馆汇总定稿交资政院议决，议决后移交宪政编查馆“覆加核定”，请旨颁布。与宪政编查馆相比，修订法律馆只有法律的草拟权而无决定权。其间完成或基本完成的立法包括《大清商律草案》《大清现行刑律》《大清刑事诉讼律草案》《大清民事诉讼律草案》和《大清民律草案》等。

二、立法主体

立法主体是立法调整教学中的基础性概念。关于立法主体的定义，有狭义和广义两种观点。狭义的观点认为，立法主体是宪法和有关法律规定的立法权的专门行使者。广义的观点认为，立法主体不仅包括专门行使立法权的国家和地方立法机关，还包括制定行政法规和规章的行政机关①。狭义的观点所指的立法主体，仅限于行使立法权的议会或代表机构，与我国《宪法》和《立法法》不相吻合。因此，本书就广义的观点介绍立法主体的概念。

（一）全国人民代表大会及其常务委员会

根据《宪法》和《立法法》的规定，全国人民代表大会（简称“全国人大”）和全国人民代表大会常务委员会（简称“全国人大常委会”）行使立法权，全国人大是制定基本法律的主体，全国人大常委会是制定基本法律以外法律的主体。

1. 全国人民代表大会

全国人大是最高国家权力机关，由省、自治区、直辖市、特别行政区和军队选出的代表组成，全国人大的立法主体地位与全国人大代表的职权行使是有密切联系但又有所区别的。全国人大作为立法主体的第一道立法程序是提出法律议案，在我国宪法和法律的规定中，全国人大代表具有立法提案权。如《立法法》第15条规定：“一个代表团或者三十名以上的代

① 朱力宇，叶传星．立法学[M]．北京：中国人民大学出版社，2015：90-91.

表联名，可以向全国人民代表大会提出法律案，由主席团决定是否列入会议议程，或者先交有关的专门委员会审议、提出是否列入会议议程的意见，再决定是否列入会议议程。”

所谓法律议案，是指依法享有专门权限的机关或个人向立法机关提出的关于制定、修改、废除某项法律的正式提案。人大代表提的“议案”和“建议”是两个概念，“建议”是人大代表向人大提出的对有关国家机关工作的评价、建设性意见或批评，在人数上也无要求，个人或多人联名均可。由此可见，提出“议案”意味着立法活动的正式开始，而提出“建议”则只是向立法机关提出的关于立法的意见和设想。立法提案权是法律规定的有关国家机关、组织和个人享有的一项专门权利。议案需满足3个条件：首先，在内容上，议案必须属于本级人民代表大会职权范围内的重大事项。其次，在提出人数上，向全国人大提出的议案只能由一个代表团或者30名以上的代表联名提出。最后，议案必须在法定时间内提出。这3个条件缺一不可，否则议案就会被退回，只能以“建议”的形式提出。同时，议案能否被纳入全国人大的议事日程，也有严格的程序限制，有时需要经过答辩、论证和听证等环节。例如，在2013年3月举行的十二届全国人大一次会议期间，30名全国人大代表提出议案，建议对《水法》作部分修改。议案提出，为贯彻落实中央关于加快水利改革发展的决定、党的十八大报告等中央文件精神，建议修改《水法》。水利部答辩认为，2011年中央关于加快水利改革发展的决定颁布后，中央和地方制定了一系列配套政策和制度，如《国务院关于实行最严格水资源管理制度的意见》《实行最严格水资源管理制度考核办法》等，并积极组织实施，取得了显著成效。考虑到中央文件的政策规定比较原则，当时的工作重点是加大已有政策措施的执行力度，制定完善配套法规，水利部建议暂不修改《水法》。全国人民代表大会环境与资源保护委员会（简称“全国人大环资委”）同意水利部的意见，认为代表议案中提出的在保护生态和农民利益前提下开发利用水资源、建立水功能区限制纳污、用水效率控制制度等建议具有针对性，建议国务院有关部门加大法律实施力度，在工作中认真研究和考虑代表意见，在制定或修改《水法》相关配套法规规章过程中积极吸收代表提出的建议[①]。

与我国不同，美国法律的产生程序是：先由国会议员提出法案，当这个法案获得国会通过后，将被提交给总统批准，一旦该法案被总统批准（有可能被否决）就成为法律。因此在美国立法提案权由议员个人行使，但法案是否提交院会则要由相关的委员会决定。委员会主席通常把议案交给下属的小组委员会审议，也可由常设委员会直接审议。小组委员会审议时，经常就议案举行公开或秘密的听证会；完成审议后，向常设委员会提出报告，由常设委员会对报告进行进一步审议和修改。若常设委员会直接审议议案，则同样采用举行听证会和审议议案的方式。若常设委员会拒绝一项议案，该议案很可能就此夭折。一般而言，常设委员会的报告均为全院所接受。1900 年经美国国会通过的《野生动植物保护法》，是以首个表示支持该法案的美国国会议员雷斯来命名的，又称《雷斯法案》。

2. 全国人民代表大会常务委员会

全国人大常委会是最高国家权力机关——全国人民代表大会的常设机构，行使国家立法权，包括解释宪法、监督宪法的实施，制定和修改除应当由全国人大制定的法律以外的其他法律等。

全国人大常委会行使国家立法权的主要表现是审议和通过除全国人大制定以外的法律草案。全国人大常委会对自己制定的法律草案一般采用“三审”制，如果“三审”仍不能取得一致意见，还可以进行“四审”。但是一部法律草案在一审后，如果两年内不进行再次审议，就自动终止审议。

全国人民代表大会设立民族委员会、宪法和法律委员会、监察和司法委员会财政经济委员会、教育科学文化卫生委员会、外事委员会、华侨委员会、环境与资源保护委员会、农业与农村委员会、社会建设委员会等专门委员会。全国人大专门委员会是全国人大的常设工作机构，由全国人大产生，受全国人大领导，对全国人大负责。在全国人大闭会期间，全国人大各专门委员会受全国人大常委会领导。因此，只有全国人大常委会具有

① 陈丽平.代表建议修改水法 水利部认为应完善配套法规[N].法制日报，2014-03-01(3).

立法主体资格，而各专门委员会只是其工作机构。

全国人大环资委是全国人大的专门委员会之一，由1993年3月召开的第八届全国人民代表大会第一次会议设立，当时名称为全国人民代表大会环境保护委员会；1994年第八届全国人民代表大会第二次会议决定更名为全国人民代表大会环境与资源保护委员会，并保留至今。在全国人大环资委成立之前，许多环境保护方面的法律是由行政部门起草的，全国人大环资委成立后成为环境保护方面法律起草的主导机构。全国人大环资委在全国人大及其常委会的领导下，研究、审议和拟订关于防治污染、生态环境保护和自然资源保护等方面的法律议案。

按照行政法学的通说，行政机构是行政机关的内部组成部分，分为内设机构、派出机构、办公机构和办事机构等，一般不具有独立的行政主体资格。借鉴此种称谓，可认为立法机构是立法主体的内部组成部分，包括全国人大常委会和全国人大各专门委员会。但全国人大常委会又是立法主体，具有制定除基本法律外的法律的权力；而各专门委员会只是全国人大的工作机构，不是立法主体。

其中，宪法和法律委员会于1983年6月设立，原为法律委员会，2018年3月11日，十三届全国人大一次会议表决通过宪法修正案，将全国人大法律委员会更名为全国人大宪法和法律委员会。宪法和法律委员会是全国人大的专门工作机构，由全国人大选举产生。主要工作是统一审议各类法律案，综合各个方面如全国人大常委会委员、列席常委会会议的专门委员会委员、全国人大代表、地方人大负责人、各部委、专家、学者等对某一法律案的意见，提出修改意见，报告委员长会议，再决定是否将修改草案提交全国人大常委会审议表决。如果是需要由全国人大通过的法律案，则由大会主席团提交各代表团审议，再由宪法和法律委员会综合各方意见，提出修正草案。

与宪法和法律委员会不同，全国人大常委会还设有法制工作委员会（简称“全国人大法工委”）。全国人大法工委是全国人大常委会的工作机构，是一个部级单位，其主任、副主任由全国人大常委会委员长提请全国人大常委会任命。全国人大法工委集中了许多法学专家和法律工作者，是人才荟萃之所。为了工作方便起见，往往由宪法和法律委员会一名副主任委员兼任全国人大法工委主任。全国人大法工委的主要任务是：受全国人大常委会委员长会议委托，代全国人大常委会拟订法律草案；会同有关部门研究起草、修改全国人大常委会审议的其他法律草案；在全国人大及其常委会审议法律草案时，向会议提供有关的资料，反映各地方和各有关部门对法律草案的意见和问题，并提供国外的有关法律规定；根据全国人大常委会审议的意见和各地方、各部门的意见，对法律草案进行研究修改；组织法律的汇编、翻译、出版等工作。

（二）行政立法主体

行政立法是指立法机关通过法定形式将某些立法权授予行政机关，行政机关依据授权法（含宪法）创制行政法规和规章的行为。它通常具有两个方面的内容：①国家行政机关接受国家立法机关的委托，依照法定程序制定具有法律效力的规范性文件的活动。②国家行政机关依照法定程序制定有关行政管理规范性文件的活动，也称“准立法”[①]。国务院是制定行政法规的主体，国务院各部委是制定规章的主体。

1. 国务院

国务院是行政法规的立法主体，其立法主体资格来源于两种情况。

第一种情况是全国人大及其常委会的授权立法。《立法法》第9条规定：“本法第八条规定的事项尚未制定法律的，全国人民代表大会及其常务委员会有权作出决定，授权国务院可以根据实际需要，对其中的部分事项先制定行政法规，但是有关犯罪和刑罚、对公民政治权利的剥夺和限制人身自由的强制措施和处罚、司法制度等事项除外。”例如，1984年9月全国人大常委会通过《关于授权国务院改革工商税制发布有关税收条例草案试行的决定》后，全国人大常委会委员长会议又反复研究，并征求有关方面的意见，拟订了关于授权国务院在经济体制改革和对外开放方面可以制定暂行的规定或者条例的决定草案，经全国人大常委会审议决定提请全

① 刘莘.行政立法研究[M].北京：法律出版社，2003：5.

国人大审议。1985年4月，六届全国人大三次会议授权国务院在经济体制改革和对外开放方面可以制定暂行的规定或者条例。

第二种情况是国务院在职权范围内的立法。《立法法》第65条规定："国务院根据宪法和法律，制定行政法规。"据此，国务院直接具有了制定行政法规的职权。

国务院原法制办公室（简称"国务院法制办"），是办理法制工作事项的办事机构。与全国人大各专门委员会、全国人大法工委属于全国人大的立法工作机构一样，国务院法制办属于国务院行政立法的具体工作机构，不是立法主体。各部委受全国人大、国务院的委托起草法律，一般都要经过国务院法制办的审核。为了使立法决策与国家改革决策衔接起来，国务院法制办加强了立法领导工作的计划职能。《立法法》第66条规定："国务院法制机构应当根据国家总体工作部署拟订国务院年度立法计划，报国务院审批。国务院年度立法计划中的法律项目应当与全国人民代表大会常务委员会的立法规划和年度立法计划相衔接。国务院法制机构应当及时跟踪了解国务院各部门落实立法计划的情况，加强组织协调和督促指导。"

2018年3月，根据第十三届全国人民代表大会第一次会议批准的国务院机构改革方案，将国务院法制办公室的职责予以整合，重新组建中华人民共和国司法部，不再保留国务院法制办公室。新组建的司法部承担的主要立法职责是：负责有关法律和行政法规草案起草，负责立法协调和备案审查、解释。

2. 国务院各部委

《立法法》第80条规定："国务院各部、委员会、中国人民银行、审计署和具有行政管理职能的直属机构，可以根据法律和国务院的行政法规、决定、命令，在本部门的权限范围内，制定规章。"规章是一种广义的法，所以国务院各部委也属于行政立法主体。例如，为了保证《环境保护法》的实施，商务部、环保部、工信部三部门于2014年发布了《企业绿色采购指南（试行）》，环保部发布了《环境损害鉴定评估推荐方法（第Ⅱ版）》等部门规章和规范性文件，促进了环境保护方面法律的实施。

国务院各部委不仅是直接的立法主体，还可以受全国人大、国务院的委托起草法律，这实际上也是一种很大的权力。如何规范国务院各部委在法律起草中的职权，是立法决策学需要解决的关键问题。

三、环境立法决策的主体

习近平总书记在中共十八届四中全会第二次全体会议上的讲话中指出："小智治事，中智治人，大智立法。"人与自然关系的立法调整是一个随着立法实践活动不断发展丰富的立法决策过程。彭真同志说："法是在矛盾的焦点上划杠杠，什么许做，什么不许做，令行禁止，要很明确。"[①]所谓立法决策，就是立法决策主体决定为什么要立法、制定什么样的法律的活动。环境立法教学的主要目的，就是掌握立法决策主体是怎样进行环境立法决策的。弄清楚了法律是怎么来的，才能明白每部环境保护法律的立法目的、作用和效力范围，以及其合法性的依据。

（一）国家环境立法的主要参与者

环境立法决策的主体是指依法决定环境立法的方法、方针、策略或办法的机构和个人。立法决策实际上是一种注重分工与协作的管理活动，不同的机构和人员在决策过程中处于不同的地位，履行不同的职责，同时又相互协调和制约。不同立法决策机构和人员的这种分工与协作关系就构成了立法决策体制[②]。全国人大是立法决策的关键部门，但需要制定什么法律、法律由谁起草等问题一开始并不一定是由全国人大提出的。在我国的实际立法决策过程中，行政部门处在行政管理的第一线，知道什么问题需要法律解决，也更容易了解用什么制度措施来解决有效果，因此，行政部门在立法决策中发挥了重要的作用。在环境立法领域，生态环境部、水利部等行政主管部门就是重要的环境立法决策主体。

① 万其刚.彭真话立法[EB/OL].(2011-09-19)[2021-12-20].http://www.npc.gov.cn/npc/c16115/201109/e67da69bea8849c79378831db0d90958.shtml.

② 朱力宇,叶传星.立法学[M].北京:中国人民大学出版社,2015:117.

1. 生态环境部

1971年，中国恢复联合国合法席位后，正逢国际社会的环境保护立法蓬勃发展。1972年，中国政府决定派团出席联合国在斯德哥尔摩召开的人类环境会议。会议开完后，联合国环境规划署成立，我国也开始酝酿成立环境保护管理部门。1973年8月，国务院在北京召开第一次全国环境保护会议，专题研究和部署环境保护问题，各省、自治区、直辖市及国务院有关部委负责人、工厂代表、科学界代表等出席了这次会议，会议审议通过了中国第一个环境保护文件——《关于保护和改善环境的若干规定》，把“环境保护”这一概念推向了社会。1974年，成立了国务院环境保护领导小组（简称“领导小组”），下设办公室（简称“国环办”）[①]。1977年，“文化大革命”刚刚结束，国环办就立即启动了环境保护法的起草工作。1982年经过第一次机构改革，成立国家环境保护局，归属当时的城乡建设环境保护部，领导小组和国环办被撤销。1984年5月，成立国务院环境保护委员会，该委员会的办事机构是国家环境保护局。1984年12月，城乡建设环境保护部环境保护局改为国家环境保护局。1988年，国家环境保护局从城乡建设环境保护部独立出来，成为国务院的直属局，曲格平任首任局长。1998年6月，国家环境保护局升格为国家环境保护总局。2008年7月，国家环境保护总局升格为环境保护部，成为国务院组成部门。2018年3月13日，第十三届全国人民代表大会第一次会议批准了国务院机构改革方案，整合环境保护和国土、农业、水利、海洋等部门相关污染防治和生态保护执法职责、队伍，组建生态环境部，不再保留环境保护部。

2. 水利部

中华人民共和国水利部成立于1949年10月。1958年2月，一届全国人大五次会议决定撤销电力工业部和水利工业部，设水利电力部。1979年2月，五届全国人大六次会议决定撤销水利电力部，分别设水利部和电力工业部。1982年机构改革将水利部和电力工业部合并设水利电力部。1988年4月，七届全国人大一次会议通过了国务院机构改革方案，确定成立水利

① 于勇，李焱.周总理“逼”出了新中国第一代环保人——首任国家环保局局长曲格平讲述新中国环保事业艰难起步的故事[N].经济日报，2015-01-12(16).

部。水利部于1988年7月重新组建。根据2018年第十三届全国人民代表大会第一次会议批准的国务院机构改革方案，水利部原有的水资源调查和确权登记管理职责，被整合入新组建的自然资源部；编制水功能区划、排污口设置管理、流域水环境保护职责，被整合入新组建的生态环境部；农田水利建设项目管理职责，被整合入新组建的农业农村部；水旱灾害防治职责，被整合入新组建的应急管理部。

通过立法授予环境行政主管部门一定的职责权限来贯彻执行法律，是我国环境立法决策的主要思路，也由此形成了立法与行政之间互动频繁的立法决策模式。当前，我国的水资源管理实行的是统一管理与分级管理、分部门管理相结合的管理体制。因此水资源立法必定涉及多个行政管理部门，水利部、生态环境部是参与水资源管理立法的两个最重要的中央部委机构。而水资源是一种动态的、多功能的自然资源，同时又是生态与环境的重要组成部分，地表水、地下水相互转化，城乡水资源不可分割。按照水资源的自身规律和我国水资源短缺的实际，实现水资源的可持续利用，必须强化水资源的统一管理，坚持流域管理，实行水资源统一管理与水资源开发、利用、节约、保护工作相分离。根据法律和国务院的行政法规、决定、命令，水利部不仅可以参与立法决策、起草水法，还可以制定一些水资源开发利用的规章制度，包括水生态环境保护方面的规章制度。

3. 自然资源部

为统一行使全民所有自然资源资产所有者职责，统一行使所有国土空间用途管制和生态保护修复职责，着力解决自然资源所有者不到位、空间规划重叠等问题，实现山水林田湖草整体保护、系统修复、综合治理，2018年3月13日，第十三届全国人民代表大会第一次会议批准了国务院机构改革方案，组建自然资源部，不再保留国土资源部、国家海洋局、国家测绘地理信息局。自然资源部将国土资源部的职责，国家发展和改革委员会的组织编制主体功能区规划职责，住房和城乡建设部的城乡规划管理职责，水利部的水资源调查和确权登记管理职责，农业部的草原资源调查和确权登记管理职责，国家林业局的森林、湿地等资源调查和确权登记管理职责，国家海洋局的职责，国家测绘地理信息局的职责整合，统一行使全民所有各类自然资源资产所有者职责。

原国家林业局是主管林业工作的国务院直属机构。为加大生态系统保护力度，统筹森林、草原、湿地监督管理，加快建立以国家公园为主体的自然保护地体系，保障国家生态安全，根据第十三届全国人民代表大会第一次会议批准的国务院机构改革方案，将国家林业局的职责，农业部的草原监督管理职责，以及国土资源部、住房和城乡建设部、水利部、农业部、国家海洋局等部门的自然保护区、风景名胜区、自然遗产、地质公园等管理职责整合，组建国家林业和草原局，由自然资源部管理。

（二）地方环境立法的主要决策者

中央立法不可能将所有问题都规定得很具体，加之我国幅员辽阔，各地情况差异很大，因此除中央立法以外，地方也需结合本地区的具体情况，制定相应的地方性法规。地方立法是以地方特定国家机关的名义进行的专门活动。地方国家机关是由许多不同职权、不同级别的专门机关构成的一个体系，不是这个体系中的所有机关都有权立法，只有其中特定的机关才能立法，包括省级人民代表大会及其常务委员会、省级人民政府和部分市级人民政府、设区的市的人民代表大会及其常务委员会、民族区域自治地方及特别行政区的立法机关等，这些特定的机关构成地方立法的主体。

1. 省、自治区、直辖市的人民代表大会及其常务委员会

以水法为例，根据立法权限划分的不同，我国现行水法在垂直方向上表现出统一、多层次的立法模式。水法立法权主要集中在中央一层，地方可以享有一些立法权。《立法法》第72条第1款规定："省、自治区、直辖市的人民代表大会及其常务委员会根据本行政区域的具体情况和实际需要，在不同宪法、法律、行政法规相抵触的前提下，可以制定地方性法规。"可见，省、自治区、直辖市的人民代表大会及其常务委员会是制定地方性法规的主体。

2. 省、自治区、直辖市的人民政府和设区的市、自治州的人民政府

《立法法》第82条第1款规定:“省、自治区、直辖市和设区的市、自治州的人民政府,可以根据法律、行政法规和本省、自治区、直辖市的地方性法规,制定规章。”除此之外,还有一种情况,就是地方党委和地方政府联合发布规章。例如,为深入贯彻落实《中共中央、国务院关于印发〈生态文明体制改革总体方案〉的通知》要求,加快建立系统完整的生态文明制度体系,安徽省委、省政府联合发布的《安徽省生态文明体制改革实施方案》,从性质上来说也是一种地方性规章。

3. 设区的市的人民代表大会及其常务委员会

《立法法》第72条第2款规定:“设区的市的人民代表大会及其常务委员会根据本市的具体情况和实际需要,在不同宪法、法律、行政法规和本省、自治区的地方性法规相抵触的前提下,可以对城乡建设与管理、环境保护、历史文化保护等方面的事项制定地方性法规,法律对设区的市制定地方性法规的事项另有规定的,从其规定。设区的市的地方性法规须报省、自治区的人民代表大会常务委员会批准后施行。省、自治区的人民代表大会常务委员会对报请批准的地方性法规,应当对其合法性进行审查,同宪法、法律、行政法规和本省、自治区的地方性法规不抵触的,应当在四个月内予以批准。”《立法法》赋予设区的市地方立法权,可以对城乡建设与管理、环境保护、历史文化保护等方面的事项制定地方性法规,地方立法对此应有所作为。

4. 民族区域自治地方的立法机关

民族区域自治是在国家统一领导下,各少数民族聚居的地方实行区域自治,设立自治机关,行使自治权。民族区域自治地方的人民代表大会有权依照当地的政治、经济和文化的特点,制定自治条例和单行条例。

自治条例规定有关本地实行民族区域自治的基本问题,单行条例规定有关本地实行民族区域自治的某一方面的具体事项。自治条例、单行条例可以对国家法律和政策作出变通性规定。自治区的自治条例和单行条例,须报全国人民代表大会常务委员会批准后生效。自治州、自治县的自治条

例和单行条例须报省、自治区、直辖市的人民代表大会常务委员会批准后生效，并报请全国人民代表大会常务委员会备案。

5. 特别行政区的立法机关

特别行政区是在“一国两制”的指导方针下建立的特殊行政区划，是我国为以和平方式解决历史遗留下来的香港问题和澳门问题而设立的特殊的地方行政区域。特别行政区的立法机关可以根据基本法规定、按既定程序制定法律，但须报全国人民代表大会常务委员会备案。

（三）环境立法决策中党的领导

党的十八大以来，党的领导深度介入生态治理，为党在生态治理中的积极作为提供了最基本的战略与理念依据。党的十八届四中全会强调，党的领导是中国特色社会主义最本质的特征，是社会主义法治最根本的保证。实践充分证明，中国共产党是中国特色社会主义事业的领导核心，加强党的领导，是全面推进依法治国的题中应有之义，也是做好立法工作首要任务[①]。

2018年，十三届全国人大通过了《中华人民共和国宪法修正案》，“生态文明”写入宪法，这为环境立法法典化提供了立法决策的宪法依据。加强党的领导和人大主导立法之间的协调，就需要在立法决策过程中理顺党的政策、国家政策和法律的关系。习近平法治思想的核心要义包括坚持党对全面依法治国的领导，坚持以人民为中心，坚持依法治国、依法执政、依法行政共同推进等。现行《环境保护法》虽然确立了各级政府和公众参与环境治理的权责规定，但由于此法案的立法修改起草工作主要是由国家环境保护部门牵头的，还存在部门立法等问题。《环境保护法》是一部行政管理法，还没有形成综合执法的治理格局，环境教育等配套立法也不完善。为此，很多学者提出环境立法法典化的立法思路，建议整合土地法、水法、森林法、野生动植物保护法、环境保护法和环境教育法等法律，形成系统化的环境法典或环境保护基本法，从而破解部门立法的困境，形成

① 廖健，宋汝冰.加强党对立法工作领导的路径分析[J].红旗文稿，2015(5)：15.

公众广泛参与立法的民主立法决策模式。2019年11月，习近平总书记在上海长宁区虹桥街道考察全国人大常委会法工委基层立法联系点，同正在参加立法意见征询的社区居民代表交谈时深刻指出："我们走的是一条中国特色社会主义政治发展道路，人民民主是一种全过程的民主。"在庆祝中国共产党成立100周年大会上的重要讲话中，习近平总书记强调要"发展全过程人民民主"。全过程民主立法观念的提出，为党对立法的领导体制机制创新提供了新契机，以习近平法治思想为指导，深刻理解习近平新时代中国特色社会主义思想的科学体系，有利于进一步完善新时代环境立法决策体制，形成新时代环境立法决策体制机制改革创新的具体立法思路。

第三节　人与自然关系的司法调整

人与自然关系的司法调整是指国家司法机关及其工作人员依照法定职权和法定程序，具体运用生态环境法律处理环境争议纠纷的专门活动。人与自然关系的司法调整范围，包括发生在民事诉讼、行政诉讼和刑事诉讼中涉及环境争议的各种纠纷。环境司法是环境争议纠纷案件的权威处理程序，但并不是所有的环境争议纠纷都会进入司法程序。

一、司法调整的概念

司法调整是指国家司法机关及其工作人员依照法定职权和法定程序，具体运用法律处理案件的专门活动。在司法调整中，司法主体发挥着公正裁判的关键作用。

在传统社会的司法文化中，司法主体还不是专门的职业法官，而是一些神话般的人物，甚至是动物。皋陶，中国上古传说中的人物，被称为中国司法鼻祖。舜盛赞皋陶："汝作士，明于五刑，以弼五教，期于予治。"中国古代神话传说中的神兽獬豸也与法有密切的联系。传说獬豸拥有很高的智慧，能辨是非曲直，能识善恶忠奸，发现奸邪的官员，就用角将其触倒。

职业性的专业法官作为司法主体是社会近现代化发展的产物。从英美法系国家的“控诉式诉讼”司法制度设计来看，英美法系国家的法律职业人才（其中最主要的是律师）在司法活动中比较活跃。而在大陆法系国家，实施纠问式诉讼，法官处于绝对权威的地位。一般认为，司法权是法院享有的，对当事人提请其解决涉及当事人人身权益与财产权益的纠纷作出判断，对法律进行释义并宣告法律是什么的终局性权力。这种权力被赋予法院和法官，以区别于立法权和行政权。在我国，由于宪法没有规定司法权，因而，对司法权的理解不一致，主要有以下几种观点：①广义说。广义说认为司法权是国家司法机关所享有的一种权力，而司法机关则泛指法院、检察院、公安机关、司法行政机关等。②中义说。中义说认为司法权包括审判权和检察权，审判权由人民法院行使，检察权由人民检察院行使。③狭义说。狭义说认为司法权指审判权，是裁判权，其核心在于由司法机关代表国家进行居中裁判，此种裁判对争议的双方具有拘束力。④案件权力说。案件权力说认为大陆法系的司法权是指法院审判民事案件和刑事案件，在行政系统设行政法院受理行政案件，并设独立的宪法法院受理违宪案件。普通法系的司法权指法院审判一切法律上的争讼案件，包括民事案件、刑事案件、行政案件等①。

在我国，法院是负责审判的司法主体，有最高人民法院、高级人民法院、中级人民法院和基层人民法院之分。法院是独立的司法机关，法庭则是指法院设立的用来审理诉讼案件的具体机构，没有单独的司法权行使资格。在我国传统法文化的职业分层中，并没有将司法权与行政权分开。鸦片战争后，清政府被迫签订一系列不平等条约，承认外国领事裁判权、会审公廨中的司法审判权，这与中国传统法文化产生了激烈的碰撞，也刺激了清末的司法改革。清末司法改革是中国司法主体与行政主体分开的开端，司法权从行政权力体系中初步独立出来。辛亥革命胜利后，《中华民国临时约法》确立了司法独立制度。1928 年南京国民政府成立了行政院、司法院和立法院等。

① 胡夏冰．司法权：性质与构成的分析［M］．北京：人民法院出版社，2003：194.

新中国成立后，我国的司法制度开启了新篇章，依法逐步形成了以人民代表大会制度这一根本政治制度为基础的司法体制。中国的司法机关包括人民法院和人民检察院，二者各司其职、各尽其责，既相互联系，又相互制约、相互促进。中国的法院包括最高人民法院、地方各级人民法院和专门人民法院。法院行使审判权，主要审理民事案件、刑事案件、行政案件等，实行二审终审制，遵循法院独立审判、法律面前人人平等等原则。人民检察院是我国的法律监督机关，行使检察权。我国最高人民检察院领导地方各级人民检察院和专门人民检察院。

党的十八大以来，我国司法体制的一个重要变化是检察机关在公益诉讼中的职能加强。我国2014年修改的《环境保护法》被称为“史上最严的环保法”，确立了公益组织的环境公益诉讼制度。最高人民法院和很多地方人民法院虽然成立了专门的环境资源审判庭，但由于提起环境公益诉讼主体资格的限制，由社会公益组织提起的环境公益诉讼案件还不多。2014年，党的十八届四中全会提出“探索建立检察机关提起公益诉讼制度”。2015年颁布的《全国人民代表大会常务委员会关于授权最高人民检察院在部分地区开展公益诉讼试点工作的决定》，授权最高人民检察院在生态环境和资源保护等领域在部分地区开展提起环境公益诉讼试点。党的十九届四中全会对公益诉讼工作也提出了明确要求，直接表述有两处，即“拓展公益诉讼案件范围”“完善生态环境公益诉讼制度”。中国司法体制坚持和完善环境公益司法制度，服务中国之治，与西方环境司法案件的处理有许多不同的调整机制。

二、环境案件的司法调整过程

狭义的环境司法是指法院审判环境纠纷案件的活动，检察机关间或参与其中。由于环境法的综合性很强，涵盖了土地、森林、水资源等开发利用、保护、环境污染治理等多种法律关系，环境司法是一个包含环境民事司法、刑事司法和行政司法的综合性概念，是以审判制度为中心的司法权行使活动，涵盖了土地纠纷、林权纠纷、水事纠纷等广义环境纠纷的处理。对环境司法案例进行分析，有利于从司法实践中获取裁决环境司法案件所需的职业技能。

环境司法活动由法院负责审理，法庭具体操作。我国《人民法院组织法》第27条规定：“人民法院根据审判工作需要，可以设必要的专业审判庭。法官员额较少的中级人民法院和基层人民法院，可以设综合审判庭或者不设审判庭。”目前我国法院系统还没有普遍设立环境资源审判庭，环境纠纷案件分别由刑事审判庭、民事审判庭、经济审判庭等处理。由于环境法是一个综合性很强的部门法律，随着环境纠纷的日益增多和环境法部门法地位的确立，目前国内已有不少法院建立了环境资源审判庭，环境司法专门化趋势明显加强。2014年7月，最高人民法院也成立了专门的环境资源审判庭。但是从全国环境纠纷案件的处理情况来看，环境资源审判庭的设置还没有成为定制。在没有专门的环境资源审判庭的法院，一般是民事审判庭处理环境污染责任纠纷公益诉讼案件、刑事审判庭处理环境污染犯罪案件，二者分开处理。

[**案例1-1**]2016年7月，原告安徽省环保联合会向安徽省淮南市中级人民法院提起诉讼称，2015年7月，被告王A以阜阳市某某再生资源有限公司(以下简称“某某公司”)的名义分别与浙江桐乡市某1镇人民政府、桐乡市某2镇市容环境卫生管理所、桐乡市某某街道爱国卫生运动委员会、桐乡市某某开发区管理委员会(上述四政府单位被告以下简称“浙江某某四政府单位”)等单位签订了《生活垃圾委托处理协议》，该协议约定由某某公司将生活垃圾运输至阜阳焚烧厂处置。此后，王A以船只运输的方式从浙江省桐乡市某某砖瓦厂将大量生活垃圾陆续运往安徽省阜阳市淮河水域。2015年9月，王A在明知高B等人无生活垃圾处置资质的情况下，将生活垃圾交由高B等人处置。高B又联系许C选址掩埋垃圾。许C再行找到詹D，詹D又通知陈E选址掩埋垃圾。许C随后组织詹D、陈E使用挖掘机挖坑、卸船、掩埋垃圾，盛F、许G按照许C的安排组织卸船、掩埋垃圾。2015年10月，许C、詹D、陈E、盛F、许G、詹H等人将从浙江桐乡市运输来的生活垃圾分别运输至凤台县刘集

乡淝北淝左大堤南侧、济祁高速便道东侧和凤台县刘集乡山口村淮峡码头西南角河滩地进行掩埋，后者属于淮南市饮用水源准保护区。各被告非法处置污染物的行为因群众举报案发。凤台县环境保护局在接到举报后，依法委托法定部门对案涉污染物进行检测，检测报告认定案涉污染物大肠杆菌群超标，并含有铅、汞、镉、砷等重金属。此检测报告由安徽省环境保护厅的确认函予以审核确认。2015年10月28日至11月1日，凤台县环境卫生处以及凤台县刘集乡人民政府在接到群众举报后，立即组织相关部门和人员紧急排除环境损害，对各被告偷埋的污染物依法进行清理、外运、处置。为清理、运输、处置案涉污染物，共计支付各项费用525 407.33元人民币。桐乡市某1镇人民政府等单位，未能尽到妥善审查义务，在未经法定审批程序的情况下，将生活垃圾交由不具备生活垃圾处置资格和资质的某某公司处置；王A明知某某公司无垃圾处置资格和资质，仍交由某某公司运输、处置生活垃圾；许C等人无任何垃圾处置资格和资质，非法将生活垃圾运输至水源保护区等地进行掩埋，导致生活垃圾污染掩埋地土壤。各被告的行为，造成了巨大环境损害，给周边广大人民群众的生产和生活造成巨大环境安全隐患，经济损失巨大，社会影响恶劣。为保护公众环境权益，原告安徽省环保联合会依据《环境保护法》《民事诉讼法》的相关规定依法提起诉讼。

原告安徽省环保联合会所提交的证据中，包括社会团体法人登记证书、安徽省凤台县人民法院（2016）皖0421刑初268号刑事判决书等。安徽省凤台县人民法院（2016）皖0421刑初268号刑事判决书，对安徽省凤台县人民检察院指控王A等人犯罪的事实及罪名已依法予以确认。安徽省凤台县人民检察院支持起诉称，王A等人环境污染责任纠纷公益诉讼一案系检察机关依职权发现的案件线索，为依法追究当事人的侵权责任，保障国家利益免受损失，安徽省凤台县人民检察院决定支持起诉。安徽省凤台县人民检察院认为，浙江桐乡市某1镇人民政府等单位，未能尽到妥善审查义务，在未经法定审批程序的情况下，将生活垃圾交由不具备生活垃圾处置资格和资质的某某公司处置；王A等人违反国家法律规定，非法掩埋处置有害有毒生活垃圾，使国家利益、公共利益遭受损害。根据法律规定,应当依法追究浙江桐乡市某1镇人民政府、王A等单位和个人的民事侵权责任。根据《环境保护法》的规定,安徽省环保联合会有权对本案提起民事公益诉讼。依照法律规定特支持安徽省环保联合会对王A、高B、许C、詹D、陈E、盛F、许G、詹H、某某公司、浙江某某四政府单位提起诉讼①。

在司法审判过程中，法官要善于把握案件的争议焦点。如本案是否属于环境公益诉讼范围，各被告是否实施了环境污染侵权行为，是否应当承担侵权责任以及侵权责任应当如何确定等。只有在法院调查和审理过程中弄清楚了这些问题，才能作出判决。所以学生应该思考如下知识要点。

第一，关于本案是否属于环境公益诉讼的问题。环境公益诉讼，是指由于自然人、法人或其他组织的违法行为，使环境公共利益遭受侵害或即将遭受侵害时，由法律规定的法人、社会团体为维护公共利益而向人民法院提起的诉讼。环境公益诉讼中，首先应当解决侵权人的侵权行为是否损害社会公共利益的问题。本案中，王A等人擅自掩埋、处置生活垃圾等有害废物，违反了国家法律规定，侵犯社会公共利益，导致侵权行为地环境处于污浊状态，不及时处置足以影响当地人民群众的生活质量、身体健康和生产活动。因此，王A等人的行为属于《环境保护法》第58条规定的污染环境、破坏生态，损害社会公共利益的行为。同时，安徽省环保联合会依法在设区的市级以上人民政府民政部门登记，是专门从事环境保护公益活动的公益性组织且连续五年以上无违法记录，符合法律关于诉讼主体资格的规定。因此，安徽省环保联合会对本案中王A等人损害社会公共利益的行为提起诉讼，符合环境公益诉讼的要求。

第二，关于各被告是否实施了环境污染侵权行为的认定问题。首先，关于浙江某某四政府单位是否实施了侵权行为，是否应当承担侵权责任的问题。浙江某某四政府单位在依法保护本行政区域的环境的同时，作为法律的执行者也应当对国家其他地区的环境保护承担法律规定的责任。《固体废物污染环境防治法》第22条规定：“转移固体废物出省、自治区、直

① 安徽省淮南市中级人民法院(2016)皖04民初73号民事判决书。

辖市行政区域贮存、处置的，应当向固体废物移出地的省、自治区、直辖市人民政府生态环境主管部门提出申请。移出地的省、自治区、直辖市人民政府生态环境主管部门应当及时商经接受地的省、自治区、直辖市人民政府生态环境主管部门同意后，在规定期限内批准转移该固体废物出省、自治区、直辖市行政区域。未经批准的，不得转移。”在浙江某某四政府单位与王A担任法定代表人的某某公司签订垃圾跨省转运协议时，浙江某某四政府单位均未向浙江省环境保护行政主管部门申请；在审查王A、某某公司提供的垃圾处置方案时，未要求核对相关文件原件，也未向当地住建、环保部门核实确认，可以认定，浙江某某四政府单位在明知转运协议违反法律强制性规定的情况下，仍不按法定程序跨省转运固体废物，属于违反固体废弃物污染防治责任的行为。浙江某某四政府单位认为本案不能确认王A等人掩埋的垃圾废物是其所产生的垃圾。对此，浙江某某四政府单位并不否认与王A及某某公司签订协议转运垃圾的事实，其也没有举出证据证实王A或某某公司在本案中为他人转运垃圾废物。根据安徽省环保联合会提供的与本案关联的刑事案件卷宗材料、生效刑事判决书以及其他证据材料，其证据优势已经形成，本案环境污染标的物来源已经直接指向浙江某某四政府单位，上述证据足以对抗浙江某某四政府单位的相应抗辩。法院因此依法确认，王A等人非法处置、掩埋的垃圾系浙江某某四政府单位产生。因上述违法行为造成环境污染事故，固体废物的产生者对相关损害结果的发生具有放任的故意即放任资质不明的合同相对方处理垃圾，轻信可以避免环境污染损害结果的发生。综上，浙江某某四政府单位存在违反法律规定与某某公司签订垃圾转运协议的行为，与本案环境污染所造成的损害结果存在因果关系，与本案其他被告实施的侵权行为存在必要联系，不能以其并非直接的环境污染侵权人为由免除法律责任，浙江某某四政府单位作为固体废物的产生者应与实际处理者承担连带责任。

其次，关于其他各被告行为的认定。凤台县环境保护局、凤台县刘集乡政府在案发后组织对案争废物垃圾进行清运，产生的清理费用已经生效判决书确认，在本案中应依法予以认定。王A、某某公司、高B、许C、詹D、陈E、盛F、许G、詹H共同实施侵权行为，造成上述损害结果发生，应当依法承担侵权赔偿责任。

最后，关于环境权的内容界定与环境侵权责任承担的方式问题。本案各被告承担侵权责任的原因是侵犯了环境权，只有明确了环境权的主体和内容，才能明确本案中环境侵权责任承担的方式。

当下环境法律体系总体上由污染防治法、自然资源法和生态保护法构成，但是在实际中往往更偏重污染防治法，环境权的内容局限于健康环境权。而自然资源和城乡建设方面的法律，其规定的土地权益、水权、林权等是否属于环境权的内容，还存在争论。作为一种新的权利，环境权的内容并不仅仅局限于环境保护法，还体现在土地法、水法、森林法等众多法律部门之中，因此，环境权的救济与环境责任承担需要各部门法的协同。

我国法学界目前对环境权并没有统一明确的界定，不同的学者对环境权有不同的理解。蔡守秋教授率先对环境权理论进行了研究，他认为环境权有广义和狭义之分。狭义环境权是指一般公民的环境权，即公民有享受良好适应的自然环境的权利。广义环境权泛指一切法律关系的主体（包括自然人、法人、特殊法人——国家）在其生存的自然环境方面所享有的权利及承担的义务[①]，即国家、机关、团体和厂矿等企事业单位及公民，都有使用、享受其生存的自然环境条件的权利，也都有保护自然环境、防止环境污染的义务。由于广义和狭义环境权的界定比较宽泛，基本上是将环境法与环境权等同起来，其概念建构在实践中指导性不强。于是，吕忠梅教授在蔡守秋教授的狭义环境权定义基础上提出了公民环境权的观点，试图将环境权设计为民法、经济法等部门法中具体的公民权利来加以保护。她认为所谓公民环境权，是指公民享有的在不被污染和破坏的环境中生存及利用环境资源的权利[②]。徐祥民教授的观点与蔡守秋教授和吕忠梅教授的观点不同，其对公民环境权的观点提出质疑，反对公民环境权，徐祥民教授认为环境权是一种自得权，是保有和维护适合人类生存繁衍的自然环境的人类权利[③]。

---

① 蔡守秋.环境权初探[J].中国社会科学，1982(3)：36.

② 吕忠梅.论公民环境权[J].法学研究，1995(6)：62.

③ 徐祥民.环境权论——人权发展历史分期的视角[J].中国社会科学，2004(4)：125.

综上所述，理论界对环境权内容的不同界定，影响着环境侵权责任的认定与承担方式。我们应以习近平生态文明思想为指导，坚持人与自然和谐共生的整体生态环境权利观。环境权的内容不能仅仅局限于抽象的健康环境权，还应该可以分解为土地权益、水权、林权等，这样单行环境保护法中的健康环境权就可以与土地法、水法、森林法等部门法协同起来，环境权的内容才更丰富，更能够得到多种法律部门的保障。以水资源为例，水生态环境不仅是大众生活或生产资源，而且也是自然景观的重要组成部分和动植物的生存环境，从人与自然和谐共生的角度认识水生态环境保护的价值追求，人与水的关系不仅是物质关系，还是一种精神关系，良好生活环境权与土地权、水权、林权等自然资源利用权一起构成了环境权利体系的核心。我国环境保护法虽然没有具体规定环境污染侵权责任的承担方式，但根据环境权的含义，可以援引民法典、土地管理法、水法、森林法等部门法的规定进行追责。

在本案中，安徽省环保联合会提出诉讼请求，要求各被告就污染环境的行为通过省级媒体向社会公众公开赔礼道歉，这是通过民法救济公众的环境权。我国民事法律规定，承担侵权责任的方式主要有停止侵害、排除妨碍、消除危险、返还财产、恢复原状、赔偿损失、赔礼道歉、消除影响、恢复名誉等。本案中，王A、某某公司、高B、许C、詹D、陈E、盛F、许G、詹H直接实施环境污染侵权行为，违反了法律规定，法院依法对各被告的侵权行为作出负面评价。为实现法律预防作用，告诫各被告认知其行为的违法性，防止相关环境污染侵权行为的再次发生，应当从法律的惩戒及道德的约束两方面考量各被告应当承担的责任，各被告不仅需赔偿环境侵权行为所造成的损失，还应当对侵权地社会公众赔礼道歉，从道德上对自身行为进行补救，对社会公众予以抚慰。但由于浙江某某四政府单位并非本案直接侵权的实施者，故不应作为赔礼道歉的主体。

三、环境公益诉讼的范围

环境公益诉讼是指公民和社会团体针对行政机关、企事业单位或其他组织及个人的不当行为或违法行为，在致使环境受到或可能受到污染和破坏的情势下，为维护环境公共利益不受损害而依法向法院提起诉讼的制度。根据不同的标准，可以对环境公益诉讼进行不同的分类。根据诉讼主体的不同，可以将环境公益诉讼分为公民个人、社会团体、检察机关和政府机关提起的环境公益诉讼。一般来说，环境公益诉讼的原告为公民、法人或其他组织，其面对的是实力强大的排污企业，尤其是在环境行政诉讼中，诉讼的对象是国家公共权力部门，审查的客体是行政主体的作为和不作为，双方力量的悬殊会导致受侵害方不敢起诉或者案件撤诉率高。同时，由于中国传统文化中厌讼观念的影响，我国环境司法的公众参与度和参与积极性不高。近些年来，随着经济、社会和法治的发展，公众参与积极性开始被调动起来，但由于制度不健全，我国环境司法还存在一些问题。

很多学者建议由检察机关或一些专门行政机关提起环境公益诉讼。因为根据我国宪法规定，人民检察院属于法律监督机关，具有保护国家和公共环境利益、制止环境不法行为的职责。检察机关是为了维护公共利益而设立的，与生俱来的公共性特征决定了其在履行职责时不仅是国家权力的代表，还是公共利益的代表。当属于国家及全体人民的环境受到不法侵害时，检察机关完全有义务、有责任肩负起这一重任，向造成环境污染和破坏环境的单位和个人提起民事诉讼，以维护国家、集体及个人的合法权益不受侵害，从而完成检察机关肩负的历史使命。《海洋环境保护法》第89条第2款也规定："对破坏海洋生态、海洋水产资源、海洋保护区，给国家造成重大损失的，由依照本法规定行使海洋监督管理权的部门代表国家对责任者提出损害赔偿要求。"上述规定虽然没有提到环境公益诉讼的概念，但已经隐含环境公益诉讼的意思，有利于环境公益诉讼的实现。目前，在我国经济社会加速发展的新形势下，环境纠纷的客观存在，使得人民群众热切期待检察机关对此进行法律监督。为此，个别地方的检察机关对作为原告提起环境公益诉讼进行了积极尝试，其尝试不但实实在在地为权利受到损害但又无力提起诉讼的普通大众提供了救济渠道，而且也为将来的立法完善提供了可资借鉴的实践基础。一些地方出台了环境公益诉讼的规范性文件，如2008年无锡市中级人民法院和无锡市人民检察院共同制定了《关于办理环境民事公益诉讼案件的试行规定》，成为国内第一项关于环境公益诉讼的地方性规定。该规定第2条明确规定："本规定所指的环境民事公益诉讼是指人民法院、人民检察院为了遏制侵害环境公益的违法行为，保护环境公共利益，根据职能分工，通过办理支持起诉、督促起诉、提起民事公益诉讼案件等方式所实施的诉讼活动。"[①]同年，云南省昆明市中级人民法院、市检察院、市公安局、市环保局联合发布了《关于建立环境保护执法协调机制的实施意见》，规定环境公益诉讼案件由检察机关、环保部门和有关社会团体向法院提起诉讼。

对于具体哪些组织和机构可以作为环境公益诉讼的原告主体提起诉讼，学界也有不同意见，蔡守秋教授认为任何不特定多数人在公共利益受到侵害时都可以提起环境公益诉讼。他认为单位、组织或者公民都可以作为环境公益诉讼的适格原告，其中单位和组织包括政府机构。吕忠梅教授则认为，应该将环境公益诉讼与生态环境损害赔偿诉讼分开。环境公益诉讼是《环境保护法》和《民事诉讼法》规定的授权检察机关、社会组织代表社会公共利益提起的诉讼。在环境公益诉讼中，适格原告应以法律规定的相关社会团体与个人优先。她认为环境公益诉讼主要属于民事诉讼，检察机关并不是最适合的提起环境公益诉讼的主体。对于生态环境损害赔偿诉讼，吕忠梅教授认为这是国益诉讼，与公益诉讼、私益诉讼并行。生态环境损害赔偿诉讼就是授权地方政府代表国家自然资源所有权人提起的诉讼，是一种国家利益诉讼，而非一般的公益诉讼[②]。徐祥民教授认为不应该以人数多少区分环境公益诉讼和生态环境损害赔偿诉讼。他认为，作为多个人利益的公益和作为某个集体的共同利益的公益根本上是性质不同的两种利益，作为某个集体的共同利益的公益才是真正的公益。不特定多数人的利益仍然是私人利益，只有国家和政府才代表公共利益。公共利益与私人利益不能以人数的多少来区别，如果私人利益因权利主体的众多性和

① 蔡守秋．论环境公益诉讼的几个问题[J].昆明理工大学学报(社会科学版)，2009，9(9)：3.

② 李彪．全国政协委员、全国政协社会和法制委员会驻会副主任吕忠梅：建生态环境损害赔偿制度 降低公益诉讼门槛[N].每日经济新闻，2018-03-12(3).

不确定性可上升为公共利益，那么这使得公益诉讼与私益诉讼的区分显得较为复杂[1]。因此，生态环境损害赔偿诉讼是一种以政府为原告的特殊环境公益诉讼。

生态环境损害赔偿诉讼是在环境公益诉讼类型扩张，国家对生态文明建设高度重视的情况下出现的一种新的案例类型。2012年修改的《民事诉讼法》增加了环境公益诉讼条款，这被普遍认为是环境公益诉讼制度的起点。《最高人民法院关于审理环境民事公益诉讼案件适用法律若干问题的解释》又进一步在实践层面增强了环境公益诉讼的可操作性。2015年正式实施的《环境保护法》对环境公益诉讼的主体资格作出了明确规定，但《环境保护法》规定的环境公益诉讼原告是特定的社会组织，这与《民事诉讼法》规定的环境公益诉讼主体不完全一致。《民事诉讼法》规定的环境公益诉讼主体范围更广，包括法律规定的机关和有关组织，以及检察机关。

在《民法典》颁布之前，最高人民法院、最高人民检察院的指导性案例发挥着重要的法源作用。2015年，最高人民检察院发布了《检察机关提起公益诉讼试点方案》和《人民检察院提起公益诉讼试点工作实施办法》，增加了行政公益诉讼。随之，2017年修改的《行政诉讼法》新增“行政公益诉讼”条款。2018年，最高人民法院、最高人民检察院还联合发布了《关于检察公益诉讼案件适用法律若干问题的解释》，增加了刑事附带民事公益诉讼这一新的案件类型。至此，检察机关具有了提起民事公益诉讼、行政公益诉讼和刑事附带民事公益诉讼的诉权。由于检察机关提起环境公益诉讼的类型较多，生态环境损害赔偿诉讼中裁判法源的适用也具有多样性和选择性。同一环境案件，可以选择三大不同的诉讼类型，《民法典》《环境保护法》《刑法》之间的法源关系不能很好地衔接。在环境公益诉讼司法权扩张的情况下，也就出现了政府作为原告的生态环境损害赔偿诉讼。

---

① 徐祥民.《环保法(2014)》对环境公益诉讼制度建设的推进与再改进[J].政法论丛,2020(4):68-69.

第二章　生态环境法与其他部门法的关系

对生态环境法与其他部门法的关系进行比较教学，有利于深入理解生态环境法作为独立部门法的调整范围。生态环境法律自近代滥觞以来，其格局在现代发生着深刻而快速的变化。其中重要的一点，就是生态环境法律开始由资源、环境的分割保护，发展至立体多维网状的生态保护，这种保护在调整范围上体现为生态环境法与民法、刑法、行政法、经济法等其他部门法逐步区分又不断融合。

第一节　生态环境法与民法的关系

民法是调整平等主体之间人身关系和财产关系的法律规范总和。环境民法属于生态环境法与民法交叉的部门法，是以环境民事法律行为为调整对象的法律规范总和，其中《民法典》中“物权编”“侵权责任编”等条款的“绿色化”构成了环境民法的规范来源。

一、生态环境法与民法调整范围的区分

大陆法系国家比较早地制定了民法典，环境法常是由民法派生的特别法律。例如法国1804年就制定了民法典，1960—1980年间才制定各单行公害防治法规，1976年将源于民法的关于农业、森林、矿业等自然资源法规整合为《自然保育法》。因此在1980年以前，法国的环境法只是民法的单行法规。1998年法国制定了环境法典，这是一部处于基本法地位的法典。至此，环境基本法与民法处于同一位阶，并作为民法的特别法律适

用。在英美法系国家，由于没有民法典，较早地出现了环境制定法，也就不存在环境法和民法的区分。美国在1948年制定了《水污染防治法》、1955年制定了《大气污染控制法》、1965年制定了《固体废物处理法》等单项法律，这些制定法在适用中优先于判例法形成的财产法。1969年美国制定了《国家环境政策法》，以之作为环境基本法来整合各单项法律，从而进一步提高了生态环境法的地位。

与大陆法系环境基本法的地位相比，美国《国家环境政策法》在美国生态环境法体系中的地位具有特殊性。就其性质而言，它是一部从宏观方面调整国家基本政策的法律，它对一切联邦行政机关补充了保护环境的法律义务和责任，以统一的国家环境政策、目标和程序改变了行政机关在环境保护问题上的各行其是、消极涣散的局面。就其作用而言，它规定的环境影响评价程序迫使行政机关把对环境价值的考虑纳入决策过程，改变了行政机关忽视环境价值的行政决策方式。它在美国历史上第一次为行政机关正确对待经济发展和环境保护两方面的利益和目标创造了内部和外部的条件。由于《国家环境政策法》的特殊性质和作用，同其他的环境法规相比，它在美国环境法体系中显然处于更高的位置①。

中国是大陆法系国家，从理论上讲，生态环境法也是一门独立的作为民法特别法的部门法。因此，很多土地、水资源等环境纠纷案件是由民事法庭审理的。生态环境法能否部门法化与生态环境法和民法调整范围的区分有很大关系。赞同生态环境法可独立作为部门法的学者认为，原《物权法》总则第8条规定："其他相关法律对物权另有特别规定的，依照其规定。"这一条为生态环境法上升为独立的部门法提供了契机，也说明了民法与生态环境法的关系，以及环境司法专门化的可行性。而质疑生态环境法可以独立作为部门法的学者认为，我国还缺乏环境基本法，现行的《环境保护法》只是全国人大常委会制定的法律，不是由全国人大制定的，且调整内容主要是污染防治，不能涵盖资源、能源的节约、利用与保护，因此它只能归于民法、行政法或经济法门下，环境司法也没必要专门化。

中国属于大陆法系国家，生态环境法作为独立部门法是法律发展的必

① 王曦.美国环境法概论[M].武汉:武汉大学出版社,1992:243.

然趋势。从民法中用益物权的发展历史来看，物权法基本上设定于土地之上，这主要是因为土地价值较高，拥有不易，社会上对其所有权与利用价值分别归属之支配方式，需求自然较强些，故民法对用益物权之规定，可谓完全系土地而发，例如地上权、地役权、永佃权等。随着物权法从“归属”到“利用”的发展，用益物权逐步取代所有权而成为物权法的中心。现行的资源他项权利超越了对土地资源的使用和收益权利，权利的支配范围已经扩大到矿藏、水流、森林、山岭、草原、荒地、滩涂等各种自然资源类型，范围较以往有很大拓展。虽然其权利的基本价值仍在于对各种资源的使用和收益，没有脱离用益物权的范畴，但是对传统用益物权的内涵进行了很大程度的丰富和发展。

在联邦德国，著名的“湿采石案”及其引发的《联邦德国水利法》的修改，清楚地显示出水权与土地所有权的两立。所谓“湿采石案”，案情大概如下：某采石业者在其所有土地经营采石业多年，为提高采石的产量，欲扩大开采范围，故采用“湿采石”作业方法，这就涉及地下水的使用。该采石业者依据《联邦德国水利法》第2条第1项的规定，向主管机关申请许可。经审查，主管机关以该土地位于水源保护区，采石工作面的扩大将危及地下水为由，未批准该申请。该采石业者不服，依程序提起行政诉讼，但被驳回；他转而向联邦普通法院提起诉讼，请求补偿。联邦普通法院在审理该案件的过程中发现《联邦德国水利法》第2条第1项关于地下水使用限制的规定未设有补偿内容，似乎违反了《联邦德国水利法》第14条第2项规定的立法意图，于是裁定停止诉讼程序，提请联邦宪法法院审查。联邦宪法法院于1981年7月5日作出裁定，认为《联邦德国水利法》第2条第1项并没有违反立法意图，联邦宪法法院特别指出，土地所有权人对于其土地地下水的利用权能，自始不属于联邦基本法保障财产权的范围，从而将地下水的利用置于国家公法管理体系之下。

从国际发展趋势来看，生态环境法要成为独立的部门法，首先必须将其从民法典中独立出来，这就需要在立法上制定环境基本法。我国的一些单行法律对资源利用的权利进行了具体规定，但都没有达到基本法的位阶，民法典中有关环境资源的法律规范是环境基本法律规范。根据各单行自然资源法的有关规定，我国现行的资源他项权利主要有以下几种：《土地管理法》中所规定的土地使用权，《水法》中所规定的取水权和用水权，《森林法》中所规定的林地、森林、林木的使用权和承包经营权，《矿产资源法》中所规定的探矿权和采矿权，《渔业法》中所规定的养殖权和捕捞权，《草原法》中所规定的草原使用权和承包经营权，《野生动物保护法》中所规定的狩猎权、采集权和驯养权等。单从立法上来看，我国对资源他项权利的规定还是相当全面的，但还没有环境基本法。在这种情况下，生态环境法部门法化的可行性论证应放在对其进行合理的理论定位上。资源他项权利一般是由自然资源法予以特别设定的，所以资源他项权利与地上权、地役权、永佃权等传统的物权形态不同，属于特别法上的物权。这就产生了一个法律适用的问题，根据特别法和一般法关系的基本原理，资源他项权利的设立和法律适用应遵循的原则是：资源他项权利一般仅由自然资源法给予特别设定，除在用益物权的一般原理上适用《民法典》的有关规定外，资源他项权利一般应仅适用自然资源法的规定。

二、生态环境法与民法调整范围的融合

从上述我国民事立法和环境立法的现状来看，生态环境法与民法之间联系紧密，这表现为它们的调整对象虽然有区别但又具有很强的协调性。

（一）生态环境法与物权法的客体的同一性

物权法的客体范围广泛，山川、河流、矿藏、森林、草原等资源都是物权法的客体。现代民法上所称之物，主要是指有经济价值的物。在物的范围中，有相当部分属于环境资源的范畴。在一定意义上可以说，物权法与生态环境法所指向的客体是同一的，但是这个同一客体的形式与内容又是根本不同的。作为环境权客体的环境资源以生态价值和其他非经济价值为内容，物质形式只不过是它的价值载体；而作为物权客体的环境资源以其物质形式为内容，其经济价值蕴含于物质形式之中。物权法对物的经济价值的归属、利用进行权利配置，其目的在于充分发挥物的经济功能，环

境功能是没有被纳入其视野的。我们将对于人类经济发展有用的环境要素称为自然资源，其表现形式为资源性的物。在此，物是经济资源，我们对自然资源的理解具有经济学上的意义，森林可以提供木材、水流可以航行、矿藏可以开采加工……，并且这种意义上的资源还具有稀缺性和多用性。从生态学的角度，环境资源是人类生存和发展必不可少的条件，它与人类通过能量流动、物质循环和信息传递构成共生共荣的生态系统，其表现形式为环境资源性的物，其价值表现为资源对于人类生存和发展而言的效用。在此，物是生态资源，我们对其理解具有生态学上的意义，森林、水流、矿藏都是生物圈必不可少的组成部分：森林可以净化空气、涵养水源、改善局部气候；水流则为水生生物提供生存环境，参与生态系统的水循环；矿藏是生态系统中岩石圈的组成部分，也是物质和能量的储存库，它的存在对于生态平衡极为重要。作为生态性物的自然环境，具有整体性和自我调节性。资源和环境（狭义的环境概念仅指《环境保护法》所列举的内容）是环境基本法的客体，资源这一概念反映着人类在劳动中与自然的关系，环境概念反映着以人为中心的物质世界的存在状态。广义环境是整体概念，资源是环境的构成要素。广义环境（包括自然资源）与财产具有密切关系，许多环境要素可以成为物权法中的财产。

在环境要素中，土地资源是大陆法系物权法和英美法系财产法的主要客体，也是环境基本法的重要客体。大陆法系在土地物权的基础上形成了一个综合性物权体系，物权的种类有地权、矿权、水权、渔业权等。地权是资源物权中最基本的权利，其他资源物权基本上衍生于地权。土地、水、矿藏、森林、空气等构成了人类生存的环境，环境与财产既有区别又有联系。水资源是自然资源法的客体，但水资源天然就是流动的、循环的，不能为私人所有，只能作为一个整体为国家、集体、人类所有。在没有确立国家所有权、集体所有权的国家中，私人对水资源享有用益物权，人们对水资源不像对土地那样重视。空气更是一种摸不着、看不见的物质，在人类历史上更难以为人所有。矿藏是地下物，作为土地的附属品，可以成为私人所有权的客体。

生态环境法中的环境资源转化为民法中的财产，存在“占有说”“劳动说”等观点。“占有说”认为，人对资源的占有是所有者享受所有者权益的原因，所有权是事实占有的法律化。梅因认为，财产制度并不是自有人类以来就有的制度，开始时财产不属于个人，也不属于某个家族，而是属于社会。只是人类社会发展到一定阶段后，才实现了无主物的先占。这时，无主物才成为个人私有财产。土地所有权，就是对私人先占土地的确认。“劳动说”认为，只有劳动才能创造价值，天然的环境要素自身没有价值，自然资源只有通过劳动加工才具有价值与使用价值，劳动是环境资源转化为财产的原因。

“占有说”是对权利主体与权利对象“物”的事实存在关系的静态描述，“劳动说”是对权利主体与权利对象“物”的关系的动态描述，二者从不同角度揭示了环境资源与财产在法律上既有联系又相互区别的关系，物的占有是劳动的条件，劳动使物的占有合理合法化。一方面，通过对环境资源开发、利用、保护、改善等劳动活动的法律调整，才能形成合理合法的物权体系；另一方面，物权法的功能发挥，反过来有助于环境资源开发、利用、保护、改善。

（二）生态环境法与民法的融合基础表现为民法的绿色化

以法国民法典为代表的近代民法，承继了罗马法的传统，在权利的行使上，贯穿了罗马法“行使自己之权利，对任何人均不构成不法”的思想。在所有权的行使上，特别强调所有权的绝对性。到19世纪末20世纪初，随着社会经济的发展，所有权的观念已有了很大的变化，所有权的社会机能越来越受到重视，所有权的绝对性受到了限制。以德国民法典和瑞士民法典为代表的现代民法，将所有权绝对自由修正为所有权须受一定限制。民法的现代化提供了资源开发与环境保护的发展空间，德国民法典规定：所有人不得禁止他人在与所有人无权利关系的高空和地下所为的民事行为。这一条款既为采矿等资源开发提供了法律依据，也蕴含着环境权产生的契机。

1960年，联邦德国一位医生向欧洲人权委员会提出控告，他认为向海洋倾倒放射性废物的行为违反了《欧洲人权条约》。此案引发了关于环境权的讨论。大陆法系以所有权为基础来分析环境权。环境权属于人权，所有权属于物权。人权概念来源于自然权利。查士丁尼《国法大全》指出：空气、流水、海洋及海岸为人类共有，是人的自然权利。所有权是罗马私法的精彩之作，查士丁尼《学说汇纂》称所有权为“所有权人对物的最完全的支配权”。但由于大陆法系“所有权绝对”和“一物一权”等传统民法文化的限制，环境权与所有权的衔接总是困难重重。

日本伊达火力发电站案件的判例非常著名。该案是由地域居民等联合起来以北海道电力公司为被告提起的禁止发电站建设的诉讼。作为停止请求的法律根据，主要是环境权，后来又追加了人格权、渔业权和土地所有权。判决的结果是部分驳回，部分确定。驳回部分的理由就是法院认为环境权的主张只在宪法中有纲领性规定，环境是一定社会的自然状态，在对环境的认识和评价上居民普遍存在着差异，不可能共同享受排他的支配权，在立法没有规定的情况下不能将环境权理解为私权的对象。该判决主要是以停止请求权为根据而否定环境权的，法院否定环境权的另一个主张是“环境问题应通过民主主义机构决定”，所以仅将环境权作为单个居民的“环境自主权”看待。另外，在日本的大阪国际机场事件控诉一审判决中，法院也否认了环境权的主张[①]。

环境权在大陆法系国家开花，却在英美法系国家结果，这与英美法系生态环境法作为独立部门法的发展有很大关系。美国环境法学者萨克斯教授以“公共信托论”为基础，提出了环境权的主张。在英美法律中几乎找不到一个完整的所有权的概念，现代的“公共信托论”源于英国的衡平法。在中世纪，“采邑”农奴份地是土地的主要占有形式，私人没有绝对的土地所有权。土地所有权都来自国王，国王将土地分封给贵族和武士。作为交换，这些贵族和武士就得在军事上尽忠于国王。私人只能拥有一定土地上的权益，即地产权。地产权并非所有权，可以“一物多主”。法国大革命和英国的资产阶级革命对这种封建土地所有制进行了两种方式的变革。法国民法典是在废除封建土地制度基础上颁布的，英国的资产阶级革命是在传统基础上的改良，英国普通法还有效力。1925年英国进行了财产

① 金瑞林，汪劲.20世纪环境法学研究评述[M].北京：北京大学出版社，2003：93-94.

法改革，废除了封建土地制度，保留了地产权的分类，即完全保有地产权和租借地产权。英国财产法在演进过程中形成了信托制度。信托是基于信任关系，由委托人将财产权移转于受托人，受托人为了收益人的利益来处理处于其控制下的信托财产。

信托是英美法中一项重要的财产制度，起源于英国衡平法，发达于美国，并影响了大陆法系国家。随着当今环境危机的日益凸显，大陆法系“一物一权”的传统被突破，出现了所有权的多元化。所谓所有权的多元化，是建立在“环境公共财产论”和“公共信托论”基础上的，认为空气、水、阳光等环境要素就其自然属性和对人类以及其他生命物种的极端重要性来说，它们不仅是全体当代人的“共享资源”，是全体当代人的“公共财产”，也是所有后代人的“共享资源”，是全体后代人的“公共财产”，还是其他生命物种种群的“共享资源”和“公共财产”[①]。由此导致大陆法系的生态环境法从民法中独立出来，成为民法的特别法。

十三届全国人大三次会议表决通过了我国《民法典》。《民法典》专门确立了“绿色原则”、提出了“绿色要求”、明确了“绿色义务”、建立了“绿色责任制度”，为生态文明建设提供了民法制度保障。《民法典》是社会主义市场经济的基本法，作为基础性法律，《民法典》第9条规定了“绿色原则”：“民事主体从事民事活动，应当有利于节约资源、保护生态环境。”从该规定可以看出，节约资源、保护生态环境是民事主体从事民事活动的权利限制性条款，由此，“绿色原则”为环境法留下了与《民法典》对接的“总接口”，为正在进行的生态环境损害赔偿制度改革提供了法律依据。

《环境保护法》规定的环境公益诉讼，在司法实践中常会因符合条件并有能力提起环境公益诉讼的组织很少而难以实施。因此，环境法学者积极诉求环境问题的解决从《民法典》中“借道”。环境法学者还希望通过环境法典化，将环境法典与《民法典》并列起来。主要理由是，2014年修改的《环境保护法》是由全国人大常委会审议通过的基础性法律，但其法

---

① 陈泉生，郑艺群，周辉，等. 环境法学基本理论[M]. 北京：中国环境科学出版社，2004：451.

律效力等级并不高于《农业法》《森林法》《草原法》《水法》等专项法律，会被架空。如果将环境法典与《民法典》法律效力的位阶并列起来，立法不经济、可操作性也不强，因为环境法是一个覆盖各种法律部门的综合法律体系，即便独立法典化后也不能涵盖所有的生态环境保护领域，也没必要重复列举《民法典》中的“绿色条款”。国家将《民法典》定位为市场经济基本法，可以借鉴国际私法的“转致条款”，通过“转致”将《民法典》的“绿色原则”适用于单行的环境资源法律规范，从而实现《民法典》与环境法典，以及各单行环境资源法的衔接。

第二节　生态环境法与经济法的关系

作为近代文明发源基础的近代工业，其发展经历了三个阶段：第一个阶段是传统的发展阶段，大量生产、大量消费、大量排污，不注意环境保护。第二个阶段，因为环境的生态承载能力有限，进入“生产过程的末端治理”阶段。第三个阶段是循环经济模式阶段。与工业文明发展阶段相吻合，法律发展一般也经历了从意思自治的私法，到国家干预的经济法，再到政府提供公共服务三个阶段的变迁。循环经济理念的产生和发展，是人类社会从工业文明发展到生态文明的结果，在生态文明阶段，环境保护与经济发展相协调，“先污染，后治理”的环保措施转变为循环经济的制度模式。因此，循环经济法的出现，反映了环境法与经济法的目的价值从分离到协同发展的关系。

一、生态环境法与经济法目的价值的区分

法的价值就是从法理角度探讨每一种法律制度的建构能够保护和促进哪些对人有用的东西，是法律部门之间相区别的标准之一。从哲学的意义上讲，价值具有两个方面的含义：首先，价值是一个表征关系的范畴，它反映的是作为主体的人与作为客体的外界物即自然、社会等的实践—认识关系，揭示的是人的实践活动的动机和目的。其次，价值是一个表征意义

的范畴，是用以表示事物所具有的对主体有意义的、可以满足主体需要的功能和属性的概念。目的价值是指法律在发挥社会作用的过程中能够保护和增加的价值。

经济法的目的价值是社会整体的经济效益最大化，经济效益指利益、效率等价值。利益就是人们希望在社会中得到的好处，是人们企求满足的一种要求、愿望或期待；效率就是“价值的最大化”，即以最少的资源消耗获得同样多的效果。从反垄断法、公平竞争法等经济法律规范的属性来看，其追求的主要价值目的是社会整体的经济效益。而对于环境法而言，其目的价值是环境正义。

广义的环境正义包括环境效益、环境公平、环境秩序等当代社会倍受重视的基本价值，是正义在环境伦理领域的体现。狭义的环境正义包括种际正义、代际正义和代内正义。种际正义是指地球生物圈内的不同物种之间在资源的占有利用等方面应该具有的最基本的公平正义，使人和其他非人生命主体关系达到和谐。这就要求我们在一定程度上承认动物以及其他非人类主体存在一定的权利，认识到我们人类只是自然界中的一员，“人是万物之灵，但不是万物之神”，人类应该尊重其他非人类生命主体的生存权利。1982年10月28日联合国大会通过的《世界自然宪章》指出，每种生命形式都是独特的，无论对人类的价值如何，都应得到尊重，为了给予其他有机体这样的承认，人类必须受行为道德准则的约束。我们应该确立敬畏一切生命、关心一切生命的理念，因为每种生命形式都是独特的，每种生命都是神圣的，地球是人与其他生物共同的乐园。人与自然和谐共存的真理，就是把人看作自然秩序中的一个组成部分，把人当作生物物种的有机组成部分。种际正义是对西方文明传统中的“人类中心主义”（此处指的是强式的人类中心主义）和“人类沙文主义”的否定，是要达到人与自然和谐相处的价值理念。种际正义在现实生活中难以实现，但它仍是我们的目的价值所在。下面举一案例说明之。

［**案例2-1**］2003年，浙江乐清市有13个山区乡镇不同程度地受到野猪等野生动物的危害。该市的岭底乡有“乐清的井冈山”之称，山深

林密，鸟兽众多，尤其是野猪，常三五成群地在山间出没，祸害庄稼果树，百姓为之叫苦不迭。面对野猪日甚一日的祸害，山区百姓强烈要求：或是成立狩猎队，猎杀野猪，保护粮食生产；或是“野猪进我退”——让他们搬走。乐清市林业局在乐清市山区组织了11支打猎队，共有150多人，准备对野猪这种一般野生保护动物进行限量猎杀[①]。

我国《野生动物保护法》第18条规定：有关地方人民政府应采取措施，预防、控制野生动物可能造成的危害，保障人畜安全和农业、林业生产。第19条还规定：因保护本法规定保护的野生动物造成人员伤亡、农作物或者其他财产损失的，由当地人民政府给予补偿。

前些年我国真正实施补偿的很少，目前，国家实施补偿的力度加大，如云南省因大象伤人毁林时有发生，而制定了保护大象地方性补偿法规。2020年至2021年，生活在我国云南的15头亚洲野象，离开了自然保护区，一路向北行进。这些大象为何离开一直栖息的自然环境，大范围迁移？这与它们寻找水源和食物有着很大的关系。虽然它们久处自然保护区内，自然生态系统的确得到了很大程度上的保护和发展，但是大象们喜爱吃的食物数量未必会增长，反而可能会因为其他植物的繁茂而减少。在距离自然保护区较远的地带，种植着大量玉米等农作物，在象群不断尝试离开自然保护区寻求更多可口食物的过程中，逐渐形成了比较固定和规律的迁移习性。这种现象说明，野生动物也是与人类和谐共生的，为保护野生动植物而遭受的损失，应该得到补偿。

环境法中的代际正义是指要使当代人和后代人在环境和资源的利用方面达到和谐的关系。代际正义最早由美国学者魏伊丝教授提出，是指现代人类与过去和将来的人类一道，应该世世代代共有、共享地球的自然、文化环境。在任何时候，各世代既是地球恩惠的受益人，同时也是地球的管理人或受托人。为此，现代人类虽然享有利用地球的权利，但是也负有保

① 周泽西，周咏，可华．乐清：一场人与野猪的“战争”[N]．今日早报，2003-12-10(5).

护地球的义务，只有这样，地球才能为世世代代共有、共享[1]。

种际正义、代际正义比较理想化，代内公平容易为大众所接受。代内公平指当代人之间在自然资源开发和享受适宜环境这两方面利益的公平，其实现不仅需要经济法的保障，还需要环境法的保障。环境秩序也是生态环境法追求的最高价值目标之一，是环境正义衍生出来的，从立法或具体制度执行方面为环境正义的实现提供条件。生态环境法与经济法目的价值的不同，导致了生态环境法与经济法两大法律部门的划分。生态环境法是实现环境正义的保障，经济法是实现整体经济效益最大化的法治保障。有学者认为生态环境法是从经济法中衍生出来的，环境问题是经济发展的必然结果，环境问题也需要在经济发展中解决。但生态环境法与经济法处于同一位阶，环境问题不仅是经济问题，有时还是文化、生态或者科学技术问题，生态环境法与经济法目的价值不同体现了正义的多面性。经济法主要维护人与人之间的经济关系；而生态环境法不仅维护人与人的和谐，还维护人与自然关系的和谐。所以，要实现环境正义，并不是处理好人与人之间的经济关系就够了，还要使人类社会、经济、文化得到可持续发展，要关注并处理好人与自然的关系，只有使人与人、人与自然这两对关系都和谐了，生态环境法的目的价值才能实现。

二、生态环境法与经济法目的价值冲突的案例分析

由于生态环境法与经济法核心目的价值不同，二者难免发生冲突，这就需要平衡经济效益与环境正义的冲突。生态环境法与经济法目的价值的冲突，必然涉及环境正义与经济效益协调的问题，因为绿色发展不仅对应了良好环境权，也包括自然资源使用权利，它要求在维护人类生存和绿色健康生活环境的基础上，保障经济、政治、文化、社会、生态文明建设相互协调，全面发展。

---

① 爱蒂丝·布朗·魏伊丝.公平地对待未来人类：国际法、共同遗产与世代间的公平[M].汪劲，于方，王鑫海，译.北京：法律出版社，2000：42.

[**案例2-2**]与经济法的目的价值是追求效益不同，环境正义则是和谐。在西双版纳傣族的叙事诗里，象是人类忠诚的朋友和亲密的伙伴，是幸福、吉祥的象征，人象共同和谐地生活在传说中的“勐巴拉娜西”(傣语：理想而神奇的乐土)。叙事诗记录的时代还是在西双版纳人口较少、森林覆盖率又特别高的远古时代。斗转星移，沧海桑田。进入20世纪中叶以后，西双版纳傣族自治州境内人类活动空间不断扩大，森林面积不断缩减，野象数量也不断减少。近几十年来，全州生态环境有了很大改善和恢复，野象的数量有所增加，可是，人与野象的关系却发生了改变：为了争夺食物和生存空间，曾经和睦相处的人与野象之间发生了矛盾和冲突。西双版纳勐腊县勐满镇，已经成为近年来西双版纳野象活动的“重灾区”：每年都有成群的野象跑出森林，在自然保护区边缘地带活动，与人争食，破坏村民们种植的玉米、水稻、橡胶等。

因此，人与自然之间也不是没有冲突，生态环境法与经济法的目的价值是不同的，这就需要进行法益权衡，在不同时期制定不同的法律。我国的亚洲象仅分布于云南省，西双版纳国家级自然保护区是其主要分布区，该自然保护区由勐养、勐腊、勐仑、尚勇、曼稿五个子保护区组成。由于国家加大了对野生动物的保护力度，保护区内的亚洲象分布范围进一步扩大。

对亚洲象的保护，历来都是保护区管理部门工作的重心。他们先后颁布并实施了多个地方性法规，收缴猎枪，对保护区核心区居民实行易地搬迁，严厉打击各种破坏野生动物资源的活动，并补偿以亚洲象为主的野生动物肇事损失，缓解保护与发展的矛盾。此外，西双版纳傣族自治州政府还加强与国际组织的合作，提高管理水平，促进了以亚洲象为主的野生动物保护工作[①]。

我国仅有不到三百头的野生亚洲象，大部分集中在西双版纳境内，这不仅是西双版纳的宝贵财富，也是全中国的宝贵财富，更是全人类的财富。因此，有专家建议设立中国野生亚洲象专项保护基金，通过更多渠道

① 刘大江，李辉．野象 爱你又恨你[N]．云南日报，2003-03-24(4)．

的资金流入，解决当地群众与野象等野生动物之间因“争食”引发的矛盾和“战火”，促进人象之间的协调生存。传统的经济学观点认为，资源是人类劳动的对象，不是资本。而按照现代经济学观点，资源也是资本，人类生存与发展的前提是人与自然界的和谐相处。过去法律调整的对象仅限于人与人之间的关系，人与自然的关系也被理解为单纯的人与人之间的关系。传统法律忽视了自然环境的内在价值，上述案例中大象也应按生态规律存在并享有受尊重的权利，这就产生了人类经济活动与环境正义的冲突。只有选择合理的人与自然相处的价值准则，生态环境法与经济法的目的价值才能协调。

三、生态环境法与经济法目的价值的融合

环境污染是经济发展中经常出现的问题。随着消费结构的变化和消耗性物品废弃物的增多，城市生活垃圾逐年增多，农村和农业固体废物大量产生，废弃电子电器、污泥和其他新型固体废物又形成新的污染。这些问题，需要采取融合环境法与经济法的综合性措施加以解决。

环境保护和经济发展处于同等重要的地位，用经济学术语说就是要发展循环经济。发展循环经济，就必须摒弃轻视环境保护的观点，树立全面协调可持续的科学发展观。循环经济促进法中，要将全面协调可持续的科学发展观作为立法指导思想和基本原则，并重视对该指导思想和原则的宣传与教育。只有树立公众循环经济观念，才能带来行为方式的改变，公众就会由“经济人”转变为“生态人”，在经济活动中自觉清洁生产、重视资源节约、主动回收废物，关爱环境。

固体废物处理是经济法与生态环境法融合发展的典型领域。固体废物污染与大气污染、水污染的不同之处在于固体废物自身不一定是污染物，固体废物污染主要指固体废物进入水体、大气等环境，造成环境污染后，直接或间接对人类以及环境要素产生影响和危害。面对日益严重的固体废物污染环境问题，我国制定了一系列法律法规。1995年第八届全国人大常委会第十六次会议通过了《固体废物污染环境防治法》，这是我国现有的

防治固体废物污染的重要法律。2004年，《固体废物污染环境防治法》第一次修订，增加了“对部分产品和包装物强制回收”“国家对固体废物污染环境防治实行污染者依法负责的原则”等重要内容。同时，进一步明确了“产品的生产者、销售者、进口者、使用者对其产生的固体废物依法承担污染防治责任”。此次修订吸收了国外一些先进的防治固体废物污染环境的做法，例如德国《循环经济法》中的产品召回制度、生产者延伸责任等。为了减少固体废物的产生量和危害性，目前有很多国家已经开始对电器产品、包装等实行生产者延伸责任，即生产者不仅要对生产过程中的环境污染承担责任，还需要对报废后的产品或使用过的包装物承担回收利用或者处置的责任。

2004年修订的《固体废物污染环境防治法》虽然对促进固体废物污染防治工作、加强固体废物的管理发挥了积极的作用，但经过几年的实施，该法也暴露出一些问题，对固体废物污染环境防治的一些特殊问题规制不够，如分类管理、重点管控工业固体废物的经营资质管理制度和转移联单制度、工业固体废物污染防治标准体系等制度，工业固体废物管理等还有待完善。在固体废物污染环境防治方面，我们可以将经济法与生态环境法的目的价值进行协调，如在德国与环保相关的法律法规中，经济环保法构成了德国环保立法的一个重要方面，并在一定程度上促进了德国经济生态化和绿色经济的形成与发展。20世纪70年代，联邦德国通过了《垃圾清除法》，为一种有序的循环经济奠定了基础，并逐步建立了较完善的农村垃圾分类收运系统。20世纪90年代，德国制定了《循环经济和废物处置法》，对垃圾处理的技术选择作了严格的规定，其优先顺序为：源削减、回收、焚烧能源、最终填埋处理。垃圾处理必须服从这个技术等级，即只有在高层次的技术方案不能被利用时，才能使用下一个层次的技术方案。

固体废弃物是放错地方的资源，第十一届全国人大常委会第四次会议于2008年8月29日通过的《循环经济促进法》是一部生态环境法和经济法相融合的综合性法律，体现了环境正义与经济效益目的价值的融合。循环经济以“3R”（Reduce，Reuse，Recyle）原则为核心，其运作原理近似于生态系统的物质与能量循环原理，因此，发展循环经济，应当把自然界生态良性循环的规律引入整个经济社会的大系统，也就是整个经济社会都要按生态良性循环的规律来运行，建立“自然生态式经济”模式。这实际上也是建立循环经济型社会的要求，是更高层次的循环经济。这种层次的循环经济，把人类社会与自然界结合得更为紧密，服从自然规则，体现了人的社会属性与自然属性相结合的特征，是人类发展的最佳模式。当然，循环经济理念的产生，是人类在追求各种目的价值中选择正确价值准则的结果，《循环经济促进法》以法律文本的形式确认环境正义与经济效益并重这一价值准则，是生态环境法和经济法融合的体现。2020年4月29日，第十三届全国人大常委会第十七次会议审议通过了新修订的《固体废物污染环境防治法》，明确规定了国家推行生活垃圾分类制度，将农村生活垃圾纳入管理范围，限制过度包装和一次性塑料制品使用等，促进了《固体废物污染环境防治法》与《循环经济促进法》的衔接。

第三节　生态环境法与行政法的关系

所谓行政法，是指调整行政主体在行使行政职权和接受行政法制监督过程中而与行政相对人、行政法制监督主体之间发生的各种关系，以及行政主体内部发生的各种关系的法律规范的总称。我国环境法体系中，有许多属于环境管理方面的法律规范，例如《土地管理法》《水法》《环境保护法》等法律中有许多关于环境管理机构和监管制度的条款。因此，我国现行环境法从性质上说属于部门行政法。但是法学界一般将行政法界定为行政主体法、行政程序法等一般性法律规范，生态环境法的教学需要学生先理解行政法的基本知识和行政法学的基本原理。

一、为什么生态环境法教学需要理解行政法治理论

改革开放初期，我国环境污染事故频发。污染事故发生后，在污染损害赔偿诉讼方面大体有两种情形：第一种是有明确的污染肇事者，向污染肇事者索赔或提起刑事诉讼；第二种是“民告官”，向政府索赔。如2012

年 月，广西龙江河段检测出重金属镉含量超标，使得龙江河沿岸及下游居民饮水安全遭到严重威胁。事件发生后，河池市政府公开道歉，称政府是环境保护的第一责任人，河池市政府承诺，政府对遭受经济损失的养殖户进行赔偿。河池市政府的做法是正确的，政府是环境公共产品的提供者，毋庸置疑，此次镉污染事件属于典型的公众性污染事件，对公众权益造成了严重侵害，政府应该承担相应责任。

1989年颁布的《环境保护法》（简称“旧环保法”）是新中国对环境公共产品质量进行行政监管立法的第一次正式的尝试。不可否认，旧环保法对于保护和改善我国的环境质量，促进经济、社会、环境协调发展发挥了积极作用。但长期以来，因为旧环保法是建立在国家管理模式基础之上的环境管制法，所以立法实践中过于侧重政府对公众的环境管理和制裁，突出强调企业和公民要守法，大量设定行政相对人特别是企业的环境责任，对于政府的环境责任却语焉不详或者轻描淡写。例如，为了重点整治重金属环境污染，国务院颁布的《重金属污染综合防治“十二五”规划》要求各地政府将其确定的目标、任务和项目纳入本地区经济社会发展规划，相关行政主体应据此采取相应的法律措施，否则应承担目标责任。但政策毕竟不是法律，旧环保法中并没有规定目标责任制度。

党的十八大以来，通过严格的法治保障生态环境成为共识。2014年4月24日第十二届全国人大常委会第八次会议通过了《环境保护法修订案》。这次修改的《环境保护法》（也称“新环保法”）增强了政府的环境质量责任。如第26条规定：“国家实行环境保护目标责任制和考核评价制度。县级以上人民政府应当将环境保护目标完成情况纳入对本级人民政府负有环境保护监督管理职责的部门及其负责人和下级人民政府及其负责人的考核内容，作为对其考核评价的重要依据。考核结果应当向社会公开。”政府目标责任制度的建立，构成了政府环境质量担保责任设立的法律依据。

不管怎样，当企业无力赔偿时，如果政府对污染受害者救助不及时，那么污染受害者就会承受更大的损失。有些国家规定，环境污染事故发生时即便无污染者，政府仍应该负责，例如，日本、美国等国家关于环境污染损害赔偿责任已经从污染者负担进展到政府全过程质量控制层面。因此，政府对环境质量负责是必要的。20世纪60—70年代，日本经历了快速经济增长期，全国各地出现了严重的环境污染事件。1967年7月，日本政府就通过制定《公害对策基本法》对政府环境监管责任作了规定。在环境公害损害赔偿案件中，被称为“四大公害”的“痛痛病”、水俣病、第二水俣病、四日市病，其中有三起和重金属污染有关。在这些案例中，由于环境污染损害赔偿案件的责任主体难以确定，因果关系难以判断，政府不得不承担起环境质量担保责任。在美国，政府也一样承担着环境污染损害赔偿的担保责任。20世纪40年代出现的“拉夫运河事件”令全美震惊，在舆论压力下，美国国会于1980年通过了《综合环境反应、赔偿和责任法》，批准设立污染场地管理与修复基金，即“超级基金”，这一法案也因此被称为《超级基金法》。该法以解决“脏中最脏”的污染场为突破口，建立了“国家优先（处置）名录”“溯及既往”的系统追究环境责任制度，成为美国乃至全世界环境污染损害赔偿法中政府承担担保责任的最具特色的一部法律[①]。该法案规定，在污染者不明或损害赔偿民事诉讼过程中，美国国家环境保护局（简称“美国环保局”）不能置身事外。在潜在责任人不能确定、无力或拒绝承担清理费用时，美国环保局可动用超级基金支付清理费用。

二、生态环境法与行政法的区别与联系

环境质量担保责任是在污染者不明确的情况下由政府承担的替代性不利法律后果。政府环境质量担保责任的出现是现代法治、责任政府发展的结果，许多环境污染事故看似责任在企业，实则根源在当地政府。地方保护主义、政府不作为等环境监管体制的缺陷常是污染事件的重要诱因，对政府采取行之有效的问责制度和执行措施，有利于从制度层面促进政府从决策到执行全过程具有环境责任意识，从而将生态环境法与单纯的行政管

① 佟晓群．大米含镉等土壤重金属污染进入集中多发期[N].扬子晚报，2013-06-13(2).

理法区分开来。从法学理论上思考，如果说民法的基本原则是意思自治、经济法的基本原则是政府的宏观调控，那么，生态环境法的基本原则就应该是公共服务中的政府负责制。政府应该对环境公共产品进行全面的质量监管，如果出现污染事件，政府应依法承担责任。我国环境污染损害赔偿的责任主体、赔偿范围、赔偿责任限制、赔偿责任担保、索赔诉讼等方面的制度还不健全，这种情形造成了环境污染损害赔偿责任主体判断的困难。虽然从2010年7月1日起施行的《侵权责任法》规定因污染环境造成损害的，污染者应当承担侵权责任，并且在发生纠纷时，污染者承担其行为与损害之间不存在因果关系的举证责任，但这只是解决责任主体判断困难问题的一种措施，并不能充分救济公民的环境权益。因此，建立政府环境质量担保责任制度，可以弥补污染者承担民事责任制度的不足，保障污染受害者的受偿权。

建立政府环境质量担保责任制度虽然很有必要，但也存在用纳税人的钱为违法排污企业买单的不合理问题。当前我国正处于社会转型期，环境污染事件偶有发生，一些排污企业在发生污染事故、企业破产倒闭过程中，因故意推诿或无力赔偿损失而将责任转移给地方政府，这就造成了“企业排污、百姓遭殃、政府买单”的现象。

既然单一性的环境质量担保责任制度无法从根本上解决“企业排污、百姓遭殃、政府买单”的现象，这就需要完善生态损害赔偿制度。从现有的法律规定看，我国环境污染处罚措施不够严厉，行政罚款远远低于国家赔偿金额。例如，《水污染防治法》实施以来，我国发生了数起重大水污染事件，包括云南阳宗海砷污染事件、江苏盐城水污染事件、山东省临沂市亿鑫化工污染事件等。事后肇事企业尽管也受到了经济处罚或刑事处理，但还是难以弥补生态损失和当事人的利益。修订前的《水污染防治法》规定：“对造成重大或者特大水污染事故的，按照水污染事故造成的直接损失的百分之三十计算罚款。”修订前的《海洋环境保护法》将处罚额度限定为不超过违法所得的30%，且总额不超过30万元。这些法律规定存在“违法成本低、执法成本高”的隐患，在污染者承担环境污染损害赔偿责任能力有限的情况下，地方政府不得不为污染企业买单。在福建省紫金矿业重金属污染事件中，福建省环保厅按照污染事故造成的直接损失的30%开出近千万元罚单，并要求紫金矿业消除污染，直至治理完成。该案具有典型和示范意义，表明我国对肇事企业的处罚力度正在不断加大。但公众仍然认为此案的处罚力度不足以对紫金矿业产生威慑力。与之形成鲜明对比的是，在美国墨西哥湾漏油事故善后处理中，美国环保局对英国石油公司的惩罚是极其严厉的，英国石油公司不得不设立了200亿美元的专项赔付基金[①]。因此，2017年修订的《水污染防治法》，除第94条第2款规定了20%和30%的罚款比例外，还在第95条规定了按日计罚的处罚措施。同年修改的《海洋环境保护法》也删除了"总额不超过30万元"的限制。

三、政府环境质量担保责任的特殊属性

环境质量担保责任是产品质量担保责任的一种，产品质量担保责任是产品销售者、生产者不履行产品质量担保义务应当承担的民事法律责任。大气、水资源等作为公共产品，其质量保障需要政府的介入管理。不同于我国污染者损害赔偿这种民事责任制度，政府环境质量担保责任制度是一种规制政府的行政法律责任的制度。政府环境质量担保责任的确立，是为了保障政府对公众所需求的健康环境公共产品的供给。为此，有必要从法律构成要件上将其与污染者损害赔偿责任区分开来。

从法律构成要件上看，环境质量担保责任是一种连带性责任，是对政府行政服务行为的追责，注重行政程序的合法化、透明化。而污染者损害赔偿责任则是"谁污染谁赔偿"原则的体现，注重结果性的损害赔偿，即污染者破坏多少赔偿多少、破坏什么状态修复什么状态。政府环境质量担保责任的赔偿数额是有限的，而民事赔偿的数额是巨大的，破坏与赔偿是相对应的，是对被破坏对象的有效补偿。因此，环境污染损害赔偿责任主要是民事责任，而政府环境质量担保责任则是一种行政法律责任，它们的责任主体、违法行为、主观要件和后果都是不一样的。

为避免出现排污者污染环境却由政府"买单"的情况，需要政府环境

① 岳跃国.行政处罚不能代替赔偿[N].中国环境报,2010-10-14(1).

监测部门加大环境执法处罚力度，推动环境污染损害赔偿基金的建立，使环境污染损害赔偿责任社会化。与美国相比较，我国环境污染损害赔偿基金的筹措力度还不够大。我国《环境保护法》第52条规定“国家鼓励投保环境污染责任保险”，但这一规定并不彻底。美国1980年《综合环境反应、赔偿和责任法》（即《超级基金法》）就规定了政府动用超级基金承担环境污染损害赔偿责任后继续向污染者追偿的机制，这一做法可以参考借鉴。为保护环境受害者和社会弱势群体利益，我国必须建立强制性的环境责任保险或环境损害赔偿基金制度，这样才能够建立体现环境公平和正义的机制。环境责任保险是一项非常重要的制度，一切从事具有较高环境风险活动的企业，均应在从事有关活动前缴纳保险费用。该保险应设立独立的第三方管理机构，承担保费的收取、使用和日常管理工作。保费应主要用于因排污行为所致的生态环境和人体健康的损害赔偿。保费的使用申请由污染治理单位提出，污染治理单位可以是当地人民政府、环保部门以及其他污染治理机构。无论是检察建议，还是环境公益诉讼，都只是事后解决手段。建立环境污染责任保险制度，实际上就是将环境保护主管部门的一部分职责、职能和职权转移给市场，将部分应对环境污染事故和环境风险的社会公共管理事务转移给保险公司。一旦发生污染事故，就有机制保护受害者，也会有一个机构给受害者提供补偿。当环境污染事故发生后，保险公司就要赶赴现场调查，依法处理赔偿事宜。如果保险公司不履行义务，企业、群众就可以到相关主管部门投诉，从而减轻环境保护主管部门的监管压力①。

四、生态环境法和行政法的衔接

2014年修改的《环境保护法》被专家评为“史上最严的环保法”，吸收了各国环境保护的经验，采取了一些很严格的措施，例如如果环境保护部门和地方政府执法不力，自己就应该承担一些环境法律责任。但是法律

① 郄建荣.中国环境群体事件增多 政府为企业埋单被指不公[N].法制日报，2010-11-17(6).

的严格还是具有相对性的，修改后的《环境保护法》对政府环境质量担保责任具体类型和构成要件就没有提及。《环境保护法》第64条规定：“因污染环境和破坏生态造成损害的，应当依照《中华人民共和国侵权责任法》的有关规定承担侵权责任。”但是将环境污染损害赔偿案件单纯作为一种侵权案件处理不能有效保护污染者不明时受害者的利益，因为当污染者还不明确时，污染者赔偿责任就无从说起。

很多环境治理得好的国家，其环境行政赔偿与民事赔偿衔接得比较好。例如，美国环保局对各个州的一些地方或企业有很大的处罚权力，他们有对环境损害赔偿进行行政裁决的权力[①]。美国《超级基金法》授权美国环保局敦促有责任各方清理污染，具体而言，美国环保局依法构建了一套对污染场地进行风险评分的模型，对每个场地的污染水平进行赋值计算，当结果高于一定数值时则被纳入国家优先治理名录，立即进行治理修复。有关责任方之间承担无限连带责任，可以只针对其中一个或几个实力雄厚的责任人提起追偿诉讼。“有关责任方”不仅包括危险物质排放（或将要排放）时的场地的业主或使用人以及有害物质的排放者，也包括该场地现在的业主或使用人。当事人不管有无过错，任何一方均有承担全部清理费用的义务。《超级基金法》也允许美国环保局先行支付清理费用，然后再通过诉讼等方式向责任方索回。《超级基金法》规定的连带责任制度意味着美国环保局有权向任何一个能够找到的潜在责任人追索全部修复费用。《超级基金法》还授权某一潜在责任人可向任何一个或者全部潜在责任人追索全部修复费用[②]。该方法一方面将政府环境质量担保责任与污染损害赔偿责任区分开来；另一方面扩大了污染者的责任主体范围，以确保污染受害者得到补偿。

日本在政府环境质量担保责任和污染者损害赔偿责任衔接方面也做得比较成功。在因重金属污染导致的水俣病、“痛痛病”案件中，其损害赔偿责任模式也体现了环境司法对环境执法的有效监督。1971年，新潟第二

---

① 汪劲．中外环境影响评价制度比较研究：环境与开发决策的正当法律程序［M］．北京：北京大学出版社，2006：365．

② 桑东莉．美国《超级基金法》责任条款的司法博弈［J］．法学评论，2013（1）：147．

水俣病一审判决出炉，患者方面全面胜诉。同年富山“痛痛病”案裁判中，法院一审和二审都判决被告公司承担赔偿责任，并启动了患者的认定程序。经过国家行政机构认定的“痛痛病”患者，可以直接获得赔偿。所有的环境受害者都可以“顺着规则走”，不需要再单独提出诉讼。在这些公害诉讼中，日本中央政府以及地方政府也被受害者推上了法庭，他们要求追究政府的“反应迟缓”和“不作为”责任。日本环境省官员如此总结环境质量担保责任建立的法理依据：发生问题的责任在企业，而受害者和企业的个别谈判往往效率都很低，社会成本很高，最终都需要政府介入。政府应该提前用立法的方式进行引导，最终让受害者和企业通过法律方式解决，因为科学证明和地方政府决策是两回事。政府如果发现可能引起公害的污染事件，即使不能完全确定，也要及时介入并且制止[①]。

第四节　生态环境法与刑法的关系

2011年全国人大常委会通过的《刑法修正案（八）》，将《刑法》第338条“重大环境污染事故罪”修改为“污染环境罪”，降低了入罪门槛，增强了可操作性。2020年《刑法修正案（十一）》再次修改《刑法》第338条，加大了对污染环境罪的惩处力度，增设了一些环境犯罪情形。但该条款属于引证性法律条文，其中“违反国家规定”预示着本罪的违法性判断还需要通过相关的环境法、行政法和附属刑法来解释。因此，在法律实践中如何认定该罪，还需要刑法与单行的生态环境法进行协调，这体现了刑法与生态环境法之间的必然联系。因此，单行的生态环境法构成了环境刑法适用的开放性构成要件。

一、刑法中违法性理论教学的重要性

刑法中的“违法性”概念最先是由宾丁在其《规范及其违反》一书中

① 苍鹊．日本重金属污染事件启示录 四大公害诉讼推动立法[N].羊城晚报，2013-06-01(6).

提出来的。宾丁认为在规定“实施……行为的，处……刑罚”这样一种刑法分则条文的模式中，前一句规定的是一定犯罪行为的要件，后一句规定的是犯罪行为的法律后果。从这种规定的模式看，刑法是对“刑罚预告”的规定，是对一定的行为规定处罚的“制裁法”，而不是规定禁止一般人实施犯罪行为的“行为法”或“行为规范”。制裁法和行为规范在逻辑上是分离的，两者具有不同的机能。国家从实现国家的共同生活目的的立场出发，禁止有害的行为，命令有益的行为，这种国家意志通过法的形式表现出来时，就是行为法或行为规范。这种规范是制定刑法的前提，犯罪对这种规范的违反就是“违法性”[①]。违法性范畴是以德日为代表的大陆法系刑法理论和实践中的一个重要概念。对于违法性范畴的理解，大陆法系形成了形式违法性与实质违法性、法益侵害说和规范违反说、可罚的违法性等各种观点，这些观点对法律实践影响很大。借鉴大陆法系的违法性理论，可以深化我们对污染环境罪修改和适用问题的理解。

我国修改前的《刑法》第338条规定：“违反国家规定，向土地、水体、大气排放、倾倒或者处置有放射性的废物、含传染病病原体的废物、有毒物质或者其他危险废物，造成重大环境污染事故，致使公私财产遭受重大损失或者人身伤亡的严重后果的，处三年以下有期徒刑或者拘役，并处或者单处罚金；后果特别严重的，处三年以上七年以下有期徒刑，并处罚金。”修改后的《刑法》第338条规定：“违反国家规定，排放、倾倒或者处置有放射性的废物、含传染病病原体的废物、有毒物质或者其他有害物质，严重污染环境的，处三年以下有期徒刑或者拘役，并处或者单处罚金；情节严重的，处三年以上七年以下有期徒刑，并处罚金；有下列情形之一的，处七年以上有期徒刑，并处罚金：（一）在饮用水水源保护区、自然保护地核心保护区等依法确定的重点保护区域排放、倾倒、处置有放射性的废物、含传染病病原体的废物、有毒物质，情节特别严重的；（二）向国家确定的重要江河、湖泊水域排放、倾倒、处置有放射性的废物、含传染病病原体的废物、有毒物质，情节特别严重的；（三）致使大量永久基本农田基本功能丧失或者遭受永久性破坏的；（四）致使多人重伤、严

① 马克昌.近代西方刑法学说史略[M].北京：中国检察出版社，2004：229.

重疾病，或者致人严重残疾、死亡的。有前款行为，同时构成其他犯罪的，依照处罚较重的规定定罪处罚。”修改前的重大环境污染事故罪是结果犯，修改后的污染环境罪是行为犯。从结果犯到行为犯，说明国家对环境保护的日益重视。对环境污染犯罪的控制，不再以人身、财产的损害程度为构成要件，而是提前从对污染行为的规制入手，强化了对环境利益的保护。

刑法为什么这样修改，法益侵害说和规范违反说可以从不同角度阐述原因。法益侵害说认为，违法性的实质是对法益的侵害或者威胁，污染环境罪的违法性本质是对法律保护的环境利益（如清洁水权、良好环境享受权等）的侵害或者威胁。将重大环境污染事故罪修改为污染环境罪，说明了环境犯罪侵犯的不是人们的公私财产权，而是对生态环境本身的破坏，环境要素（土地、水、大气等）本身就是法律保护的利益。规范违反说进一步从生态环境法与刑法关系的角度阐述了环境犯罪的违法性本质。他们认为，所谓“违法”就是违反国家认可的文化规范。将重大环境污染事故罪修改为污染环境罪，法益本身并没有变化，而是支配人们生活的文化规范发生了变化。重大环境污染事故罪立足于人本主义思想，突出人本位的利益保护，将环境保护作为间接目的。凡对空气、水、土壤等自然环境的污染及破坏行为，侵害到人的生命、身体和财产等利益的时候，才可动用刑事制裁手段予以处罚。污染环境罪则建立在生态利益中心主义伦理价值观的基础上，重新审视人类活动的行为规范，树立生态利益优先的思想，对造成自然环境污染或破坏的行为，予以刑事处罚。

我国《刑法》对污染环境罪的修改，必然会对生态环境法中环境法律责任的追责原则产生很大的影响。根据违法性理论，刑法规范只是制裁法，犯罪所违反的“行为规范”需要在法秩序的整体中寻找。在我国刑法渊源中，1997 年《刑法》是确认了污染环境罪的基本标准。除此之外，我国几乎所有的环境行政立法都在法律责任中规定了刑事责任条款，如《环境保护法》《海洋环境保护法》《水污染防治法》《大气污染防治法》《噪声污染防治法》等，这些条款组成了污染环境罪的附属刑法。附属刑法具有媒介法秩序整体的功能，但是我国附属刑法中的刑事责任条款一般与《刑法》条文相同，或者干脆用“比照”“依法追究刑事责任”等方式来协调其与《刑法》的关系。正是由于附属刑法中过多的“比照”“依法追究刑事责任”等词语，不仅使附属刑法失去了衔接“行为规范”和“制裁法”的功能，也失去了独立性价值。《刑法修正案（八）》将污染环境罪的构成要件修改后，由于附属刑法因袭以前《刑法》中的法律条文，必然与修正后的《刑法》不一致。例如，1989年的《环境保护法》第43条规定：“违反本法规定，造成重大环境污染事故，导致公私财产重大损失或者人身伤亡的严重后果的，对直接责任人员依法追究刑事责任。”2011年《刑法》修正后，该附属刑法条文仍然没有变化，这就产生了刑法修正案和附属刑法（即《环境保护法》的违法性条款）的冲突现象，出现了法秩序不一致的问题。2014修改《环境保护法》后，《刑法修正案（十一）》与之对应进行了修改，强化了《刑法》与生态环境法的衔接。

二、单行生态环境法与环境刑法的区别

法秩序一致性指不同法领域间法律效果形式上和整体法秩序评价的一致。日本学者西原春夫认为，“违法”一词，有用于一般的违法性意义的场合，有用于刑法的违法性意义的场合。所谓一般的违法性，是违反作为全体的法秩序的情况，即违反了法秩序一致性。反之，所谓刑法的违法性，是违反刑法规范的情况。

我国将“违法”概念作广义和狭义两种解释。广义的违法包括刑事违法（犯罪）、民事违法和行政违法等，狭义的违法则指犯罪以外的一般违法。我国违法性概念与国外违法性概念不一致，狭义的违法与犯罪无关，广义的违法也不是对法秩序一致性的违反。因此，我国犯罪行为的判断与违法性判断没有关系。在大陆法系国家，违法是对整体法秩序的违反，刑法保护的法益与其他法律保护的法益是一致的，环境犯罪行为一定也违反了其他法律。法益侵害说的提倡者李斯特认为，法益就是经过相互衡量上升为由法律所保护的利益的生活条件。法益产生于生活，而不是产生于实定法（实在法），法只是发现和确认法益而不是创造法益。法律规范如同

根植于国民的宗教、道德和审美观之中一样，它也根植于国民的良知之中。只有在国民这里，法律规范才能找到其牢固的立足点，也只有在国民这里，才有其发展的动力。生活的需要产生了法律保护，而且由于生活利益的不断变化，法益的数量和种类也随之发生变化。规范违反说的代表人物M.E.迈耶认为，法规范只是对国家机关具有意义，而一般公民对其完全不知，可支配人们日常活动的是“文化规范”，而非法规范。由于刑法的稳定性和修改的严肃性，环境保护的“生活法益”或支配环境保护的“文化规范”通常先体现在行政法和附属刑法中，只有当人们对这种“生活法益”和“文化规范”需求保护的愿望强烈时，才通过修改刑法介入。

在20世纪60年代以前，环境问题并没有引起人们的重视。德国1871年制定的刑法典只是零散地规定了环境公害罪，比如公共危险施毒罪，环境污染违法行为主要通过民法和行政法等法领域调整。伴随全球工业化的大发展，发达国家出现了有名的“八大公害案件”，环境问题的日益严峻迫使发达国家通过刑法介入以保护环境。1970年日本颁布《关于危害人体健康公害犯罪处罚法》，1980年联邦德国对其刑法典进行了修改，增设了“危害环境罪”专章。可由于环境犯罪的特殊性，刑法典不能充分包含各种各样的环境犯罪。为了弥补刑法典滞后于环境犯罪的客观现实，惩治环境犯罪的特别刑法或附属刑法在一些国家和地区频繁出现。概括起来主要有四种形式：一是制定环境特别刑法，对环境犯罪及其处罚，以单行刑事法律的形式专门作出规定；二是在环境保护法中规定刑事条款，对罪名及刑罚种类和幅度直接作出规定；三是修订普通刑法，补充环境犯罪的具体犯罪构成和制裁措施；四是将环境保护法与一般刑法有机结合起来，既在环境保护法中作出刑事法律规定，又在一般刑法中规定环境方面的犯罪，使用时，将两者结合在一起[①]。在当代世界大多数国家，环境刑法多采用附属刑法罚则模式，即在单行生态环境法中设置独立性的刑法规范，包括独立的罪名和法定刑。附属刑法关注到整个行政法律规定、经济法律规定、环境法律规定内的违法行为和犯罪行为，在一部法律中形成了包括行

① 张梓太.论公害罪[J].南京大学学报(哲学·人文科学·社会科学版),1999(4):140–141.

政责任、刑事责任在内的完整的责任体系。这种体系性的存在，协调着刑法典、附属刑法与生态环境法等法领域的关系。

三、单行生态环境法与环境刑法的联系

我国附属刑法中环境刑事责任条款的立法设计受制于《刑法》，定罪量刑以《刑法》为依据，因此生态环境法律对定罪量刑似乎没有多大作用。在德日等大陆法系国家，其立法模式虽与中国相似，但它们的附属刑法发挥着特别刑法的作用，其刑法总则中的违法性理论起了关键作用。不过，德国和日本依据附属刑法进行违法性判断的思路还是不同的，德国的主流观点是违法一元论，日本的主流观点是可罚的违法性。

违法一元论观点认为，国家的法秩序是一个统一的体系，其中的民法、刑法、环境法、行政法等不同的法律部门虽然按照不同的目的和调整方法而形成各自不同的法律领域，但是它们相互之间彼此衔接和补充，形成了没有矛盾和冲突的统一整体，犯罪认定中的违法性评价必须从整体法秩序的角度出发，不存在民法、行政法认为是违法而刑法不认为是违法的情况。为了维护法秩序的一致性，德国大多学者持违法一元论观点。如德国刑法理论认为，一个涉案金额为10 000马克的盗窃案件，在形式意义上并不比一个涉案金额为10马克的盗窃案件有更大的违法性。德国在行政法中规定大量的刑事责任条款，刑法中的违法性是与环境行政法中的违法性相一致的。这样就可以通过空白刑法对触犯用以维护公共道路、市街、广场或水道的安全、清洁及宁静的违法之行为加以定罪[①]。正是通过附属刑法，德国刑法典和相关行政法、环境法构成了协调一致的法秩序整体，行政违法和刑事违法得以衔接。德国刑法典中设置的有关环境犯罪的条文，是为了集合零散于各类法规中的附属刑法规定，避免环境刑法条文分散于不同的法规，互不协调统一，难以表明环境犯罪的本质。但是，如果坚持严格的违法一元论，刑法典的谦抑性也容易遭到破坏。要保护什么事

① 赵秉志，王秀梅．大陆法系国家环境刑法探究[J]．南京大学法律评论，1999(2)：206.

物不受伤害，这是由行政机关决定的，由此刑法典扭曲为一种一般的行政工具。

可罚的违法性是日本刑法学者为了在司法中将形式上符合构成要件而实质违法性程度轻微的行为非罪化而提出的概念。与环境法、行政法相比较，环境刑法具有谦抑性，只对“可罚的违法行为”科处刑罚。只有当违法性达到一定程度时才启动刑法，这就是可罚的违法性观点。日本学者宫本英修不仅在日本率先提出了可罚的违法性观点，而且还富有创造性地提出了谦抑主义思想，以之作为可罚的违法性的理论基础。宫本英修坚持认为某个行为要成为犯罪，首先要在法律上一般规范性地评价为违法，其次需要在刑法上进一步判断为可罚的。刑法并不是民法、环境法等法律部门的第二次法律规范，它具有独立性。然而，木村龟二对此持不同看法，他认为，关于违法性好像有刑法上特殊的违法性似的，用“刑法的违法性”“可罚的违法性”等词语，都是不妥当的。尽管有各种不同意见，可罚的违法性还是成为主流观点。与德国违法一元论观点相比，可罚的违法性虽然可以克服刑法典受制于行政法的弊端，但是这种立场容易招致刑法解释上的恣意化，因为可罚的标准不容易确定。同时，可罚的违法性造成刑法典与环境法、行政法二元化的格局，容易破坏法秩序的一致性。

目前我国环境附属刑法条文虚置，关于污染环境罪附属刑法的立法模式是依附性的散在型立法，没有创制性地制定污染环境犯罪和刑罚的构成要件，而只是依附于《刑法》的有关条款进行补充性或解释性规定，这不仅不能发挥附属刑法的协调性价值功能，也丧失了附属刑法的独立性价值。违法一元论和可罚的违法性观点虽然各有利弊，但都通过违法性判断将刑法渊源体系有机地衔接起来。根据大陆法系违法性理论，我国可以结合违法一元论和可罚的违法性的各自优点，对我国的附属刑法进行改造。一般说来，以违法一元论为依据，有利于附属刑法发挥衔接行政违法与刑事违法的作用。为了协调行政法、环境法和刑法，附属刑法可以细化刑法中的犯罪构成要件。例如，为了将污染环境罪与单行生态环境法对应起来，可以在附属刑法的刑事责任条文中，进一步列举有关具体的犯罪类型，如水污染、固体垃圾污染、空气污染、海洋污染等犯罪行为，使违法类型与刑法中犯罪类型相一致[①]。当然，这并不是说可罚的违法性观点就不赞同法秩序的一致性。可罚的违法性理论也主张维护法秩序的一致性，只是认为环境犯罪与环境违法二者很明显是异质的，刑法适用应坚持谦抑性原则，对其他法律领域认为是违法的行为，要进一步进行筛选。可罚的违法性与法秩序的一致性并不矛盾，只是要求附属刑法应具有一定程度的独立性价值。附属刑法不应照抄照搬《刑法》，完全可以在《刑法》的基础上制定具体的实施细则和方法，甚至可以规定独立的罪名或构成要件，使单行生态环境法成为《刑法》适用的特别法。

四、单行生态环境法与环境刑法协调适用的司法途径

刑法从性质上说属于司法法，某一危害环境的行为是否构成污染环境犯罪，首先要看其是否符合刑法中的构成要件，在此基础上，再考察该行为是否具有违法性和有责性，这是典型的大陆法系刑法司法模式。德国、日本形成了由构成要件该当性、违法性和有责任这三个基本要件构成的犯罪论理论体系，从构成要件该当性，到违法性，再到有责性，使得犯罪构成理论上对犯罪成立要件的叙述，与认定犯罪的过程之现实基本保持了形式上的一致。我国环境行政法律中虽然不乏关于严重污染环境行为的刑事规定，但却没有实施机制，缺乏可操作性。因此，吸纳大陆法系的违法性判断思维模式，可以从司法上提高环境附属刑法的价值。

为了维护环境附属刑法的协调功能和独立价值，我国可以采取日本可罚的违法性原理对刑法规范进行实质性解释。我国刑法理论一般认为犯罪是违反刑事法律的严重违法行为，这吸收了日本的可罚的违法性观点，但是我国刑法理论中的刑事违法性、社会危害性和刑罚当罚性这三个范畴都不具有可罚的违法性的功能。在我国刑法理论中，刑事违法性相当于大陆法系的构成要件，这种思维模式影响着我国刑法的立法和司法模式，甚至造成刑事违法性仅限于违反刑法和有权解释的状况。在日本刑法渊源体系

---

① 王蓉.论我国刑法应当规定而尚未规定的环境犯罪[M]//吕忠梅，徐祥民.环境资源法论丛：第3卷.北京：法律出版社，2003：152.

中，刑法典中关于污染环境犯罪的制裁法是司法机关定罪量刑的基本依据，可罚的违法性是对符合刑法中构成要件的行为进行超法规的违法性判断的阻却事由，具有刑事违法性、社会危害性和刑罚当罚性这三个范畴的综合功能。附属刑法与刑法之间，是特别刑法与普通刑法的关系。构成要件该当性、违法性和有责性不仅依据刑法，还要依据附属刑法来判断。因此，要发挥我国附属刑法的司法功能，司法机关应该对《刑法》进行实质解释。我国附属刑法虽不是特别法，但可以对《刑法》进行补充适用。例如，我国《刑法》将污染环境罪的构成要件修改后，对附属刑法中的刑事责任条款进行实质解释，这相当于大陆法系的违法性判断。根据可罚的违法性观点，我们可以这样解释：《刑法》中该罪的罪状是一般的构成要件，附属刑法中的罪状是选择性的构成要件或量刑情节，附属刑法中“危害环境的事实”就是结果加重犯。

与大陆法系的可罚的违法性概念相似，英美法系的可起诉罪扮演着同样的角色。在英美法系国家，违法概念包含的内容也比犯罪概念广泛，一般认为犯罪是一种严重的违法。英美法系刑法理论不同于大陆法系的犯罪论体系，虽然没有抽象的违法性范畴，但根据罪行轻重划分为重罪、轻罪、微罪和违警罪，或代之以可起诉罪、可速决罪和既可起诉又可速决罪，从另一途径发挥了违法性评价的功能。历史上英美法系的犯罪分为普通法中的犯罪和制定法中的犯罪，普通法中的犯罪是自然犯，即明显违反伦理道德的犯罪，多为重罪；制定法中的犯罪则多为行政犯，是随着“生活法益”或“文化规范”的改变而出现的新型犯罪，多为轻罪。后来，随着刑法改革运用，制定法成为刑法的主要形式，将普通法中的犯罪纳入制定法，并根据罪行轻重进行分类，这实际上也是一种违法性评价方式。英美法系的环境刑法主要是制定法，其形式相当于大陆法系的附属刑法，但功能强于大陆法系的附属刑法。英美法系的污染环境犯罪不是规定在刑法典中，而是分散在环境行政制定法条文之中，但在具体适用上仍然以普通法的原理为辅助。例如，美国环境刑法中有关污染环境犯罪的法律条文分布在《水污染法》《清洁水法》《固体废物处置法》《有毒物质管制法》等一系列环境制定法中。由于没有系统的刑法典，这些制定法是定罪量刑的主要法律渊源。

因此，我国还可以借鉴英美法系国家的经验，在有关惩治环境犯罪的附属刑法中规定一些诉讼程序的内容，或者在《刑事诉讼法》中增加关于环境刑事诉讼的特殊规定，从司法途径上完善附属刑法的功能。环境犯罪建立在环境违法之上，刑罚是比行政处罚更严厉的法律制裁。在附属刑法中规定一些诉讼程序的内容，有利于提高环境附属刑法的价值。在环境执法中如果认为环境危害行为情节严重，就应该移送司法机关处理。目前，我国运用《刑法》手段整治污染力度不够，主要是因为生态环境法与《刑法》适用的协调机制欠缺。各地在如何协调司法部门与环境执法部门的关系上，缺乏具体的实施措施和办法。美国环保局有自己独立的裁判机构和执行机构，这种机构和美国的普通法院不同。根据美国联邦的一些环境法的规定，重大的罚款事件，美国环保局只能作出一个处理的决定，最后的决定是由普通法院来作出的。如果地方上的公司没有执行联邦制定的环境标准，受害者就可以直接到联邦法院起诉这些公司，这和我国的环境执法不一样。在我国，环境执法部门在自己权限内处理环境污染案件比较灵活、主动，一旦将案件移送司法部门，环境执法部门就只是一个“旁观者”，因此，环境执法部门没有将环境污染案件移送到司法机关的积极性，环境污染刑事案件移交率很低。因此，需要规范行政执法机关与司法机关的关系，完善行政执法部门和司法部门之间的环境污染案件的移交机制。

第三章　环境立法决策学的教学要点

环境立法决策是立法主体制定什么样的环境法、为什么以及怎样制定这样的环境法的谋划决断和审议行为。环境立法决策学是专门研究环境立法决策的学问，环境立法决策学的教学目的就是让学生们知道法律是怎样来的，明确作为立法职业者应该掌握哪些立法技能等。不同类型的法律，如基本法、单行法、地方立法等，其立法主体和立法思路是不同的。环境立法决策的教学要点，就是让学生了解环境立法决策的这些知识要点。下面就以不同类型立法为例，介绍生态环境法律体系的形成过程以及立法演变趋势。

第一节　单行环境立法的发展过程

单行法是和基本法相对应的称谓。基本法规定的是比较综合的法律问题，而单行法是对一般法中规定的某个特别法律事项进行的特别规定。单行法规是只规定某一方面的事项，或只适用于某些地区、某些主体的规范性法律文件。《环境保护法》是一部重要的环境保护法律，在生态环境法律体系中应该居于基本法的地位，但从1979年试行到1989年正式实施的《环境保护法》，直到现在仍然属于单行法。

一、环境保护法的立法过程演变

1979年9月颁布的新中国成立以来第一部综合性的环境保护基础法——《环境保护法（试行）》虽然是由国务院环保办起草并提出的议

案，但环境保护方面的基本方针、任务和政策是经过全国人大正式立法程序而制定的。《环境保护法（试行）》的颁布施行，推动了我国环境治理工作的法治化。知名法理学者季卫东对法律试行的立法决策模式进行了研究。他认为，从法治系统工程来认识1979年的《环境保护法（试行）》，可以将这种试行立法视作立法过程中形成反思机制的一种有效办法。因为法律试行这一立法制度的恒常化，使立法系统、行政系统和司法系统等之间的合意的形成形态和表现形态也具有了反思性，从而为改革开放前期公众参与环境立法提供了一种可能性[①]。

经过10年的试行和实践，《环境保护法》于1989年12月26日在第七届全国人民代表大会常务委员会第十一次会议上审议通过。该法是根据1982年宪法制定的，是在总结《环境保护法（试行）》经验的基础上经过修订完善的，这部法律实际上是一部行政管理法。

1989年10月25日，国家环境保护局局长曲格平在第七届全国人民代表大会常务委员会第十次会议上作的关于《中华人民共和国环境保护法（修改草案）》的说明中指出，《环境保护法（试行）》自1979年经第五届全国人民代表大会常务委员会公布试行以来，对加强我国环境保护工作，减少环境的污染和破坏起到了一定作用。但是在执行中也发现《环境保护法（试行）》有不够完善的地方，有些内容也已不适应当时形势发展的需要，对许多在实践中行之有效的制度没有加以确认。例如，只规定超标准排污要征收排污费，没有规定对排放某些污染物，虽然没有超标准排放，也应当征收排污费；没有规定排放污染物许可证制度；没有设专章规定法律责任，只是对惩罚作了一条笼统的规定。此外，对超标准排放污染物的企业限期治理，逾期达不到国家标准的，只规定要限制企业的生产规模，也不够妥当。1989年制定《环境保护法》的总体要求是加强环境保护的行政管理，因此，该法属于行政管理法。

从1995年八届全国人大三次会议到2012年十一届全国人大五次会议，全国人大代表经常提出修改《环境保护法》的议案，全国人大环资委也开

① 季卫东．论法律试行的反思机制［M］//李楯．法律社会学．北京：中国政法大学出版社，1999：307.

展了《环境保护法》及其相关法律的评估工作，都认为应通过修法推动环境法律的实施和行政责任的落实。为此，十一届全国人大常委会将修改《环境保护法》列入了五年立法规划的论证项目，十一届全国人大常委会十八次会议决定将《环境保护法》的修改列入立法工作计划。围绕十一届全国人大常委会十八次会议同意的《环境保护法》议案审议意见，2011年1月全国人大环资委启动了《环境保护法》条文修改工作，成立了以蒲海清副主任委员为组长的修改小组，多次听取环境保护部等国务院有关部门和有关专家的意见，并于2011年4—9月分别赴湖南、湖北、重庆、福建、江苏、陕西等地进行调研，并在江苏省徐州市召集各省、自治区、直辖市人大环资委、提出议案的部分全国人大代表及全国人大常委会法工委对《环境保护法》修改进行研讨。全国人大环资委还就环境保护规划、环境监测、排污收费和限期治理等召开了专家和部门的专题座谈会。在草案起草过程中，书面征求全国人大常委会法工委、最高人民法院等18个中央机构与国务院部门和31个省、自治区、直辖市人大的意见后进一步研究和修改，2012年3月又在上海听取十一届全国人大五次会议四件代表议案领衔人和地方意见。经全国人大环资委第二十七次全体会议审议，并再次修改形成了修改草案[①]。

2012年8月全国人大常委会对《环境保护法》的修正草案进行了第一次审议，就加强政府责任和责任监督相关法律进行了修改。全国人大常委会法制工作委员会副主任信春鹰在回答记者提问时说："按照立法的工作程序，我们在第一次审议之后把草案向全社会公布，征求意见。目前，我们收到了很多意见，有的意见非常的尖锐，也有的意见非常有建设性，还有一些意见更多的是语重心长。对这些意见我们都认真地进行了研究。下一步，我们将根据各方的意见认真研究环保领域的突出问题，研究解决这些问题的措施和手段，希望通过全国人民一致的努力，我们能够把环保法

① 汪光焘．关于《中华人民共和国环境保护法修正案（草案）》的说明[EB/OL].（2012-08-27）[2021-12-30].http://www.npc.gov.cn/zgrdw/wxzl/gongbao/2014-06/23/content_1879667.htm.

修改好，让我们大家能够经常看到碧水蓝天。”[①]2013年上半年，全国人大法工委修改草案之后形成二审稿，全国人大对《环境保护法》进行第二次审议。全国人大法律委员会副主任委员张鸣起说：“这次环境保护法的修改是以修正案的方式提请常委会审议的，在审议和征求意见过程中，有些常委委员、地方、部门和专家提出，环境保护法作为环境领域的基础性、综合性法律，应当回应环境保护的制度需求，解决环境保护的突出问题，建议采用修订方式对这部法律作全面修改。法律委员会建议对这一问题作进一步研究。”[②]2013年10月，全国人大常委会对《环境保护法》修订草案进行了第三次审议。三审稿不再使用修正案，而是采取了修订草案的全面修订形式，修改内容从最初的“小修小补”变为全面深入的修改。2015年1月1日，新修订的《环境保护法》实施。修订后的《环境保护法》加大了对环境违法行为的处罚力度，其中被誉为“亮剑”条款的，就是第59条规定了对一些严重环境违法行为按日计罚。从属性来看，修订后的《环境保护法》不能包含土地法、森林法等许多法律部门，属于环境保护单行立法。

二、单行环境立法的弊端

环境保护单行立法的性质是行政法，是规定环境保护行政主管部门行使环境要素保护和污染防治的职权，并吸纳公众参与，明确环境保护需要保护什么、污染防治需要怎样防治的行为规范体系。我国《环境保护法》采用的是总则和分则结构，包括第一章“总则”、第二章“监督管理”、第三章“保护和改善环境”、第四章“防治污染和其他公害”、第五章“信息公开和公众参与”、第六章“法律责任”和第七章“附则”。其中，第二章“监督管理”规定的是环境保护行政主管部门的职责，如对建设项目依法

① 信春鹰.环保法正在修订中 认真吸纳各方意见[EB/OL].(2013-03-09)[2021-12-31].http://lianghui.people.com.cn/2013npc/n/2013/0309/c358677-20733800.html.

② 张鸣起.全国人民代表大会法律委员会关于《中华人民共和国环境保护法修正案（草案）》修改情况的汇报[EB/OL].(2013-06-26)[2021-12-30].http://www.npc.gov.cn/zgrdw/wxzl/gongbao/2014-06/23/content_1879692.htm.

进行环境影响评价、对有关单位发放排污许可证等；第三章“保护和改善环境”规定的是环境保护需要保护什么，如对重点生态功能区、生态环境敏感区、脆弱区等区域，以及对大气、水、土壤等的保护等；第四章“防治污染和其他公害”规定的是污染防治需要怎样防治，如防治在生产建设或者其他活动中产生的废气、废水、废渣、医疗废物、粉尘、恶臭气体、放射性物质以及噪声、振动、光辐射、电磁辐射等对环境的污染和危害等。

从立法目的、立法体系和框架结构来看，《环境保护法》主要是立法机关通过法定形式将某些执法权力授予行政机关，行政机关依照其规定进行生态环境保护的法律规范，《环境保护法》设“信息公开和公众参与”专章，表明了行政管理逐步由行政强制行为向行政指导行为、行政服务行为的转变。但是《环境保护法》的调整对象主要是环境保护行政主管部门监督管理、保护和改善环境，防治污染和其他公害的执法行为，其关键制度是环境影响评价制度。通过环境影响评价制度，将环境保护行政主管部门与其他环境保护有关的行政主管部门的职能衔接起来。但《环境保护法》的单行法属性也给环境影响评价制度的实施带来一些困难，环境影响评价制度难以被其他行政主管部门所接受。因为《环境保护法》是由全国人大常委会审议通过的基础性法律，其法律效力等级并不高于《农业法》《森林法》《草原法》《水法》等专项法律，仍是一部环境保护单行法，山水林田湖草沙的开发利用与生态环境保护的规范协调并不容易[①]。

我国现有的环境单行立法，多为部门立法，因此存在立法分散的问题。例如《环境保护法》的立法主要由环境保护部门形成法律草案，《水法》的立法由水利行政主管部门负责起草法律草案。《大气污染防治法》《水污染防治法》的立法起草部门也是环境保护部门，但这些法律制度的设计和内在逻辑没有什么不同，呈现立法重复和碎片化的现象。出现这种现象的原因，主要是法律草案出自不同主管机关，产生了部门立法的现象。部门立法的弊端之一是，每部法律都追求自己的自足性，缺乏法律体系的整体审视，导致结构体系的重复和管理制度的冲突。比如，《环境保

① 常纪文.新《环境保护法》:史上最严但实施最难[J].环境保护,2014(10):26.

护法》中规定的环境影响评价制度、“三同时”制度、环境行政许可制度、环境标准制度、环境限期治理制度、清洁生产与循环经济制度、排污收费制度、环境事故应急制度等，在《土壤污染防治法》《水污染防治法》《大气污染防治法》（合称“三大污染防治法”）中都有体现，条款的相似性较多。

就三大污染防治法而言，由于土壤污染、水和大气的污染物、生态承载能力等都不同，分别对土壤、水和大气污染防治进行立法是应当的，也需要环境规划、环境影响评价、环境许可、环境责任等法律制度作保障。《环境保护法》对这些基本法律制度进行概括，主要目的是明晰环境行政主管部门的监管职责。但其中有些制度，如环境规划、环境影响评价等，需要各部门协同执行。因此，将其仅列为单行法的制度是不够的，应将其提升为基本法的制度。2016年7月2日，我国《环境影响评价法》进行了第一次修正。由于此次修正主要涉及法律的实施和行政机关的职权，属于“争议不大、条文不多”的修改。而根据《立法法》的规定，调整事项较为单一或者部分修改的法律案，各方面的意见比较一致的，也可以经一次全国人民代表大会常务委员会会议审议即交付表决。因此，修正过程并未征求公众意见。2018年，全国人大常委会又对《环境影响评价法》进行了修改，强化了项目环评、规划环评的法律约束力。

由于政策环境影响评价制度没有法律化，《环境影响评价法》对《环境保护法》地位提升影响不大。我国的环境影响评价制度与美国的不同，美国的环境影响评价制度是约束各环境单行立法和政府规划的，环境影响评价报告为总统决策提供信息和依据。而我国的环境影响评价制度开始只是项目环评，且由环境保护行政部门执行，于是产生了行政部门之间的利益冲突问题。这就造成将《环境保护法》定位为基本法的障碍。

在2014年修订《环境保护法》的过程中，对政府责任的规制是核心问题。很多学者认为应该把《环境保护法》修改成以“管政府”为主的法律。在原本成型的《环境保护法》修改草案中，专家们提出的约束地方政府主要负责人的条款，将“政策环评”等列入其中。中国人民大学周珂教授也认为：应在《环境保护法》修改时有所体现的，就是《环境保护法》

的法律效力问题，它事实上的效力应当更高。修法时《环境保护法》作为基本法的理念应当逐步树立，使这一法律针对的对象不再仅是公民、企业，也包括政策的制定者、实施者[①]。可是，在全国人大环资委对《环境保护法》修改草案的进一步审核中，“政策环评”等内容又被删除。经过环资委修改、删减，《环境保护法》还是一部有关环境行政管理的单行法，调整范围还有很大的局限性。

三、行政立法对单行环境法调整范围的具体化

行政立法是指立法机关通过法定形式将某些立法权授予行政机关，行政机关得依据授权法（含宪法）创制行政法规和规章的行为。

美国是典型的实行三权分立原则的国家，立法权只能由国会和州议会行使的制度和观念根深蒂固，但是总统和行政机关还可根据国会的授权行使立法权。这是因为现代议会立法往往只能提供一个原则性框架，需要通过行政规则或规章进一步细化才能有效实施。在美国，环境法属于行政法，这就意味着许多环境法规是通过环境保护行政部门的行政立法制定的，因此美国将规划制定与成文法限定区分开来。美国联邦行政一个最引人注目的趋势是从裁决向“制规”的过渡，产生这一趋势的最重要原因是实体法如环境法的新发展，许多环境保护类立法把实体标准的规定权留给了有关行政机构，行政机构必须进行“制规”。美国预算管理局是美国总统办事机构下属最大的、内阁级别的局，信息与规制事务办公室是隶属于该局的专职于信息以及行政立法审查的重要办公室，该办公室负责行政立法的登记工作[②]。美国学者施瓦茨曾说，国会和州立法机关的立法与行政立法相比，真是小巫见大巫。《联邦登记》是行政规章的汇总，始于1935年，它的卷帙已经大大超过了法律的总和。行政规章的总数多得令人吃

---

① 张媛.环境保护法修改应具历史责任感——访中国人民大学法学院环境资源法教研室主任周珂[N].法制日报,2011-11-28(3).

② 金成波.信息与规制事务办公室:美国行政立法的看门人[J].国家行政学院学报,2016(5):126-130.

惊，但是要查核全部联邦法规，必须查阅《联邦法规汇编》，它有127卷，65 249页，5 000万字，相当于圣经的70倍，莎士比亚全集的60倍①。

美国环境法学者南希·K.库巴塞克从公地悲剧、逃票问题、污染外部性三种理论论证了制定环境行政法的必要性。公共选择理论中的“经济人”假设，为我们理解“公地悲剧”提供了富有启发性的思路。从世界范围看，对公共资源的掠夺式开发是一个带有普遍性的现象。从长远利益看，环境利益也是一种资本，经济发展必须与环境保护相协调，牺牲环境发展经济的模式是不可取的。美国独立后到19世纪末，经济发展是迅猛的，在短短100年左右的时间里，美国由一个地处一隅的小邦，发展成一个举世公认的泱泱大国，工农业生产总值超过英、法、德而跃居世界首位，这不能不说是世界经济史上的一个奇迹。然而，美国的经济发展是以对生态环境的巨大破坏，甚至造成不可弥补的损失为代价的。这在农业领域表现得尤为突出。美国历史虽然不长，但破坏的土壤却非常多。在美国西部开拓过程中，人们对森林毫无节制地乱砍滥伐，引起水土严重流失；大规模捕杀珍贵野生动物，如野牛、羚羊、鹿等，使北美多种野生动物资源基本灭绝；对于西部矿产劫掠式的开采，使矿区自然生态严重失衡；随着西部工业的发展，工厂不断增多，排放出的废气、废尘随之增加，空气污染严重，“酸雨”不断；随着西部城市发展，人口增长速度惊人，城市住房、卫生设施严重不足，废物被随意倾倒，河流污染严重。这种漠视自然环境和不加思考地滥用自然资源的开发建设，使生态环境急剧恶化。1934年发生了美国历史上一次破坏力最大的沙尘暴，席卷了美国2/3的国土，带走的尘土达3亿吨，毁坏农田无数，作物严重减产②。为此，美国加强了土地、森林等方面的环境立法工作，形成了国家公园管理局、林业局、联邦土地管理局等行政部门，而行政管理的一项重要职权就是规章制定权，美国议会授予很多行政主体规章制定权。美国的环境行政立法规模迅速扩大，并促成了美国《国家环境政策法》的出台。《国家环境政策法》中有一项重要的法律制度，就是对联邦行政主体制定的规章进行环境影响

① 汪全胜.美国的行政立法听证制度探讨[J].行政法学研究,2001(3):79.

② 刘卫井.美国西部大开发中的生态环境问题[N].光明日报,2000-05-19(Z7).

评价。

要确保行政机关的立法合理、合法，具有普遍约束力，就需要对其进行立法监督。我国宪法赋予权力机关撤销行政机关违法和不正当的法规、规章的权力，但这种监督并没有完整的程序予以保障。《环境保护法》要求各级人民政府向人大汇报环境保护规划的执行情况，这是通过立法机关对行政立法进行限制的一种表现，但具体程序、相关的责任承担方式等还有待规范。针对山水林田湖草沙生态环境各不相同的情况，全国人大授权中央行政管理部门各司其职，通过行政立法细化各单行环境法的管理措施。然而，由于缺乏对部门立法的规制，容易导致行政立法权力扩大及权力滥用现象的发生。

《立法法》对部门规章的权限进行了规范，而且党和国家的政策规定了“制定部门规章不得增加本部门的权力，减少本部门的法定职责”“重要行政管理的法律、行政法规要由国务院法制机构组织起草，不能由部门起草”等，这些有效措施可以法律化、制度化。因此，我国可以借鉴美国《国家环境政策法》的做法，采取措施约束政府的立法行为。当然，在我国，政策环评这种权力应该由人大来行使，从而对政府及其工作部门制定规章的立法行为进行评价，要求有关行政主体将不符合环境保护要求的立法行为，用替代方案来替换。

第二节　地方环境立法决策权的形成

中国现行立法体制是具有中国特色的立法体制。从立法权限划分的角度看，它是中央统一领导和一定程度分权的，多级并存、多类结合的立法权限划分体制。中央统一领导和一定程度分权，是指最重要的立法权即立宪权和立法律权属于中央，并在整个立法体制中处于领导地位，而行政法规立法权、地方性法规立法权，分别由国务院和地方人大行使。这种相当程度上的分权，是中国现行立法体制最深刻的进步，体现了多级并存和多类结合的特征。多级并存，即全国人大及其常委会制定国家法律，国务院及其所属部门分别制定行政法规和部门规章，一般地方的有关国家权力机关和政府制定地方性法规和地方政府规章。多类结合，是指基本法律、法律、行政法规、地方性法规、部委规章、地方政府规章等多种形式相结合，形成了我国的法律渊源体系。

一、地方环境立法的权限范围

地方环境立法的效力如何，涉及调整范围的确定，以及上位法与下位法的协调等多重立法技术处理问题。

改革开放以来，针对人口资源环境管理中亟待解决的问题，一些地方政府需要加强地方立法的规制。为此，2015年3月我国修改了《立法法》，将城乡建设与管理、环境保护、历史文化保护等方面的地方立法权下放到所有设区的市，这有利于地方政府根据各地情况综合决策，制定不同特色的环境、资源和生态文化协调发展的地方性法规规章制度体系。

根据立法权限划分的不同，我国现行立法体制在垂直方向上表现出统一、多层次的立法模式。中央立法不可能对所有问题都规定得很具体，加之我国幅员辽阔，各地情况差异很大，因此除中央立法以外，地方也需结合本地区的具体情况，制定相应的地方性法规。地方立法是以地方特定国家机关的名义进行的专门活动。地方国家机关是由许多不同职权、不同级别的专门机关构成的一个体系，不是这个体系中的所有机关都有权立法，只有其中特定的机关才能立法，包括特别行政区地方立法、民族区域自治地区制定自治条例与单行条例、省级人民代表大会及其常务委员会制定地方性法规、省级人民政府制定地方性规章等，这些特定的机关构成地方立法的主体。《立法法》第72条第2款规定设区的市的人民代表大会及其常务委员会，可以对城乡建设与管理、环境保护、历史文化保护等方面的事项制定地方性法规，这是对地方立法权主体的扩容。2018年3月11日，十三届全国人大一次会议通过的宪法修正案确认了设区的市的地方立法权。立法权的下放，带来的问题是如何理解《立法法》第72条和《宪法》第100条的关系，依法界定城乡建设与管理、环境保护、历史文化保护的地方立法的权限，使这三方面的立法决策协调起来，对此问题的研究具有重要的理论与实践意义。

城市与乡村也属于《环境保护法》规定的环境范畴。20世纪90年代以前，由于没有政府关于国土空间规划的法律规范，一些城市盲目向郊区扩张，这带来了一些问题，如低密度的国土空间开发失调、城市无序扩张、土地资源浪费、生态环境遭到破坏等。在农村空间布局上，耕地的减少使各级政府也认识到将土地作为环境敏感地区、农业土地、开放空间、历史标志性土地等保护起来的压力和必要性。农村土地保护的挑战之一是必须应对城市空间扩张带来的将农村土地转变为城市建设用地的压力。

2015年修改的《立法法》对地方立法权扩容后，部分立法权下放到设区的市，这为城乡融合发展提供了一定的立法体制机制的保障，但立法授权事项仅列举了城乡建设与管理、环境保护、历史文化保护等方面，这与城乡融合发展战略的实施还存在不协调之处。这就需要吸收国外立法经验，探索中国特色的城乡融合发展的地方立法模式。如果不结合各地实际情况和立法需求，仅对《立法法》第72条进行字面解释，一些学者认为应对"城乡建设与管理、环境保护、历史文化保护等"中的"等"作"等内"解释。对《立法法》第72条进行解释，需要以宪法为依据。如果从宪法中的人权理念和社会保障权等角度来解释城乡融合发展中地方立法权的扩容范围，对《立法法》第72条中的"等"需要作"等外"解释。

二、城乡融合发展中的地方环境立法问题

长期以来，由于城乡二元结构的限制，政府对农村提供的公共服务还不能满足人民群众的需求。虽然我国宪法明确了农村集体经济组织的法律地位和农民的社会保障权，但宪法规定的退休制度仅适用于企业事业组织的职工和国家机关工作人员，而且我国规范集体经济发展的法律少之又少，导致集体经济发展的顶层法律制度缺失。一是集体经济管理主体法律缺失，二是集体经济组织成员权管理法律缺失，三是集体经济组织法人地位法律缺失。按照现有法律规定，农村集体土地所有制是现实中广泛存在的一种财产所有制形式，如何对这种经济形态的法人地位进行认定，法律

是模糊的[①]。我国的土地国家、集体所有制，决定了农村土地发展权的主体应该是农村集体经济组织和农民。同时，农村土地发展权制度建构不能忽视农民的法律主体地位，对于他们在土地发展权中的主体资格，应依法保护。

在国家法律缺位的情况下，地方立法可以先行先试，并对《立法法》第72条中的“等”作“等外”解释，城乡融合发展中地方立法权的扩容不应仅限于物质帮助方面，还需要包括公共服务立法。地方立法可以将农村土地承包经营权，耕地、林地的资源产权与宅基地使用权适当分离，使农民不仅可以入城居住，还可以回乡务农。当然，农村土地发展权的农民主体不是农民个体。因为农村土地发展权的取得是与国家对农村的区域功能定位和空间开发规划密不可分的，如果农民入城成为城市居民，其作为农村土地发展权的受益主体成员资格就应该被取消。但是在农民成为城市居民之前，作为农村集体经济组织的成员，其有获得农村土地发展权的收益权能。这是因为在中国农村，行政区划和户籍制度等制度性安排影响着农村居民的自由迁徙。有人建议，中国可像美国那样通过改革户籍制度而允许居民迁徙自由。如果法律没有规定农业人口市民化的保障制度和资源权利配置，那么在我国提倡迁徙自由是不现实的。由于历史与多种因素影响，农村和城市存在着的发展机会差序格局难以通过市场或自由迁徙来解决。因此，通过地方立法（包括设区的市的立法）加强城乡融合发展的公共服务体系建构，如制定具有各地方特色的农村振兴条例、居家养老条例、古村落保护条例等，才能更好地促进农村振兴。

三、地方环境立法的功能定位

地方性法规很多是为了落实国家行政管理方面的法律而制定的实施细则，如历史文化保护、城乡建设与管理、环境保护等。地方性法规也是一种法律规范，有较严密的逻辑结构，需要明确规定具体的权利和义务以及

① 韩俊.在民法总则中明确集体经济组织的特殊法人地位[J].中国人大杂志，2016(21):39.

法律后果，或者说是对一定事实状态赋予一种确定的具体后果的各种指示和规定。例如，《环境保护法》第28条第2款规定："未达到国家环境质量标准的重点区域、流域的有关地方人民政府，应当制定限期达标规划，并采取措施按期达标。"在这里，"未达到国家环境质量标准的重点区域、流域"的规定就是假定部分。行为模式是法律规范中规定行为准则的那部分内容，是法律规范的主要内容，它规定人们在具备一定的法律条件的前提下，允许做什么、应当做什么、禁止做什么。因此，涉及如何具体设计法规条文这样的专业技术问题，就需要地方立法。

与国家法律、行政法规相比，地方立法具有精细化、精准化的优势。地方立法不同于国家立法追求完整的法律体系，往往重在"一事一议"，在立法项目上瞄准区域内需要立法解决的重要问题，在制度设计上着重安排能够解决问题的政策措施，在框架结构上追求精干简约。这些因素决定了地方立法追求针对性和实效性的特点，也对地方立法的立法目的确定提出了要更具有问题意识的要求。例如，随着城乡建设的发展，巢湖、太湖最大的环境保护挑战就是蓝藻，因此安徽省人大常委会和江苏省人大常委会分别制定了《巢湖流域水污染防治条例》和《江苏省太湖水污染防治条例》，出台一些具体措施保护生态环境。

由于在制定地方性法规时，需要把握"不抵触、有特色、可操作"的原则，这对立法工作者提出了更高的立法技术要求，需要在立法起草工作中，坚持问题导向，推行"一事一法"，做到具体、明确、可操作，有几条就规定几条，不追求立法体例的"大而全"或"小而全"，要真正做到"针对问题立法，立法解决实际问题"。地方性法规是对较高层级国家立法的逐步细化，是为了让国家的法律、行政法规等"接地气"，更具有操作性。可是，现在有些地方立法要么简单照搬上位法，要么就希望得到授权立法权。一些地方性法规，动辄有几十个或上百个条款，但真正体现其"地方性"的条款却不多，最终有实效的条款则更少。在这方面，我们可适当借鉴国外经验，以解决问题为导向，而不是实行简单的行政管理控制。

在我国，启动地方立法的目的一般是落实国家的政策性法规。立法目的与政策性法规的不同之处是，立法目的是立法决策者的主观追求，而政策性法规是立法决策者需要国家机构、公民等法律主体完成的任务。我国《水污染防治法》第28条所称“建立重要江河、湖泊的流域水环境保护联合协调机制”，就属于政策性法律条款。写入地方性法规，就成了政策性法规。这是因为建立重要江河、湖泊的流域水环境保护联合协调机制，不是一种具体的权利义务规范，而是一种政策引导。将政策性法律条款转化为政策性法规，是对法律的进一步具体化。由于我国法律对流域生态环境保护和生态补偿制度规定不足，地方政府间环评会商的积极性不容易调动起来。因此，在国家层面的法律对地方政府的主体责任没有明确规定的情形下，地方性法规可以明确地方政府在流域生态环境治理和生态补偿中发挥主体作用。例如，《巢湖流域水污染防治条例》要求，合肥市人民政府对巢湖流域水环境质量负总责，六安、安庆、芜湖、马鞍山等市人民政府及有关县级人民政府应当加强对本行政区域内的巢湖流域水污染防治，保证巢湖流域出界河流断面水质符合水环境质量要求，实行跨市、县行政区域边界上下游断面水质交接责任制。

由于政策性法规多为框架性的规定，如何落实还需要构成性规则予以细化。构成性规则是组织人们按照规则规定的行为去活动的规则，只有当规则产生之后，相关行为才可能出现，比如设定某一机构的规则就属于构成性规则。在地方性法规起草中，关于城乡建设与管理、环境保护、历史文化保护都属于行政管理的事项，因此构成性规则占有很大比例。例如，根据《巢湖流域水污染防治条例》第二章“监督管理”的规定，安徽省人民政府生态环境主管部门、省巢湖管理局分工负责巢湖流域水污染防治的监督管理。《江苏省太湖水污染防治条例》第二章“监督管理”也规定了省生态环境主管部门、省水行政主管部门等分工负责太湖流域的水环境质量监测、水文水资源监测等监督管理行为规范。这些关于环境行政管理部门规划、许可、监测、制定标准等权力行使的行政行为条款，即构成性规则。如果没有这些规定，就不可能有环境行政管理。

关于河长制的相关规定也是一种构成性规则。早在2007年，无锡市创新性探索实行了以水质达标为主要目标的河长制后，江苏就开始在全省探索推广。2017年修正的《水污染防治法》首次将河长制写入法律。许多地方为贯彻落实国家加快推进生态文明建设的重大战略部署，也都开始通过地方立法建立河长制、湖长制。2017年7月28日安徽省十二届人大常委会三十九次会议通过的《安徽省湖泊管理保护条例》规定，湖泊实行河长制管理。2019年修订的《巢湖流域水污染防治条例》也规定巢湖流域实行河长制、湖长制。2017年9月24日，江苏省十二届人大常委会三十二次会议通过的《江苏省河道管理条例》规定全面实行河长制。2017年11月23日上海市十四届人大常委会第四十一次会议通过并公布《上海市水资源管理若干规定》，实现了市、区、街道（乡镇）和村（居）河长全覆盖。2017年7月28日，浙江省十二届人大常委会四十三次会议审议通过《浙江省河长制规定》，这是国内首个省级层面专门关于河长制的地方性立法。

调整性规则包括授权性规则、义务性规则和禁止性规则，为社会关系参加者提供了各种合法行为模式和尺度。调整性规则调整的行为先于规则本身，比如人们的饮用水行为先于水资源管理法规产生。在地方性法规中，调整性规则占了大多数。党的十八届四中全会专门提出禁止地方制发带有立法性质的文件，没有法律法规依据不得作出减损公民权利和增加公民义务的决定，这是对规范性文件而言的。那么，地方性法规中那么多影响公民权利和义务的调整性规则有合法性吗？这是调整性规则起草者必须思考的问题。比如，地方立法的《甘肃祁连山国家级自然保护区管理条例》（以下简称《祁连山条例》），将国务院制定的《自然保护区条例》规定的“禁止在自然保护区内进行砍伐、放牧、狩猎、捕捞、采药、开垦、烧荒、开矿、采石、挖沙”等10类活动，缩减为“禁止进行狩猎、垦荒、烧荒”等3类活动，而“被省略”的7类恰恰是近年来频繁发生且对生态环境破坏明显的事项，这为祁连山生态环境破坏埋下了隐患[①]。与之相反，有的地方性法规则处罚过严。例如，在《环境保护法》修订之前，《巢湖

① 甘肃省人民代表大会常务委员会于2017年11月30日通过了修订后的《甘肃祁连山国家级自然保护区管理条例》，该条例第10条规定禁止在保护区内进行砍伐、放牧、狩猎、捕捞、采药、开垦、烧荒、开矿、采石、挖沙等活动。即将3类禁止性活动恢复为10类，与国务院制定的《自然保护区条例》的规定保持一致。

流域水污染防治条例》就规定对巢湖流域水环境实行三级保护，在巢湖流域饮用水水源保护区内，禁止设置排污口。若因企业行为污染巢湖的，污染单位或将面临最高达50万元的罚款。多年来，《江苏省太湖水污染防治条例》也因铁腕治污“一刀切”，导致排放磷、氮等污染物的企业和项目无法新建、改建、扩建而备受争议。2018年1月修正《江苏省太湖水污染防治条例》时修改了相关条款，为相关企业新建、改建、扩建开了一条口子。由此可见，如果法律、行政法规已经对某个处罚作出规定了，地方性法规必须在法律、行政法规规定的行为种类和处罚幅度的范围内作出具体规定。如果法律、行政法规没有规定，而且还授权地方立法可制定更严格的标准时，地方性法规是可以加重处罚的，如环境保护质量标准规范多属于此类。

第三节　环境法典化的立法演变趋势

为了便于查阅、适用法律规范和消除法规存在的某些缺陷，需要对现行法律法规进行法典化整理，使之系统化。法典，指就某一现行的部门法进行编纂而制定的比较系统的立法文件。从1979年《环境保护法（试行）》到1989年《环境保护法》的制定，再到2014年《环境保护法》的修订，制定环境法典的时机越来越成熟。

一、环境法典化的立法思路形成原因

2014年修订《环境保护法》时针对环境保护领域的共性问题和突出问题，进一步明确了政府监管职责，企业防治污染责任，公众参与、公益诉讼和环境教育制度，涉及经济、环境和文化建设等诸多方面，初步显示了《环境保护法》从行政管理法向环境治理综合决策法的变化。但由于在立法决策过程中还没有完全突破部门立法的框架，修订后的《环境保护法》只是环境保护的基本法，还不是一部环境治理综合决策法。

什么是基本法？党的十一届三中全会以后，中国进入大规模立法时

代。1980年彭真同志在《关于七个法律草案的说明》中称，《刑法》是国家的基本法之一，这是“基本法”一词第一次出现在全国人大常委会工作报告中。1982年《宪法》将制定和修改“基本法律”规定为全国人大的职权，这意味着“基本法律”概念在我国法律体系中的确定。

《环境保护法》之所以被人们视为基本法，是因为其效力范围包括了各种环境。该法第2条规定：“本法所称环境，是指影响人类生存和发展的各种天然的和经过人工改造的自然因素的总体，包括大气、水、海洋、土地、矿藏、森林、草原、湿地、野生生物、自然遗迹、人文遗迹、自然保护区、风景名胜区、城市和乡村等。”

2015年3月8日，全国人大常委会委员长张德江在第十二届全国人民代表大会第三次会议上作的关于全国人民代表大会常务委员会工作的报告中提到，《环境保护法》是环境领域的基础性、综合性法律。这一定位源自《环境保护法》主要规定环境保护的基本原则和基本制度，解决共性问题。为此，依照《国务院关于落实科学发展观加强环境保护的决定》和《国务院关于加强环境保护重点工作的意见》确定的总体要求，《环境保护法》的总则中进一步强化了环境保护的战略地位，将环境保护融入经济社会发展。增加规定了“保护环境是国家的基本国策”，并明确“环境保护坚持保护优先、预防为主、综合治理、公众参与、污染者担责的原则”。

但是从学理上分析，“基础性、综合性法律”与“基本法律”的法律效力还是不同的，环境保护部门作为《环境保护法》这种“基础性、综合性法律”的实施机构，难以落实其中的一些责任条款。例如，根据环境保护这一基本国策和环境保护优先原则，中共中央办公厅、国务院办公厅印发的《党政领导干部生态环境损害责任追究办法（试行）》（以下简称《办法》）规定了“党政同责”制度，这一制度的出台切中环保问责要害，解决了现行法律法规中对地方各级党委领导成员在生态环境保护方面责任规定缺失的问题。《办法》规定，地方发生环境污染和生态破坏事件，不仅政府主要领导成员要担责，党委和相关部门的领导都有可能被追究相应责任。但是，如何落实“党政同责”制度，似乎超出了《环境保护法》的调整范围，为此，还需要通过人大主导立法，将党和国家的政策与单行环境保护立法衔接起来，制定综合性的环境法典。只有这样，才能将《环境保护法》从环境行政法体制转变为环境治理法治化综合决策体制。

由于环境保护需要多个行政主管部门“齐抓共管”，这就需要在立法决策过程中理顺部门之间的职权关系。比如，涉及水资源的船舶污染，属于海事部门管辖，但也归环保部门管；江河沿岸开河口、挖沙等行为，除了归水利部门管，矿产部门也“有份”。“多头管理”是环境保护中存在的现实问题，在立法过程中，如何解决部门利益冲突，历来是立法决策中的难题。

在单行环境保护立法的模式下，行政部门的法律起草者常从维护部门利益出发，忽视其他部门的立法建议。为此，环境保护部门很重视《环境保护法》中的环境影响评价制度建构。首任国家环保局局长曲格平曾说，环保部门真正的、最大的权力是环评，因为项目环评这一关过不了，后面什么手续都办不了[①]。实践表明，这一制度设计提高了环境保护部门在立法决策中的地位，但是也出现了一些问题。环评的目的逐渐从改善项目环境质量演化成了“通过审批”，环评成为建设项目或规划草案获得行政准许的工具。为此，建立由中介机构负责的环境影响评价制度的呼声日盛。在我国，从2003年9月1日《环境影响评价法》施行开始，作为规划或建设项目的前置性审批条件，环评便一直被视为从源头上预防和控制环境污染的“阀门”。由于《环境影响评价法》规定没有办理环评手续的项目可以在后面补办，这就导致《环境影响评价法》与《环境保护法》“打架”[②]。2016年7月，我国对《环境影响评价法》进行了第一次修正。修改前的《环境影响评价法》试图通过行政审批增强其强制力，修改后的《环境影响评价法》弱化了项目环评的行政审批，强化了环境影响评价机构的法律责任，强化了规划环境影响评价，加大了未批先建处罚力度，但还没有规定政策环境影响评价制度。2011年1月，全国人大环资委召开《环境保护法》修改工作启动会，正式委托当时的环保部起草《环境保护

---

① 郭薇.国家环保机构沿革的亲历者曲格平访谈录[N].中国环境报，2008-03-18(2).

② 王林.环评法究竟该怎么改[N].中国青年报，2015-03-19(6).

法》修改草案。环保部作为环境保护的主管部门，在《环境保护法》的修改过程中应发挥重要作用，这也是其不可推卸的责任。全国人大将《环境保护法》的修改起草任务交予环保部牵头办理，但不能就此而止，还应吸纳各相关主管部门、地方政府的立法参与，这样才能协调各方利益。全国人大环资委副主任委员蒲海清就修改《环境保护法》进行专题调研时曾说，修改《环境保护法》需要联合各部门求同存异，为共同的目标而协作奋斗[①]。与环境保护直接相关的就有十几个部委，每个部门在制定或修改与《环境保护法》相关的法律法规时，都想把各自部门的内容写进去，写明确。如此一来，《环境保护法》就必须是一部“大而全”的法律。坚持人大主导立法，可以沟通各部门之间的意见，从而在立法源头上避免“多头管理”导致的各种冲突。

由于环境影响评价制度涉及许多政府主管部门和公众的利益，实质上就是一部综合环境治理的基本法律制度，因此，由人大主导立法，在环境法典的总则部分确立政策环境影响评价制度，这对谋划整个国家的环境治理格局具有重要意义。

二、环境法典化的价值追求目标

随着我国《民法典》的制定，环境法典化的时机也日渐成熟。西方国家，尤其是大陆法国家将民法典比作“法律的真正心脏”[②]，在此基础上衍生出其他法典。例如，法国在1976年将源于民法的关于农业、森林、矿业等自然资源法规整合为《自然保育法》，1998年又制定了环境法典，将单行公害防治法规与《自然保育法》汇编在一起。随着我国《民法典》的制定，许多学者便呼吁在中国也制定一部环境基本法典。这些学者认为，随着环境问题的加剧，我国相继出台了《大气污染防治法》《水污染防治

① 李飞.全国人大环资委与环保部开展《环境保护法》修改调研[EB/OL].(2011-04-18)[2021-11-30].http://www.npc.gov.cn/zgrdw/npc/bmzz/huanjing/2011-04/18/content_1651886.htm.

② 约翰·亨利·梅利曼.大陆法系：第2版[M].顾培东，禄正平，译.北京：法律出版社，2004：152.

法》《固体废物污染环境防治法》和《环境影响评价法》等专门性的环境法律法规，大量单行立法需要综合性立法来统领。而我国的《环境保护法》，以及其他环境保护单行立法，都只是全国人大常委会制定的法律，不是由全国人大制定的基本法，且调整内容主要是污染防治，不能涵盖资源、能源的节约利用与保护。在自然资源立法方面，我国目前也没有统一的自然资源保护法，只有一些分散的资源保护法律，例如《水法》《森林法》《自然保护区条例》等。而自然界是一个整体的生态系统，对生态资源要素的片面保护是不够的。以水资源的保护为例，《水法》不能仅仅规定水资源的节约利用，还要保护好水流域发源地的森林和水流域周边的湿地。缺水和洪涝威胁等水危机的发生，与生态环境的破坏有很大的关系。自然资源开发与生态环境保护密切相关，分开立法很容易导致各种问题。借鉴法国这一大陆法系国家的经验，我们应该制定一部生态环境法典，将《环境保护法》与自然资源法整合起来，保证生态环境各单行法之间的协调和统一。

在环境立法方面，英美法系和大陆法系关于生态环境法的规范构造是不同的。对国外先进的法律制度的移植，要与本国的本土资源相适应。关于生态环境法典的制定，我们不能“得形忘义”。环境法典化不仅要协调各种单行环境保护法律之间的关系，更要在这个过程中形成科学、民主的立法决策机制。《环境保护法》第6条规定：“一切单位和个人都有保护环境的义务。地方各级人民政府应当对本行政区域的环境质量负责。”第10条规定：“国务院环境保护主管部门，对全国环境保护工作实施统一监督管理；县级以上地方人民政府环境保护主管部门，对本行政区域环境保护工作实施统一监督管理。县级以上人民政府有关部门和军队环境保护部门，依照有关法律的规定对资源保护和污染防治等环境保护工作实施监督管理。”按照法律规定，环境保护行政主管部门对本辖区的环境保护工作实施统一管理，在目前这种分散的立法模式下这是不可能实现的。因此，只有构建一部以人大为主导，各政府部门、社会团体、普通公民都积极参与的环境综合法典，困扰环境治理的各部门利益冲突问题才有可能解决。

环境保护立法要具有权威性和可操作性，形式上是制定生态环境法典，本质上需要解决的关键问题是在环境影响评价制度、环境规划制度基础上建构权威性的环境立法决策的体制机制，将各单行立法、行政立法、地方立法协调起来。但是也不能希望一部环境法典解决所有环境问题。环境法典的落实还需要环境单行立法、行政立法、地方立法的支撑。我国传统文化中有许多对现代文明建设起积极作用的伦理道德规范，这些伦理道德规范对当代环境制度建设具有重要价值，环境立法应以这些文化规范和客观法作为平台，贴近生活，这样才能使公民树立环境权利观念，并形成对环境法的信仰，环境立法也才具有可操作性①。国家将一些环境立法权下放，就是为了使立法符合国情民情，形成开放性的环境保护法律体系。环境法典不是将所有的环境保护法律规范都整合起来，这实际上也做不到。

三、环境法典调整范围的界定

20世纪60年代西方环境保护运动兴盛时期，是环境法调整范围不断扩大并体系化的阶段。在此之前，环境法律体系是零碎的，环境法律的体系化主要是随着20世纪60年代生态伦理学的发展而形成的。例如在生态伦理学的推动下，美国在20世纪70年代迎来了“第一代”环境法体系化的辉煌，各种污染防治法律被制定出来。可是，在20世纪80年代，法律经济学者以环境保护的成本过高为由展开了对“第一代”环境法的批评，提倡环境保护法的经济分析，形成了以环境税立法、排污权交易为主要内容的“第二代”环境法体系。但是，“第一代”和“第二代”环境法都无法实现环境和自然资源的综合管理，只有综合决策的“第三代”生态环境法才是解决问题的良药。

在改革开放初期，我国的环境保护法和自然资源法是分两条线发展的，1979年颁布的《环境保护法（试行）》和1989年的《环境保护法》都以环境污染防治为主。有学者在20世纪90年代曾明确提出把国土法、自然资源法、环境法整合在一起，这种观点很快得到了学界和实务界的认

① 余俊.环境权的文化之维[M].北京：法律出版社，2010：135-137.

同。2014年修订的《环境保护法》将环境保护作为基本国策，提倡环境与经济的协调发展，就反映了这种动态。但我国现行的环境法律体系的调整范围还不具有整体性，《环境保护法》与《土地管理法》《水法》《森林法》分属不同的法律部门，生态环境法律体系的调整范围还不明确。

德国历史法学家萨维尼在其名著《现代罗马法的体系》中详细阐述了完善法律体系的重要性，提出“法学的体系化研究……如果想真正发挥作用的话，就必须为一个统一体构造内在关联。为此，它必须为法学、为整个立法提供一般内容与一般任务”[①]。

传统的环境法律体系根据调整对象分成污染防治法、自然资源法和特定区域保护法，始终难以脱离以污染防治法为主的特色，忽视了生态保护的整体性原则。扩大环境法调整范围，就需要将现行的侧重于行政管理的《环境保护法》升格为以环境与发展综合决策为主的环境基本法，形成环境、资源和生态文化整体性保护的法律体系，增加政策生态环境影响评价制度，为目前“虚位”的文化生态保护提供必要的法律依据。

由于缺乏生态系统整体立法观，部门立法导致环境保护的灵魂，即与环境保护有关的文化要素没有囊括在内。传统环境法的调整范围局限于“物”，忽视了生态文化在环境保护中的重要作用。在中国传统文化中，法律制度以家园为生活环境而设计，土地及其定着物是家园而不是物权客体，将土地、水资源、森林资源作为“物法”与“人法”分离开来的西方法治文化不适合中国国情。因此，对中华法文化中天人合一价值理念的重视，有利于从家国关系上建构具有中国特色的“修身齐家治国平天下”的社会主义生态文明法律规范体系。

以天人合一价值理念改造现行法律体系，还需要通过人大主导立法扩充生态环境法律体系的调整范围，将具有中国传统文化特色的天人合一自然教育理念纳入《环境保护法》，变更“环境”概念的内涵、树立“大环境法”的理念，将土地法、水法、森林法等包括在内。在生态环境法典的编纂过程中，还可以先在《环境保护法》中增设“环境教育”专门规定，将原来的《环境保护法》升格为基本法，并依法授权监察机构行使追究

① 杨代雄.萨维尼法学方法论中的体系化方法[J].法制与社会发展,2006(6):22.

“党政同责”的权力。只有这样，才能使《环境保护法》从行政管理法转变为环境治理综合决策与教育法，才能从实体内容上将“基础性、综合性法律”变为“基本法律”，形成环境法典化的总则框架。因此，制定中国特色的环境法典，不仅对谋划整个国家的环境治理格局具有重要意义，还可以通过教育理念的重构整合各单行环境法律，克服立法碎片化的现象。

四、习近平法治思想对环境法典化的指引

党的十八大以来，我国高度重视生态文明建设，相继形成了习近平生态文明思想和习近平法治思想，这对环境立法法典化进程影响深远。2018年5月18日至19日，全国生态环境保护大会明确提出习近平生态文明思想。2020年11月16日至17日，中央全面依法治国工作会议在北京召开。这次会议的一个重要成果，就是首次提出习近平法治思想，明确了习近平法治思想在全面依法治国工作中的指导地位，这是我国社会主义法治建设进程中具有重大现实意义和深远历史意义的大事，更是直接推进了环境立法决策体制的完善。

环境问题的产生与立法决策主体的功利主义思想有很大关系。英国法理学者边沁在其著作《道德与立法原理导论》中，系统阐述了资本主义社会功利主义思想的立法法理，即为了最大多数人的最大利益，这种立法指导思想容易导致将人类对自然资源的掠夺性行为合法化[①]。与西方功利主义思想在立法决策中具有重大影响不同，新时代我国环境立法决策以习近平生态文明思想为指导。2013年，习近平在党的十八届三中全会上作关于《中共中央关于全面深化改革若干重大问题的决定》的说明时明确指出：“我们要认识到，山水林田湖是一个生命共同体，人的命脉在田，田的命脉在水，水的命脉在山，山的命脉在土，土的命脉在树。”习近平生态文明思想的核心观念是人与自然的和谐共生，是对传统天人合一中华法系制度文明的创新性改造和发展，这应该成为新时代环境立法决策的指导思想。

---

① 边沁.道德与立法原理导论[M].时殷弘,译.北京:商务印书馆,2009:7.

习近平生态文明思想具有深厚的人文情怀。习近平总书记多次提出对“天人合一”“道法自然”等传统文化进行创新性改造和创新性发展的问题，强调以优秀的中华民族传统文化涵养社会主义核心价值观的培育，并将其纳入立法之中。在中国社会向新时代生态文明社会转型过程中，以习近平生态文明思想和习近平法治思想为指引，用“人与自然和谐共生”的时代精神重新阐释中华法系传统制度文明中的天人合一话语体系的法治内涵和生态理念，并进一步挖掘“天人合一”生态理念所蕴含的天理、国法、人情相协调的制度保障体系的思想精髓，这对环境立法法典化的编纂是具有重要理论价值和实践价值的。

以习近平法治思想为指导，环境立法决策需要坚持系统化的立法理念。环境资源法学者对环境法典化的编纂有一个目标模式，就是“适度法典化”[①]。但“适度法典化”过于重视对环境要素的立法保护，而不是从立法决策过程来思考环境法典化问题，这样必然会造成对整体生态环境保护的分割，产生部门立法问题。从法社会学角度考察环境法典化，立法决策体制的设计对环境法典化的成效影响很大，新时代环境立法法典化的目标导向应该是环境治理决策法，环境立法法典化的关注点应该转向立法者、执法者、司法者、教育者和公众都能参与的综合环境治理，从而将环境法从环境行政管理法转变为环境治理决策法。

就立法决策体制来说，人大是立法主体和立法决策的关键部门，但需要制定什么法律以及法律由谁起草等问题一开始并不一定是由人大提出来的。在我国的实际立法决策过程中，行政部门由于处在行政管理的第一线，知道什么问题需要法律解决，也更容易了解用什么制度措施来解决更有效果。因此，行政部门在立法决策中发挥了重要的作用。

在环境立法领域，环境保护部门、水利部等行政主管部门就是环境立法决策主体的组成部门。从1979年的《环境保护法（试行）》到1989年《环境保护法》的制定，再到2014年《环境保护法》的修订，环境保护部门在立法起草方面发挥了重要作用。尽管如此，环境立法决策的起草主体范围不能局限于环境保护部门。我国现有的生态环境法律体系，多为部门

① 吕忠梅.中国环境立法法典化模式选择及其展开[J].东方法学，2021(6):70.

立法的结果，因此，存在分散性立法的问题。例如，《环境保护法》主要由环境保护部门形成法律草案，《水法》由水利行政主管部门负责形成法律草案。这些法律制度设计和内在逻辑没有什么不同，呈现一种立法重复和碎片化的现象。生态系统保护需要整体性的思维，不仅要根据分析科学的方法从环境要素方面分开立法，还要根据生态系统科学的方法来整合各种生态文明法律制度；不仅要考虑法律制度设计的形式理性，还要考虑法律制度设计的立法决策过程的合理性。可是我国传统法律体系是按照法律保护的对象来分类的，这种按照各环境资源单个要素的单独立法造成了传统生态保护法律体系的碎片化状态，法律体系缺乏系统性。

《立法法》明确规定了人大主导的立法方针，主要目的就是避免部门立法的利益冲突问题。全国人大环资委成立以后，凭借全国人大这个立法平台，环境立法的地位得到很大提升，但部门立法、执法不严等问题还存在，全国人大环资委与全国人大其他专门委员会之间也存在立法起草的分散问题。党的十八大以来，全国人大常委会审议修改了《环境保护法》《大气污染防治法》《水污染防治法》以及《环境影响评价法》等多部法律，但生态环境法律体系中还存在重复立法、部门立法问题。2020年，中央全面依法治国工作会议将习近平法治思想明确为全面依法治国的指导思想，在充分肯定我国法治建设成就的基础上，也对当前和今后一个时期推进全面依法治国提出了一些重点工作要求，明确提出把习近平法治思想贯彻落实到全面依法治国全过程。因此，新时代环境立法法典化应该以习近平法治思想为指引，向环境治理决策法方向变革。

以习近平法治思想为指导，深刻理解习近平新时代中国特色社会主义思想的科学体系，有利于进一步完善新时代环境立法决策体制，形成新时代环境立法法典化的具体立法思路。将《环境保护法》变革为生态环境治理决策法，需要将《环境保护法》修改为环境政策基本法，需要中央与地方、部门与部门、地方与地方的密切配合，将环境问题与发展问题、中央与地方关系处理问题联系起来。目前，我国自然资源分属不同部门管理，山、水、湖、田、林、草等自然资源上的各项权利和行政主管部门相互独立，环境保护、土地、水、森林、野生动植物保护等方面的立法各成体系，地方环境立法更是多样化，生态环境保护立法没有形成有机整体。而且环境保护和城乡建设与管理、历史文化保护联系紧密，环境问题的解决需要有整体观念。因此，环境法典化的目标实现，需要以习近平生态文明思想为指导，将山水林田湖草沙人作为一个生命共同体来进行立法保护。

第四章　环境司法判解的教学目的

知道了生态环境法律是怎么来的，还要知道生态环境法律怎么用。司法判例是法官在法律适用过程中形成的具有法律约束力的判决，体现了法官对法律适用的解释说明技能。根据案件性质和所依据的法律，环境司法诉讼分为环境民事公益诉讼、环境行政公益诉讼、环境刑事附带民事公益诉讼。环境司法判解的教学目的主要是通过对这三种诉讼类型相关的司法判例进行讲解说明，教会学生像律师和法官一样思考问题，进一步让学生通过司法角色体验，了解生态环境法的适用过程。

第一节　环境民事公益诉讼角色体验

现代社会快速发展，高科技和工业化创造了大量的社会财富，也带来了一些社会风险，如环境污染、食品安全、疾病传播等。环境民事公益诉讼是指特定的国家机关、社会组织和公民，为维护环境公共利益，根据法律的规定，对已经或可能污染和破坏环境的行为，针对实施该行为的主体向法院提起诉讼并要求其承担民事责任，由法院按照民事诉讼程序依法审判的活动。

一、环境民事公益诉讼概述

在环境民事公益诉讼教学中，需要对学生进行原告、被告和审判法官的不同角色设计，让他们在角色体验中掌握环境民事公益诉讼的不同角色技能。

我国环境司法中环境民事公益诉讼的原告，是为了保护公共利益而提起诉讼的主体。普通环境侵权民事诉讼是法院根据当事人请求保护其私法利益而开始的。有利害关系的当事人为保护自己的合法权益，以自己的名义向法院提起诉讼，从而引起普通民事诉讼程序的发生。如果环境侵权的侵害对象和当事人比较明确，原告可以是直接利害关系人，可以直接就自己合法权益的保护向法院提起普通环境侵权民事诉讼；如果环境民事侵权的侵害对象是相当地区范围内不特定的多数人或物，则一般由环境公益组织或检察机关提起公益诉讼。因此，环境民事公益诉讼一般由检察院、环境公益组织作为原告，环境污染者作为被告。

在2014年修订的《环境保护法》中，对符合条件的社会组织提起环境公益诉讼进行了明确规定，这是中国环境公益诉讼制度的很大进步。《环境保护法》第58条规定，对污染环境、破坏生态，损害社会公共利益的行为，依法在设区的市级以上人民政府民政部门登记的，连续五年以上从事环境保护公益活动，并且无违法记录的社会组织，可以向人民法院提起诉讼。由此可见，《环境保护法》明确规定了符合条件的社会组织有环境民事公益诉讼权。

现实生活中，环境污染的受害者往往是一些弱势群体，缺乏依法维权的能力。2014年修订《环境保护法》时虽然增加了一章“信息公开和公众参与”，规定公民、法人和其他组织依法享有获取环境信息、参与和监督环境保护的权利，但是根据《环境保护法》第57条的规定，公民、法人和其他组织发现任何单位和个人有污染环境和破坏生态行为的，只是有权向环境保护主管部门或者其他负有环境保护监督管理职责的部门举报，并不能提起诉讼，真正有权向人民法院提起诉讼的是符合法律规定的社会组织。这就说明了公民对于给自己造成生命或财产损失的环境污染问题没有向法院提起诉讼的权利，只有举报的权利。因此，普通环境侵权诉讼与环境公益诉讼是有区别的。

为应对频繁发生的环境污染损害赔偿事件，《民事诉讼法》还明确规定了检察机关作为环境民事公益诉讼原告的主体资格。《民事诉讼法》第58条分为2款，其中第1款规定：“对污染环境、侵害众多消费者合法权益等损害社会公共利益的行为，法律规定的机关和有关组织可以向人民法院提起诉讼。”这与《环境保护法》的公益诉讼条款衔接起来。同时第2款规定：“人民检察院在履行职责中发现破坏生态环境和资源保护、食品药品安全领域侵害众多消费者合法权益等损害社会公共利益的行为，在没有前款规定的机关和组织或者前款规定的机关和组织不提起诉讼的情况下，可以向人民法院提起诉讼。前款规定的机关或者组织提起诉讼的，人民检察院可以支持起诉。”这就又从法律上规定了检察机关与符合条件的社会组织提起环境公益诉讼的关系。

二、环境民事公益诉讼典型案例教学设计

司法判例教学，是一种开放式、互动式的新型教学方式。通常情况下，司法判例要经过事先周密的策划和准备，要使用特定的案例并指导学生提前阅读，并组织学生开展讨论，形成反复的互动与交流。在本课程教学中，我们以安徽省马鞍山市中级人民法院（2017）皖05民初143号案件为例，通过对学生分配原告、被告和法官等不同角色，启发学生站在不同角度进行思考，掌握环境民事公益诉讼的知识和技能。

（一）环境民事公益诉讼中的当事人

在安徽省马鞍山市中级人民法院（2017）皖05民初143号案件中，原告是中国生物多样性保护与绿色发展基金会（以下简称“中国绿发会”），被告是马鞍山某某环保科技有限公司（以下简称“某某环保公司”），安徽省马鞍山市中级人民法院2017年12月1日立案后，依法组成合议庭，于2018年3月15日、2018年6月5日两次公开开庭审理。

原告中国绿发会成立于1985年，是经国务院批准成立，中国科学技术协会主管，民政部登记注册的全国性公益公募基金会。某某环保公司于2014年注册成立，主要经营钛石膏研发、批发零售，生产钛石膏干化水泥缓凝剂，一般固废、钛白粉厂污泥及污水处理厂污泥处置、综合利用等。

原告向人民法院起诉，应当递交起诉状，说明自己的诉讼请求、事实和

理由，并提交相关证据。本案原告中国绿发会提出的诉讼请求包括：①判令被告彻底完成非法倾倒的工业固体废弃物的清运，并恢复生态原状；②判令被告根据国家标准建立一般工业固体废物贮存、处置场所；③判令被告在全国性媒体上公开赔礼道歉；④判令被告承担原告为公益诉讼已经支出和必须支出的鉴定评估费、差旅费、律师费、专家费等所有费用；⑤判令被告承担诉讼费用。原告陈述的事实和理由是：被告在未经安徽省环保厅批准的情况下，违反生态环境保护法律，擅自将钛石膏转移至江苏省境内贮存，分别在马鞍山市某社区和南京市某社区露天大量堆放钛石膏，且对堆放的钛石膏未采取围挡、遮盖、围堰等防扬散、防流失措施，致使固废随意倾倒、流失，破坏、污染了生态环境。

原告的起诉状送达被告后，针对原告的诉讼请求、陈述的事实和理由，被告应该向人民法院提交进行反驳的答辩状。答辩的理由是答辩状的主体部分，写法没有统一的规定，但是一定要针对原告在诉状中提出的事实和理由进行答辩，并提出事实和证据证实自己的观点。本案被告某某环保公司辩称的事实和理由是：关于原告的第一项诉讼请求，被告已整改完毕，清理现场并进行了植被恢复；关于原告的第二项诉讼请求，被告因业务量较小，不需要建立专门的贮存和处置场，原告没有证据证明被告未按照国家标准操作；请求驳回原告的诉讼请求，判令原告承担本案诉讼费用。

（二）开庭审理中的举证质证

打官司就是打证据。环境民事公益诉讼中的当事人需要掌握娴熟的举证质证技能。由于环境公益诉讼中的证据具有专业性，法院常常主动调查收集一些证据，这些证据也需要当事人质证。

在本案中，原告提供了马鞍山市环保局于2017年9月15日作出的马环法［2017］86号《环境保护行政处罚决定书》，针对某某环保公司的违法行为，对其处以罚款10万元，某某环保公司于2017年10月19日交纳了全部罚款。

为查明案件事实，马鞍山市中级人民法院向马鞍山市环保局发出委托调查函，委托马鞍山市环保局调查某某环保公司非法倾倒工业固体废物及整改情况，是否需要建立符合国家标准的工业固体废物贮存、处置场所，以及建立情况。马鞍山市环保局对某某环保公司进行调查，作出马环函［2018］49号《关于马鞍山某某环保公司在苏皖交界处堆存固体废物事项的复函》，认为：第一，某某环保公司已将位于江苏省境内堆存的钛石膏清理完毕，并委托第三方对该区域地表水、地下水开展检测，检测数据未发现超标。第二，某某环保公司先期启动了年处理100万吨钛石膏生产线，但一直未验收，经查该公司实际产能约为2万吨每月，实际处理能力远达不到设计规模，该公司也仅建设有一个约1万吨贮存能力的临时性物料仓库，实际贮存能力有限。该公司必须建立符合国家标准的工业固体废物贮存、处置场所。第三，2018年5月，某某环保公司将江苏省境内的固体废物清运完毕，并按照中钢集团马鞍山矿院工程勘察设计有限公司（以下简称“中钢马鞍山矿院”）编制的治理方案，对位于某社区现有的钛石膏堆场采取了降坡、设置彩钢瓦围挡、绿化措施，同时在堆场开挖了集水沟（四周）和雨水收集池用以收集堆场周边渗滤液和雨水汇水。鉴于该区域不再接受钛石膏排放，对照《一般工业固体废物贮存、处置场污染控制标准》（GB18599-2001），现行措施符合应急处置原则，不符合永久性处置场所的规范要求。截至本案审结前，某某环保公司未建立通过环保部门验收的符合国家标准的工业固体废物贮存、处置场所，未停止生产、经营。

法院另查明：2018年4月，某某环保公司委托中钢马鞍山矿院编制了《某某环保公司钛石膏堆场治理方案》。中钢马鞍山矿院在该方案中记载：经现场踏勘和调查，该堆存区缺乏历史资料，原地形条件已无法追溯，早期未进行正规勘察设计，属无序堆放。治理方案编制之前该区域钛石膏具体性质已经委托国家冶金工业铁精矿质量监督检测中心进行检测，初步认为堆场钛石膏为第Ⅰ类一般工业固废。本案暂按照第Ⅰ类一般工业固废的要求编制方案。同时，明确该区域自本次治理开始不再接受钛石膏的堆放。该治理方案对堆场的植被恢复与绿化工程也有建议：为了防止粉尘污染和水土流失，应对堆场采取复垦绿化措施。同时，治理方案对绿化步骤和植物品类，根据钛石膏的性质，亦提出相应具体建议。

审理期间，经向马鞍山市环保部门咨询，在某某环保公司原址建立符合环保要求的贮存、处置场所有一定可行性，但囿于某某环保公司厂区及现有土地使用面积的现状，只能建立规模较小的贮存、处置场所，不能满足被告公司现有生产能力的需要。

庭审中，双方当事人对马鞍山市环保局的复函进行了质证。

原告对复函的真实性没有异议。原告认为：第一，该复函对被告在江苏省境内倾倒固体废物的事实予以确认，且未达到恢复生态要求，可以证明原告第一项诉讼请求有事实依据。第二，关于被告必须建立符合国家储存标准的场所，现状显然不满足该要求，可以证明原告第二项诉讼请求也符合法律规定。第三，关于整改情况。被告一直未完成整改，现在采取的措施仅符合应急要求，不满足长远要求，足以说明原告起诉要求被告建设合规合法的固废贮存场所合法有据。该证据足以推翻被告已经整改的陈述，结合该复函中所涉及的中钢马鞍山矿院编制的《某某环保公司钛石膏堆场治理方案》，证明被告应当按照环保部门要求和治理方案建议，拿出具体执行方案，而不是仅仅向法庭陈述已经完成整改。

被告认为马鞍山市环保局的复函反映的情况是真实的。但被告已按马鞍山市环保局的要求进行了整改，整改后已恢复生态原状，被告在钛石膏原堆放地点种植了树木和草皮，已经完成原告第一项诉讼请求。目前被告公司钛石膏存量很少，关于原告的第二项诉讼请求，被告认同应当根据经营需要建立钛石膏贮存场所。

（三）诉讼争议焦点

围绕原告诉讼请求范围，根据双方诉辩理由，本案争议焦点为：被告应否完成非法倾倒的工业固体废弃物的清运，并恢复生态原状；被告应否建立符合标准的一般工业固体废物贮存、处置场所等。

1. 关于固体废物的清运及恢复生态原状的问题

庭审中，原告明确该项诉讼请求为：被告应对露天堆放的固体废物清运完毕后，恢复被破坏的植被，恢复自然生态。关于清运情况，马鞍山市环保部门在调查后，认定原告第一项诉讼请求所涉区域堆放的固体废物已清运完毕，原告当庭认可环保部门的调查结论，法院对该事实予以认定。关于生态原状的恢复，被告虽辩称已完成，但无相应证据证明，对此答辩理由法院不予采信。《最高人民法院关于审理环境民事公益诉讼案件适用法律若干问题的解释》第20条规定，原告请求恢复生态环境的，人民法院可以依法判决被告将生态环境修复到损害发生之前的状态和功能。对原告此项诉讼请求，法院予以支持。中钢马鞍山矿院编制的治理方案，对植被恢复和绿化工程提出详细建议方案，被告可按治理方案要求进行操作，并在完成植被恢复和绿化工程后，请第三方机构进行评估。

2. 关于建立贮存、处置场所的问题

《固体废物污染环境防治法》规定，建设产生固体废物的项目以及建设贮存、利用、处置固体废物的项目，必须依法进行环境影响评价，并遵守国家有关建设项目环境保护管理的规定。《一般工业固体废物贮存、处置场污染控制标准》（GB18599-2001）规定，贮存、处置场所竣工必须经原审批环境影响报告书（表）的环境保护行政主管部门验收合格后，方可投入生产或使用。依据上述规定，建立符合国家标准的一般固体废物贮存、处置场所，是从事一般固废处置、综合利用等生产经营的前提，且须经环境影响评价及行政主管部门验收等行政程序。具体到本案，其一，环境影响评价能否通过，受当地地质环境、周边生活环境及其他多种综合因素的影响，无法在环评程序启动前预知，故不能确定能否建设固体废物贮存、处置场所；其二，对于未建立贮存、处置场所的行为，《固体废物污染环境防治法》规定了行政处理程序，由环境保护行政主管部门责令停止违法行为、限期改正、处以罚款。因此，通过行政执法亦可控制、消除环境污染危险。其三，是否建立该贮存、处置场所以继续生产经营，经营者具有自主选择决定权，本案中，如果被告不建立该场所，即应承担停止违法行为等相应法律后果。综上，该项诉讼请求不宜在民事诉讼中处理，对原告本项诉讼请求，法院不予支持。

（四）法院判决

对上述案件，法院确认的事实是：关于某某环保公司在南京某某社区露天堆放一般固体废物，且未采取有效措施的事实，环保部门的处罚决定书已有认定。对某某环保公司未建立通过环境影响评价，符合国家标准的贮存、处置场所的事实，某某环保公司当庭认可。庭审中，某某环保公司辩称对上述违法行为已整改完毕，但未提交证据证明整改事实和现状，某某环保公司虽委托专业机构编制了治理方案，但该方案是否审批通过以及落实情况等，均缺乏证据证明。因此，被告的行为违反相关法律规定，构成对周边环境的污染，应承担相应民事责任。根据《最高人民法院关于审理环境民事公益诉讼案件适用法律若干问题的解释》的规定，对污染环境、破坏生态，已经损害社会公共利益或者具有损害社会公共利益重大风险的行为，原告可以请求被告承担停止侵害、排除妨碍、消除危险、恢复原状、赔偿损失、赔礼道歉等民事责任。

综上，依照《环境保护法》等相关规定，法院判决如下：①被告某某环保公司自判决生效之日起三个月内修复南京某某社区堆放钛石膏原址的生态环境，生态修复方式为植被种植，生态修复完成后一个月内提交书面报告，交由第三方机构评估，评估费用由被告承担。②被告某某环保公司对其污染环境行为登报致歉。③被告某某环保公司支付原告中国绿发会合理费用15 000元。④驳回原告中国绿发会要求被告某某环保公司建立符合国家标准的固体废物贮存、处置场所的诉讼请求[①]。

（五）二审程序

中国绿发会不服安徽省马鞍山市中级人民法院一审判决，向安徽省高级人民法院提起上诉。安徽省高级人民法院受理后依法组成合议庭，于2018年12月17日公开开庭进行了审理，依法作出终审判决。

中国绿发会的上诉请求包括：①撤销安徽省马鞍山市中级人民法院（2017）皖05民初143号民事判决第③④项；②改判某某环保公司建立合规的贮存、处置场所，在建立合规的贮存、处置场所之前，应该予以停业，消除环境危害风险；③判令某某环保公司按照律师代理合同约定支付律师费用；④判令某某环保公司承担上诉费用。事实和理由：第一，某某

① 安徽省马鞍山市中级人民法院(2017)皖05民初143号民事判决书。

环保公司没有建立合规的贮存、处置场所，对环境存在重大污染风险。一审法院以“通过行政执法亦可控制”“不宜在民事诉讼中处理”等理由，不予支持中国绿发会要求某某环保公司建立合规的贮存、处置场所的诉讼请求，与相关司法解释中污染环境、破坏生态的侵权人应承担“消除危险’的民事责任的规定相悖。行政机关是否执法，行政执法能否消除危险，与民事责任的承担不能相互代替，更不能将某某环保公司应承担的民事责任推卸到行政机关的执法责任上，以行政责任代替民事责任。因此，一审法院不予支持中国绿发会要求某某环保公司建立贮存、处置场所的诉讼请求是错误的。第二，一审法院判令某某环保公司进行环境修复的同时，判决某某环保公司支付中国绿发会为本案支出的合理费用15 000元，既无法律依据，也显失公平。一审法院酌定的合理支出费用偏低，不利于环境公益诉讼的发展。律师事务所接受委托是商业代理行为，不是公益活动，有获取合法报酬的需求和法律依据。律师费用是否合理应以《律师服务收费管理办法》为判断标准。检验鉴定费用、合理的律师费以及为诉讼支出的其他合理费用，都是公益事业的成本，这些费用应该并且也必须由污染环境、破坏生态的侵权人来承担。为公益机构提供服务不但不能免费，而且不能低于正常收费标准。

某某环保公司辩称，《固体废物污染环境防治法》规定，建设产生固体废物的项目以及建设贮存、利用、处置固体废物的项目，必须依法进行环境影响评价，并遵守国家有关建设项目环境保护管理的规定。环境影响评价能否通过，受当地地质环境、周边生活环境及其他多种综合因素的影响，同时，通过行政执法可以控制、消除环境污染危险。且经营者具有自主选择决定权，某某环保公司亦可选择不再经营。因此，中国绿发会要求某某环保公司建立合规贮存、处置场所的诉请，不属人民法院审理范围，应是行政执法范畴。中国绿发会第二项上诉请求与一审诉讼请求不一致，增加的诉讼请求不属于二审法院审理范围。中国绿发会属公益组织，法律上无明文规定公益诉讼必须请律师，且无证据证明实际发生的具体费用，其所签订的代理合同不能对第三人发生法律效力。一审判决认定事实清楚，适用法律正确，请求驳回中国绿发会的上诉请求。

二审期间，当事人围绕上讼请求依法提交了证据。安徽省高级人民法院组织当事人进行了证据交换与质证。经庭审，二审法院对原审法院查明的事实予以确认。安徽省高级人民法院认为，中国绿发会的上诉请求部分成立，遂判决维持马鞍山市中级人民法院（2017）皖05民初143号民事判决的部分内容：自判决生效之日起三个月内，某某环保公司修复南京市某某社区堆放钛石膏原址的生态环境，生态修复方式为植被种植，生态修复完成后一个月内提交书面报告，交由第三方机构评估，评估费用由某某环保公司承担；自判决生效之日起三十日内，某某环保公司对其污染环境行为登报致歉；自判决生效之日起三十日内，某某环保公司支付中国绿发会15 000元等。同时判令某某环保公司自判决生效之日起六个月内，建立符合国家标准的固体废物贮存、处置场所①。

三、案例判决评述

开庭审理案件是一项法律性和技术性都很强的工作，民事案件的法庭调查和法庭辩论是开庭审理中的核心环节，要注意法庭调查的条理性和层次性，归纳争议焦点。

关于某某环保公司应否建立合规的工业固体废物贮存、处置场所。第一，《环境保护法》第41条规定，建设项目中防治污染的设施，应当与主体工程同时设计、同时施工、同时投产使用。防治污染的设施应当符合经批准的环境影响评价文件的要求，不得擅自拆除或者闲置。按照上述“三同时”制度要求，某某环保公司防治污染的设施本应与主体工程同时设计、同时施工、同时投产使用。然而，某某环保公司未建立通过环境影响评价并符合国家标准的固体废物贮存、处置场所，且因在社区露天堆放一般固体废物受到了环保部门的处罚。某某环保公司虽辩称上述违法行为已整改完毕，但未提交充分的证据予以证明。第二，《最高人民法院关于审理环境民事公益诉讼案件适用法律若干问题的解释》规定，对污染环境、破坏生态，已经损害社会公共利益或者具有损害社会公共利益重大风险的

① 安徽省高级人民法院(2018)皖民终826号民事判决书。

行为，原告可以请求被告承担停止侵害、消除危险等民事责任。《固体废物污染环境防治法》规定，建设产生固体废物的项目以及建设贮存、利用、处置固体废物的项目，必须依法进行环境影响评价，并遵守国家有关建设项目环境保护管理的规定。另外，《一般工业固体废物贮存、处置场污染控制标准》（GB18599-2001）规定，贮存、处置场所竣工必须经原审批环境影响报告书（表）的环境保护行政主管部门验收合格后，方可投入生产或使用。依据上述规定，建立符合国家标准的固体废物贮存、处置场所是从事固体废物处置、综合利用等生产经营的前提条件，是停止环境损害、消除危险的必要条件，也是涉事企业承担停止侵害、消除危险等民事责任的方式之一。因此，环保部门可以采取行政执法措施责令某某环保公司建设环保设施，中国绿发会可以通过民事诉讼或者行政诉讼等方式，要求某某环保公司建设环保设施或者要求环保部门督促某某环保公司建设环保设施。可见，行政执法并非实现上述目标的唯一途径。一审法院关于建立固体废物贮存、处置场所不宜在民事诉讼中处理的观点不当。第三，从一审法院向环保部门咨询的意见看，某某环保公司虽因其厂区及当时土地使用面积的状况只能建立规模较小的贮存、处置场所，但在该公司原址建立符合环保要求的贮存、处置场所仍具有一定可行性。且马鞍山市环保局向一审法院出具的复函认定，某某环保公司先期启动的年处理100万吨钛石膏生产线一直未验收。该公司实际产能约为2万吨每月，实际处理能力远达不到设计规模。该公司也仅建设有一个约1万吨贮存能力的临时性物料仓库，实际贮存能力有限，导致其多年来从其他公司进的大量钛石膏无法及时得到妥善处理和贮存，将暂时不利用的钛石膏长期倾倒、露天堆放于苏皖交界处等场所。由此，马鞍山市环保局明确提出，某某环保公司必须建立符合国家标准的工业固体废物贮存、处置场所。同时，马鞍山市环保局还认为，对照《一般工业固体废物贮存、处置场污染控制标准》（GB18599-2001），某某环保公司的整改措施只符合应急处置原则，不符合永久性处置场所的规范要求。建设环保设施是企业的法定义务，某某环保公司对环境已造成损害且存在继续损害环境的重大风险，主要原因在于未建立合规的环保设施。因此，某某环保公司只要存续，就必须建立与其生产能力相配套的环保设施，与停业处罚等没有必然的联系。在某某环保公司仍然存续，并非绝对不再生产经营的情形下，原审法院关于经营者对是否建立该贮存、处置场所以继续生产经营具有自主选择决定权的观点不当。综上，中国绿发会关于某某环保公司建立合规的固体废物贮存、处置场所的诉讼请求是合理的，得到了二审法院的支持。

关于在建设合规的固体废物贮存、处置场所之前，某某环保公司是否应该停业，以消除环境危害风险，《最高人民法院关于适用〈中华人民共和国民事诉讼法〉的解释》第232条规定，在案件受理后，法庭辩论结束前，原告增加诉讼请求，被告提出反诉，第三人提出与本案有关的诉讼请求，可以合并审理的，人民法院应当合并审理。中国绿发会上诉提出，在建设合规的固体废物贮存、处置场所之前，某某环保公司应该停业，以消除环境危害风险。鉴于该诉讼请求未在一审法庭辩论结束前提出，超出一审诉讼请求范围，二审法院不予审理。

关于案涉律师费用如何确定。当事人对自己提出的诉讼请求所依据的事实或者反驳对方诉讼请求所依据的事实有责任提供证据加以证明。当事人向人民法院提供证据，应当提供原件或者原物。没有证据或者证据不足以证明当事人的事实主张的，由负有举证责任的当事人承担不利后果。中国绿发会请求判令某某环保公司按照律师代理合同支付相应律师费用，但其二审期间提供的票据等证据材料均为复印件，有的无法清晰辨认，且对方当事人不予认可。一审法院鉴于中国绿发会未能提供相关票据，不能证明其实际支出的费用情形下，根据委托代理合同，并结合《北京市律师服务收费管理办法》，酌定案涉合理支出费用为15 000万元并无不当。中国绿发会关于律师费用的上诉请求，二审法院不予支持。

第二节　环境行政公益诉讼角色体验

环境行政公益诉讼是指当环境行政机关的违法行为或不作为对公众环境权益造成侵害或有侵害可能时，特定的国家机关、相关的组织和个人作为公共利益的代表人，对环境行政机关提起行政诉讼的活动。与环境民事公益诉讼相比，学生进行环境行政公益诉讼角色体验，需要了解如下知识要点。

一、环境行政公益诉讼的当事人

行政诉讼是以被诉行政行为的合法性审查为核心的诉讼，被告是行政机关。民事诉讼属于平等主体间的诉讼，而行政诉讼即平时说的“民告官”。行政诉讼法的任务不是单纯解决行政主体与行政相对人之间的纠纷，行政诉讼也可以起到监督与完善行政立法与执法的作用。

2014年11月1日，十二届全国人大常委会十一次会议表决通过了《关于修改〈中华人民共和国行政诉讼法〉的决定》，这是《行政诉讼法》制定25年来的首次修改。这次修改扩大了行政诉讼受案范围，将相关条文中的“具体行政行为”统一修改为“行政行为”，增加了审查规范性文件的相关规定。另外还扩大了权利保护范围，不仅仅限于人身权和财产权，还包括竞争权、社会保障权等。

依据《全国人民代表大会常务委员会关于授权最高人民检察院在部分地区开展公益诉讼试点工作的决定》，最高人民检察院2015年发布了《检察机关提起公益诉讼试点方案》和《人民检察院提起公益诉讼试点工作实施办法》，规定了行政公益诉讼的试点办法。据此，部分地区开展了环境行政公益诉讼试点工作。2016年1月，安徽省蚌埠市淮上区人民检察院因蚌埠市国土资源局不依法履行职责，依法向法院提起行政公益诉讼，这是安徽检察机关提起的首例环保行政公益诉讼。

根据各地环境行政公益诉讼试点经验，2017年我国对《行政诉讼法》作了修改，在第25条中增加一款，作为第四款，规定：“人民检察院在履行职责中发现生态环境和资源保护、食品药品安全、国有财产保护、国有土地使用权出让等领域负有监督管理职责的行政机关违法行使职权或者不作为，致使国家利益或者社会公共利益受到侵害的，应当向行政机关提出检察建议，督促其依法履行职责。行政机关不依法履行职责的，人民检察院依法向人民法院提起诉讼。”这从法律层面正式确立了环境行政公益诉讼制度。

二、环境行政公益诉讼的举证责任制度

我国《行政诉讼法》第25条第4款虽然正式确立了环境行政公益诉讼法律制度，但是该规定未涉及调查取证的问题，给环境行政公益诉讼的运行带来了一些难题。为了让学生对环境行政公益诉讼制度有充分了解，需要通过案件教学让学生在具体环境行政公益诉讼中进行检察机关角色体验。在一般的行政诉讼中，举证责任由行政主体承担。在环境行政公益诉讼中，由于作为法律监督机关的检察机关的参与，举证责任的承担更为复杂，需要注意检察机关调查核实权与行政机关的举证责任的平衡问题。

举证责任，又称证明责任，是诉讼主体提出证据证明主张的案件事实成立或者有利于自己主张的责任，否则，将承担其主张不能成立的危险[①]。在行政诉讼中，我国《行政诉讼法》第34条规定："被告对作出的行政行为负有举证责任，应当提供作出该行政行为的证据和所依据的规范性文件。"在环境污染案件中，大多污染行为是通过"中间介质"作用于受害人或财产，即先污染环境而后再通过环境作用于人或财产。由于污染行为具有潜伏性、隐蔽性、长期性等特点，受害人常常没有技术条件来收集证据，而污染者又不"自证其罪"，这严重影响了污染环境案件当事人的权利保障。为此，不管是环境民事纠纷案件还是环境行政纠纷案件，都需要生态环境主管部门提供证据或承担举证责任。

根据我国现有法律规定，承担环境保护工作的主管部门有权力也有责任建立环境监测档案，以维护国家和社会公众的合法权益。因此，在环境行政公益诉讼中，环境保护行政机关应该承担环境行政公益诉讼的举证责任，这是其当然的职责所在。在检察机关调查取证时，环境保护行政机关应积极主动配合，把相关执法卷宗材料全部提供出来，如果被诉环境保护行政机关没有履行此项义务，不提供或选择性提供材料，需承担其行政行为合法性以及行政行为与环境污染或污染损害扩大没有因果关系的举证

① 樊崇义.证据法学[M].北京:法律出版社,2017:271.

责任。

从《环境保护法》规定的“监督管理”制度来看，《行政诉讼法》中的举证责任制度影响着可以提起环境行政公益诉讼的范围。例如1989年的《环境保护法》关于政府责任仅有一条原则性规定，而2014年的《环境保护法》将其扩充为“监督管理”一章，完善了监督检查措施，规定了国家建立监测网络和监测数据信息体系，统一规划设置监测网络等重要的法律监测和责任承担制度，环境监测纳入行政诉讼的范围。但如何在司法实践中落实政府的环境监测责任，就需要健全环境行政公益诉讼中的举证责任制度。

由于对处于“弱者”地位的社会组织的调查取证权未配置强制性保障措施，随着检察机关提起公益诉讼制度的建立，检察机关在一定范围内享有调查核实权，能够顺畅地获得环境损害的第一手证据，可以进一步实现环境公益诉讼中原、被告双方的诉讼力量均衡。但是检察机关也应该承担相应的举证责任，在调查取证过程中积极主动与行政机关信息共享，促进环境执法与环境司法的衔接。检察机关在环境行政公益诉讼案件中不仅需要向行政管理相对人调查取证，往往还需要委托第三方鉴定机构进行鉴定。因此，最高人民法院和最高人民检察院联合发布的《关于检察公益诉讼案件适用法律若干问题的解释》规定，检察机关在履行监督职责的过程中，发现因行政机关的违法作为或者不作为导致环境公共利益遭受损害的，必须在提起环境行政公益诉讼以前，先行向环保行政机关制发检察建议书。行政机关收到检察建议仍旧怠于履职的，检察机关才能据此向人民法院提起诉讼。

三、环境行政公益诉讼检察建议

（一）环境行政公益诉讼检察建议的效力

环境行政公益诉讼检察建议是检察机关在履行法律监督职能过程中针对环境行政主管部门的违法行为，在提起环境行政公益诉讼前以特定的书面形式向环境行政主管部门提出的处理、纠正或者改进工作的法律意见。环境行政公益诉讼检察建议的效力是指检察机关对环境行政主管部门提出的检察建议的法律约束力。这种法律约束力是基于法律监督权而产生的，是检察职权的延伸，主要体现在以下两个方面。

其一，检察建议所产生的程序方面的约束力。检察建议作为检察机关检察权的延伸，具有一定的强制效力。对于被建议的对象而言，这种强制效力主要涉及程序方面，既包括被建议部门采取有关程序措施纠正问题，也包括被建议部门进行相关书面回复等。

其二，检察建议说理所带来的约束力。检察机关在制发检察建议书时要对案件中的事实和证据等方面进行审查，并在检察建议书中进行说明。与强制效力较为明显的抗诉和纠正违法通知书等相比，检察建议注重的是"说理性"，以说理的质量来增强其约束力①。针对出现的生态环境问题的调查证据的确认和相关法律的援引等，都会影响检察建议书说理的质量，从而最终影响检察建议的效力。

（二）环境行政公益诉讼检察建议的特征

第一，建议规范性。多数检察建议法律援引以政策为导向，缺少法律依据和规范性，这便给人们一种错觉，似乎该制度的价值属性大于其规范属性。因此，人民检察院作为国家法律监督机关，在制发检察建议时要保持严谨性与合法性。检察建议作为督促行政机关依法履行职责的工具，必须载明同案件相关的法律依据。

第二，法律拘束性。通过环境行政公益诉讼，司法监督权同行政权之间形成较为"理性"的关系，检察建议的法律拘束性正是这种"理性"关系的重要体现。只有经过诉前检察建议环节后，检察机关才享有提起环境行政公益诉讼的权利。因此，检察机关不仅要知道行政机关违法作为或不作为，而且要知道经过诉前检察建议环节后行政机关依然未依法履职。

第三，法律实施的协作性。环境行政公益诉讼也是增强《环境保护法》实施效果的一种治理方式，它使得环境行政权、检察权和法院公益诉

① 叶燕培.检察建议的法理分析[J].中国检察官,2020(21):61-63.

讼裁判权得到了整合。简而言之，环境行政公益诉讼的启动实际上与环境行政执法形成了合力，间接提升了环境行政执法的刚性。

（三）环境行政公益诉讼检察建议的性质

环境行政公益诉讼检察建议的效力是一种柔和的法律约束力。环境行政公益诉讼检察建议是检察机关在提起环境行政公益诉讼之前对环境行政主管部门提出的建议，具有一定的法律拘束力。从语义解释来看，“建议”一词仅仅是希望对方可以按照自己所给的要求而有所为或有所不为，这种“建议”对于被建议方来说是既可以接受也可以不接受的。因此，环境行政公益诉讼检察建议应当是柔性的，不是检察命令、决定。但是，检察建议是由检察机关这一公权力机关的法律监督权所派生的，其应当是具有法律约束力的。

检察建议效力的非终局性。检察建议是检察权的派生，其本身并不能像检察机关所制发的不起诉决定那样具有终局性效力，而属于一种非终局性的中间程序，目的是促使被建议的单位启动相关程序以实现对实体权利义务的处理。因此，这种非终局性的约束力就会成为制约检察建议效力发挥的一个重要因素。如果生态环境保护部门在规定的期限内没有对检察建议予以书面答复，或者未做出整改落实，检察机关才得以通过诉讼等方式促使行政机关采取实际措施解决问题，或者经过检察长决定将相关情况通报被建议对象的上级机关等。

四、环境行政公益诉讼与生态环境损害赔偿诉讼的关系

在环境行政公益诉讼教学设计中，学生不仅需要对作为原告的检察机关进行角色体验，还需要对作为被告的行政机关进行角色体验。检察公益诉讼全面实施以后，全国各级人大、党政部门相继出台文件配合支持检察机关公益诉讼工作。很多文件明确要求被调查单位配合检察公益诉讼调查核实工作，要求给予支持，提供便利，不得推诿、阻挠、隐匿文件资料。在法治政府、责任政府建设过程中，地方政府或环境行政主管部门探索建

立了生态环境损害赔偿诉讼制度。为此，在环境行政公益诉讼教学中，还应区分环境行政公益诉讼与生态环境损害赔偿诉讼中地方政府的法律责任属性。

在生态环境损害赔偿诉讼中，政府是原告。《最高人民法院关于审理生态环境损害赔偿案件的若干规定（试行）》规定了可提起生态环境损害赔偿诉讼的三种情形，包括：发生较大、重大、特别重大突发环境事件的；在国家和省级主体功能区规划中划定的重点生态功能区、禁止开发区发生环境污染、生态破坏事件的；发生其他严重影响生态环境后果的。在这三种情形下，政府可以直接对环境污染者提起生态环境损害赔偿诉讼。在举证责任方面，《最高人民法院关于审理生态环境损害赔偿案件的若干规定（试行）》第6条明确规定，原告应当就以下事实承担举证责任：被告实施了污染环境、破坏生态的行为或者具有其他应当依法承担责任的情形；生态环境受到损害，以及所需修复费用、损害赔偿等具体数额；被告污染环境、破坏生态的行为与生态环境损害之间具有关联性。2020年6月5日，阜阳市中级人民法院公开开庭审理了原告阜阳市生态环境局与被告山东某某医药有限公司生态环境损害赔偿纠纷案，这也是安徽省实施生态环境损害赔偿制度改革以来，全省法院系统受理的首例生态环境损害赔偿案件。

在环境行政公益诉讼中，当事人因污染环境、破坏生态造成人身损害、个人和集体财产损失要求赔偿的，追责的对象却是政府。这是因为政府规划或执法不当，常常是导致环境污染事故的重要因素。科学的规划、决策是实现政府环境治理的前提，而我国环境法、行政法对政府规划的规制还不健全，导致一些地方政府不重视科学、合法的规划制定，在环境治理过程中常常出现顾此失彼、“拆东墙补西墙”的局面。因此，对政府规划、决策进行环境影响评价，是很多国家实施环境治理的重要举措，而我国对政府决策、规划的环境影响评价制度还不健全，对政府规划不当没有问责机制，这导致环境治理走了一些弯路。如一些地方政府在环境治理过程中，因为领导班子的更替而出现轻易改变环境治理方向的情况，前任领导班子把环境治理的重点放在水污染上，也取得了一定的成效。然而随着领导班子的更替，现任领导班子又将环境治理的重点转移到空气污染上而放弃了治理水污染的规划决策，如此一来，会导致环境治理效果达不到预期目标。因此，要实现政府环境治理的目标，首先需要建立政府环境治理规划、决策的合法性审查机制，以及完善相应的环境行政公益诉讼制度。2014年修订《环境保护法》时增加了环境保护目标责任制和考核评价制度的规定，并规定政府定期向人大报告环保工作，上级政府机关加强对下级政府机关的监督，加强地方政府的环境质量责任，突出了政府做好环境规划工作的责任。但政府规划责任是否具有可诉性，相关环境司法制度的配套设计还不完善。

为什么将环境污染担保责任或代表国家提起环境污染损害赔偿的诉权分配给地方政府而不是环保行政主管部门？这主要是根据我国宪法和地方政府组织法来设计的。在我国，环保部门受制于地方政府，是地方政府的职能部门之一，而目前我国在环境管理领域实行的是环保部门统一监督管理与其他部门协助管理相结合的模式。由于没有统一的监管机制，容易出现条块分割的局面。部分地方政府为谋求本地区的经济利益，对当地排污企业的违法行为视而不见，放任不管。环保部门作为隶属于地方政府的环境治理机构，在决策时很容易受到地方政府的影响，缺乏应有的、相对独立的法律地位。《环境保护法》明确规定了建立环境承载能力监测预警机制，实行环保目标责任制和环保考核评价制度。但是在具体实施的过程中，一些地方政府没有认真落实环保目标责任制和环保考核评价制度。出于地方利益的考虑，环境指标过于宽泛，环保目标责任制得不到有效的实施。因此，结合我国国情，环保部门仅仅是地方政府的一个职能部门，其统筹规划和综合执法的权限有限，因此既要充分肯定环保部门的监督主体地位，又要坚持地方政府的环境污染损害赔偿担保责任，将地方政府与环保部门的责任区分开来。

第三节　环境刑事附带民事公益诉讼角色体验

环境刑事附带民事公益诉讼是指检察机关对损害生态环境利益的犯罪行为提起刑事诉讼时，可以向人民法院一并提起附带民事公益诉讼，由人民法院同一审判组织审理。最高人民法院、最高人民检察院联合出台的《关于检察公益诉讼案件适用法律若干问题的解释》明确规定检察机关以"公益诉讼起诉人"的身份提起公益诉讼，并在民事公益诉讼和行政公益诉讼的基础上，增加了刑事附带民事公益诉讼这一新的案件类型。

一、典型案例

[**案例 4-1**]安徽省芜湖市镜湖区人民检察院以镜检刑诉[2018]272号起诉书指控被告单位浙江某某公司、被告人黄A、姜B、李C、涂D、刘E、吴F、朱G、查H、汪J、汪K、朱M、张N犯污染环境罪，于2018年7月16日向芜湖市镜湖区人民法院提起公诉。以芜镜检刑附民公诉[2018]2号刑事附带民事公益诉讼起诉书诉请判令被告浙江某某公司、某某金属回收公司、李C、涂D、刘E、吴F、朱G、查H、汪J、汪K、朱M、张N、潘P承担侵权赔偿责任，于2018年7月16日向芜湖市镜湖区人民法院提起刑事附带民事公益诉讼。

被告单位浙江某某公司成立于2002年7月，经营范围包括生产销售建筑五金件、汽车高强度精密紧固件、精冲模具等。2008年底，被告单位浙江某某公司在增资扩建年产1万吨建筑五金件项目时，委托浙江省某某环保设计研究院编制了环境影响报告书，报告书中已明确记载浙江某某公司生产中产生的废酸液及污泥为危险废物。根据该环境影响报告书以及当地环境保护局于2009年3月送达给被告单位浙江某某公司的批复，已明确要求该公司对废水处理污泥必须分类收集后委托具有危险固废处置资质的专业单位处置。

被告人黄A在被告单位浙江某某公司创建时即为公司高管，2008年时任该公司副总经理，负责公司日常经营管理，同时担任浙江某某公司环保管理工作领导小组组长，对该公司环境保护和危险废物污染防治工作负全面领导责任。被告人姜B在2004年入职浙江某某公司，自2016年4月起直接负责该公司酸洗污泥的处置工作。2016年7月27日至2017年5月22日期间，被告单位浙江某某公司及被告人黄A、姜B违反国家有关规定，在明知废水处理污泥属于危险废物的情况下，将生产产生的酸洗废水污泥作为一般固废进行处置。黄A、姜B在未开具危险废物转移联单的情况下，将酸洗污泥交由无危险废物处置资质的被告人李C、涂D、刘E进行处置。被告人李C、涂D、刘E明知自己无危险废物处置资质，通过伪造相关行政主管部门和某第三方公司印章，制作了虚假的公文、证件，非法处置酸洗污泥。在处置过程中被告人李C、涂D、刘E三人各有分工，李C负责与浙江某某公司负责酸洗污泥处置的姜B联系业务，刘E负责联系接收方处置酸洗污泥，涂D负责联系某某物流公司虚开增值税发票结算处置费用。非法处置污泥获利由被告人李C、涂D、刘E、姜B四人共同分配，最终在江苏省淮安市、扬州市、苏州市，安徽省铜陵市非法处置危险废物酸洗污泥共计1 071.61吨。

2017年10月中下旬，被告人吴F、朱G、查H与无合法固体废物处置资质的黄某某(另案处理)事先商议，由黄某某联系船舶，将2 525.89吨工业污泥跨省运输至安徽省铜陵市江滨村长江水域，由被告人朱G联系浮吊人员卸载污泥。2017年11月1日，运输船舶因运载性质不明的固体废弃物，在铜陵锚地水域被海事部门查处并责令驶离铜陵港。但是2017年11月，被告人吴F、朱G、查H仍然伙同黄某某等人指挥船舶再次停靠进岔江，并将上述污泥以吊机抓取的方式倾倒于铜陵市江滨村江滩边，造成环境严重污染。黄某某支付被告人吴F、朱G、查H非法处置费用9万余元。被告人朱G支付潘P吊装费用1.5万元。2017年11月初，黄某某准备再次伙同被告人吴F、朱G、查H实施倾倒工业污泥。后由于浮吊人员拒绝帮助，运输船舶遂停泊在长江铜陵水域待卸，2017年11月21日被长江航运公安局芜湖分局现场查获。

另外，被告人李C、涂D、吴F、朱G、查H、汪J、汪K、潘P还将废胶木倾倒在安徽省铜陵市长江江滩边。2017年5月底，某某金属回收公司将废胶木交涂D处置。被告人涂D、李C为牟取非法利益，将日本电产某某（浙江）有限公司产生的废胶木转包给被告人汪J、汪K非法处置。被告人汪J、汪K与被告人吴F、朱G、查H事先商议，确定了倾倒方式和价格，后以船运的方式将约313吨废胶木运至安徽省铜陵市江滨村长江水域。2017年6月4日夜间，被告人汪K、吴F、朱G、查H通过浮吊将约313吨废胶木倾倒至铜陵市江滨村江滩边，对环境造成污染。汪K支付吴F、朱G、查H非法处置费用1.2万余元。朱G支付潘P吊装费用0.7万元[①]。

二、环境刑事附带民事公益诉讼的责任认定

（一）第一审程序中的责任认定

环境刑事附带民事公益诉讼作为一种新型的诉讼类型，较之传统的诉讼类型在责任认定方面面临着一些难题。

第一，关于环境犯罪责任主体与环境侵权责任主体的区分问题。在本案中，被告单位浙江某某公司、各被告人、各附带民事诉讼被告人、附带民事诉讼被告单位某某金属回收公司共同实施污染环境行为造成损害，但各被告人、附带民事诉讼被告人辩称没有污染环境的故意，李C辩称是委托关系、查H辩称是雇佣关系、潘P辩称是劳务关系，不是环境犯罪或环境侵权的主体，不应承担赔偿责任。法院认为，因环境污染侵权的归责原则为无过错责任原则，只要因环境污染造成损害，不论污染者有无过错，均应承担侵权责任，被告单位浙江某某公司、各附带民事诉讼被告人、附带民事诉讼被告单位某某金属回收公司实施的污染环境行为共同关联、相互结合，导致污染环境后果的发生，构成共同侵权，应当承担连带责任。故对李C等附带民事诉讼被告人辩称的应承担补充赔偿责任的意见，法院

① 安徽省芜湖市镜湖区人民法院（2018）皖0202刑初282号刑事附带民事判决书。

不予采纳。被告单位浙江某某公司、各附带民事诉讼被告人、附带民事诉讼被告单位某某金属回收公司非法处置危险废物、非法倾倒固体废胶木污染环境，损害了社会公共利益，依法应承担侵权民事责任。

第二，关于本案环境污染损害结果计算是否合理的问题。本案中总数达1 071.61吨的危险废物和约313吨废胶木被倾倒在长江江滩边，对大气、水体、土壤等生态环境产生严重危害是无可争议的事实，如不及时处置、修复，必然会超出环境承载能力，最终造成不可逆转的环境损害，故应急处置费用及生态环境修复费用是必然发生的。随着科学技术发展而产生的专家鉴定证据，能够使法院借助科学技术客观认知环境污染行为与结果间的因果联系，从而将污染环境罪的刑事责任与环境侵权的民事责任区分开来。关于污染环境罪的刑事责任认定，犯罪构成的主观要件需要有罪过，而环境侵权行为的归责原则是无过错责任原则。在污染环境的案件裁判中，某一污染物所导致的环境损害程度往往与污染物排放的数量和污染物的区域布局有关，与污染物排放的媒介有关，甚至与污染源的具体位置有关，对责任主体有无罪责或过错的判断相当复杂。因此，污染环境罪的认定不仅需要进行法律关系分析，还应该进行环境科学分析。由于环境刑事附带民事公益诉讼需要对被告人进行民事责任的认定，其证明标准与污染环境罪的证明标准是不一致的，这在一定程度上造成环境刑事附带民事公益诉讼对环境污染损害结果的计算具有科学预测性，故本案中鉴定机构运用“虚拟治理成本法”计算生态环境修复费用并无不当，法院对鉴定意见予以确定。

（二）第二审程序中的责任认定

本案经一审法院判决后，被告单位浙江某某公司以及被告人黄A、姜B、李C、涂D、刘E、吴F、朱G、汪J、汪K、朱M对刑事部分判决不服，提出上诉。

浙江某某公司上诉提出：浙江某某公司工作人员因为认识上的错误导致将酸洗污泥作为一般固废处置，公司投资人没有要求直接负责人员和经办人员非法处置危险废物，没有获取非法利益的动机。其中62.88吨酸洗污泥被倾倒在长江边姜B不知情，1008.73吨酸洗污泥的倾倒地点不同，造成的污染程度有所区别。浙江某某公司在案发前一贯表现良好，案发后认罪悔罪，在一审开庭前就赔偿了非法处置危险废物造成的环境损害修复费用、应急处置费用和鉴定费用。浙江某某公司经营异常困难，请求从轻判处罚金。

黄A上诉提出：黄A自2013年起受公司指派分管单位危险废物污染防治工作后，沿用单位一直以来的处理方式，并未刻意改变危险废物处理流程。黄A之前一直认为酸洗污泥属于一般固废，在62.88吨酸洗污泥处置过程中，黄A意识到这属于危险废物，即按照当时的市场价格1 150元每吨的标准支付处理费用，本意是按照相关国家标准处理危险废物。黄A只是一个普通打工者，并无任何犯罪动机及必要。一审法院认定事实不清，未就黄A管理责任大小、主观心态等方面详尽查实，也未区分黄A主观恶性以及在犯罪环节中的真正作用，直接以污染物总吨数机械量刑，刑罚过重。

姜B、李C、涂D、刘E、吴F、朱G、汪J、汪K、朱M等人也提出了减轻罪责的上诉请求。

针对上诉单位、上诉人及其辩护人的上诉理由、辩护意见，二审法院综合评述如下：上诉单位浙江某某公司、上诉人李C、涂D、刘E、吴F、朱G、汪J、汪K、朱M以及原审被告人查H、张N违反国家规定，非法处置、倾倒危险废物以及有毒、有害固体废物，严重污染环境。其中浙江某某公司、李C、涂D、刘E、吴F、朱G、查H行为后果特别严重，其行为均已构成污染环境罪，且属共同犯罪。上诉人黄A、姜B分别作为浙江某某公司直接负责的主管人员和直接责任人员，亦应以污染环境罪追究其刑事责任。上诉人吴F、朱G以及原审被告人查H在实施倾倒2 400余吨有害固体废物过程中，由于意志以外的原因而未得逞，系犯罪未遂，依法比照既遂犯对其从轻处罚。上诉人黄A、姜B、李C、涂D、刘E、吴F、朱G、查H、汪J、汪K在共同犯罪中起主要作用，系主犯；上诉人朱M、张N在共同犯罪中起帮助作用，系从犯，依法从轻处罚。上诉人黄A、姜B、涂D、汪J、汪K、朱M以及原审被告人查H、张N在犯罪后主动投案，如实供述自己的罪行，系自首，依法从轻处罚。上诉人刘E、朱G、吴F到案后如实供述自己的罪行，依法从轻处罚。上诉人刘E、汪K曾因犯罪受过刑事处罚，上诉单位浙江某某公司已支付生态环境修复费用，在量刑时予以考虑。原判就上诉单位、各上诉人以及原审被告人在共同犯罪中的地位、作用、犯罪情节及相关量刑情节的认定均符合法律规定，量刑适当。上诉单位、各上诉人及其辩护人提出原判量刑过重的上诉理由及辩护意见均不能成立，法院不予采纳。综上，二审法院依法裁定驳回上诉，维持原判①。

三、案件判决评述

刑事附带民事诉讼是以刑事案件为前提的，在环境刑事附带民事公益诉讼中，附带民事诉讼的责任主体一般也是环境犯罪的犯罪主体，但也包含一些不符合环境犯罪构成要件的普通环境侵权人，这就需要在司法认定中区分环境共同犯罪与共同侵权，依照不同的追责原则确认不同的责任承担形式。

（一）专家证据在环境法律责任认定中的重要作用

在环境污染法律责任认定中，法院主要判断污染行为与结果之间是否具有因果关系。环境犯罪是一种比较新型的犯罪，其因果关系判断具有很强的专业性。环境污染行为发生后，污染物质进入周围环境后不会马上表现出危害性，而是经过一定的时间才起作用。大多污染行为都是通过“中间介质”作用于受害人或财产，先污染环境而后再通过环境作用于人或财产。环境污染具有隐蔽性，不经一定的专业技术鉴定往往很难发现并确定；或由于科学检验水平和医学发展水平的限制，很难作出明确具体的证明。同时，在环境污染中一个污染结果的发生往往不是单纯的一个行为所导致的，而是多个污染行为的综合作用所致。有时排放的污染物与周围的物质相互作用或者污染物之间相互作用，可发生多种化学和物理反应，再

① 安徽省芜湖市中级人民法院(2018)皖02刑终321号刑事裁定书。

加上自然力的因素，比如水流、风力等使污染物流动扩散。这些力的作用有时候可以使污染程度加重或者抵消污染。在这种情况下，污染行为的确定就更加困难了。

对于环境犯罪因果关系判断的困难，需要我国刑法司法理论对传统犯罪因果关系理论进行创新。传统犯罪因果关系理论有条件说、原因说、必然因果关系与偶然因果关系说、相当因果关系说、客观归责论等，这些理论反映了学界对科学技术在犯罪领域中应用的不同态度和确信。条件说认为犯罪行为与结果之间存在着“没有前者就没有后者”的条件关系时，前者就是后者的原因。条件说认为，导致结果发生的所有条件都是原因，且都具有同等价值，所以条件说也称为等价说或同等说。条件说把条件都等值化，容易扩大环境犯罪的处罚范围。因为环境污染多为“多因一果”，如果在环境污染因果关系的发展进程中介入其他行为或者因素，导致了结果的发生，那么让作为条件的前行为承担责任不具有合理性。原因说是为批判条件说而出现的学说，它主张从导致结果发生的条件中，以某种规则为标准挑选出应作为原因的条件，只有这种原因与结果之间才存在因果关系。然而在环境污染案件中，导致结果的条件很多，如果要在其中找出一个作为原因，在很多情况下是极为困难，甚至是不现实的，并且这样还导致了因果关系认定的随意性。在很多时候，一个结果的发生并非单纯依赖某个条件，有的条件相互推进，有的则相互抵消，有的产生竞合。必然因果关系与偶然因果关系说认为不能将条件与原因绝对分开，条件是相对于根据而言的，条件和根据都是原因，只是处于不同等级和层次而已。原因可分为必然原因和偶然原因，只有必然因果关系，才是刑法上的因果关系。可如何区分必然原因和偶然原因，还是比较困难的。

其实条件说、原因说、必然因果关系与偶然因果关系说都夸大了科学理性在犯罪因果关系判断中的作用，上述理论都确信通过科学技术能够将犯罪事实客观地还原。然而，各种类型化的犯罪实际上体现着人们的价值取向，而价值问题是难以用科学理性来解决的。比如在环境污染案件中，某种污染行为根据一般社会生活经验在通常情况下被认为是相当的，让污染者承担责任就不符合民意（或称文化规范）。为此，刑法学中产生了相当因果关系说。相当因果关系说关于“相当”的判断基础，理论上主要有三种学说：一是客观说，主张以行为时的一切客观事实作为基础进行判断；二是主观说，主张以行为人意识到或可能意识到的事实作为基础进行判断；三是折中说，主张以一般人能够认识到的以及行为人特别认识到的事实作为基础进行判断。其中的主观说与折中说，使因果关系的有无取决于行为人与一般人认识的有无，这与因果关系的客观性相矛盾，因此，客观说占有一定的优势。但是什么是环境污染或生态破坏行为毕竟是科学判断问题，不能用通识来否认科学。相当因果关系说使因果关系的有无取决于社会通识，这样违背了因果关系的客观性，使用在环境犯罪的因果关系判断中就极为不科学了。客观归责论试图将科学判断与价值判断分开，将因果关系与归责问题相区别，提出因果关系以条件说为前提，存在于条件关系的行为中，只有当行为造成了法律禁止的危险，并且该危险是在符合构成要件的结果中出现的，与人的行为具有条件关系的结果才具有归责可能性。客观归责论确认了科学理性在传统犯罪因果关系认定中的作用，又考虑了行为判断的价值性。然而若该学说适用于环境犯罪认定或环境侵权责任认定时，就需要在不同责任形式中确立专家证据的可采性标准，使得专家证据既具有科学性，又具有合理性和合法性。

日本是最早将专家证据规定在环境污染犯罪认定中的国家，1970年的日本《公害罪法》确立了环境公害判断的疫学因果关系原则。所谓疫学因果关系又称流行病学因果关系，指利用统计的方法调查各因素与疫病之间的关系，选择相关性较大的因素对其作综合性的研究，由此判断其与结果之间有无关系。目前我国现行法律法规对环境污染行为的行政责任、民事责任和刑事责任都作出了原则性规定，但由于缺乏具体可操作的专家证据规范和管理机制，环境污染案件在审理时仍存在许多技术难题需要解决。专家证据可以为司法机关审理环境污染案件提供专业技术支持，将有助于推动环境司法的深入开展，切实维护群众合法环境权益，依法严厉惩治环境违法犯罪行为。参照世界各国的主流做法，将疫学因果关系引入我国的污染环境罪的刑事责任认定中，可以将法律因果关系判断和事实因果关系判断结合起来，形成环境污染犯罪认定的科学合理的理论依据[①]。

而在普通环境侵权案件中，归责原则是严格责任原则。法院通过专家证据来确认损害结果，而不是对责任主体有无过错进行疫学因果关系的判断。只要污染者实施了污染行为且存在污染结果，就应该承担环境侵权责任。当然，现代科学的模糊性则需要法院对专家证据存有戒心。因此，专家证据的采用必然应遵循一些规则，如专业规则、专业领域规则（专业领域须在有关科技界普遍可接受）、常识规则（证明主题须在大众常识范围之外）、基础规则（专家证据的基础须以可采性证据证明）等。不管是污染环境罪的认定还是环境侵权的责任认定，在专家证据的采信方面都应遵守一定的证据规则。为了使得专家证据具有合法合理性，应在法庭上由双方举证质证，专家当庭作证，接受不同专家的交叉询问。只有这样，才能全面认清环境污染事件中的因果关系，从而增强法院判决的说理性。

（二）环境共同犯罪责任认定对民事公益诉讼的影响

污染环境罪的主观方面为复合罪过，即包括故意和过失两种罪过形式。本案第一审程序中，根据各被告人在公安机关的供述及在案其他证人的证言，法院认定被告人黄A、姜B、李C、涂D、刘E、吴F、朱G、查H、汪J、汪K、朱M、张N的犯罪主观方面为故意。第一，被告人黄A作为公司经营活动的总负责人，在其公司2008年增产的环评报告中就已明确说明酸洗污泥系危险废物的情况下，以未阅读报告为由不履行自己的职责，仍将酸洗污泥作为一般固废进行处置，在处置过程中对于虚开发票报账等问题视而不见，系故意犯罪。第二，被告人姜B从2016年开始直接负责酸洗污泥的处置工作，其以不知道酸洗污泥是危险废物为由将酸洗污泥作为一般固废处置，但是在2016年其就联系了有处置危险废物资质的公司预处置酸洗污泥，后因为处置价格过高作罢，最终选择和处置价格低廉的被告人李C签订合同，明知发票系虚开仍帮助李C进行报账。在此期间其还与李C共同获利，系故意犯罪。第三，被告人李C、涂D、刘E三人均

① 余俊，陈伯礼．论专家证据在环境污染犯罪认定中的功能[J]．广西社会科学，2014(7)：96-97.

无处置危险废物资质，且在实际经营过程中还存在伪造文书、印章，虚开增值税发票的行为，系故意犯罪。第四，被告人汪J、汪K、吴F、朱G、查H作为处置危险废物酸洗污泥的二次中间商及接收方，无合法经营实体，无危险废物处理资质，四处寻找地点对危险废物进行夜间倾倒，系故意犯罪。第五，被告人张N、朱M作为危险废物酸洗污泥的运输者，虽然不知道污泥性质，但是通过装货货场有警示标牌，货物与约定不符、无故加盖雨布、凌晨到达等疑点可以判断出货物存在问题且无法进行合法运输，但二人仍选择继续运输，放任危害结果的发生，属于间接故意。

关于部分被告人及辩护人提出违法性认识问题的意见，法院并没有采纳。因为犯罪故意的明知只要求行为人明知其行为及结果的危害性，而不要求被告人明知行为及结果的违法性。本案中，各被告人在没有相应资质的情况下作出处置危险废物行为，其都应当判断出自己的行为会对环境造成损害。我国《固体废物污染环境防治法》明确规定了对危险废物污染防治实行经营许可证制度，并且规定危险废物收集、贮存、处置的经营活动主体限于单位，个人不得从事上述活动。被告单位浙江某某公司及被告人黄A、姜B将公司生产产生的危险废物交给被告人李C等人处置。而被告人李C、涂D、刘E、吴F、朱G、查H、汪J、汪K都没有处置危险废物的资质。因此，各被告人在明知自己没有处置危险废物资质的情况下，将酸洗污泥交给其他没有处置资质的被告人进行处置，各被告人应该具有必要的违法性认识，其行为构成污染环境罪的共同犯罪。

关于部分被告人及辩护人提出是否构成共同犯罪及在共同犯罪中作用大小问题。法院认为，被告单位浙江某某公司、被告人李C、涂D、刘E、吴F、朱G、查H、汪J、汪K、朱M、张N违反国家规定，非法倾倒危险废物以及有毒、有害固体废物，其中浙江某某公司、李C、涂D参与倾倒危险废物1 071.61吨，后果特别严重；刘E参与倾倒危险废物1 008.73吨，后果特别严重；吴F、朱G、查H参与倾倒危险废物62.88吨，伙同他人倾倒有毒、有害固体废物造成公私财产损失7 943 924.14元，后果特别严重；汪J、汪K参与倾倒危险废物62.88吨，严重污染环境；张N参与倾倒危险废物34.59吨，严重污染环境；朱M参与倾倒危险废物28.29吨，严重污染环境，被告单位浙江某某公司以及被告人李C、涂D、刘E、吴F、朱G、查H、汪J、汪K、张N、朱M的行为均已构成污染环境罪，且属共同犯罪。被告人黄A、姜B作为被告单位浙江某某公司直接负责的主管人员和直接负责人员，亦应以污染环境罪追究其刑事责任。被告人吴F、朱G、查H在实施倾倒2 400余吨有害固体废物过程中，由于意志以外的原因而未得逞，系犯罪未遂。被告人黄A、姜B、李C、涂D、刘E、吴F、朱G、查H、汪J、汪K在共同犯罪中起主要作用，系主犯；被告人朱M、张N在共同犯罪中起帮助作用，系从犯。

由于刑事附带民事诉讼判决或裁定中的刑事部分与附带民事诉讼部分是“两案一判”，它们实质上是两个相互联系又相互独立的诉讼，只是利用同一审判程序进行审理，并以同一判决、裁定进行裁判而已。本案经过第一审程序后，当事人没有对刑事附带民事诉讼判决提起上诉，而且二审法院维持了一审法院的刑事判决，因此，未被上诉的环境刑事附带民事诉讼部分在上诉期满后即产生法律效力。假如第二审程序变更了第一审程序的刑事部分判决，由于刑事附带民事诉讼处于从属地位，民事责任也应该重新裁判。

第二编 ▶▶▶▶

国内生态环境法教学论

山水林田湖草沙人是一个生命共同体，人的命脉在田，田的命脉在水，水的命脉在山，山的命脉在土，土的命脉在树。人法地、地法天，显示出中华法文化的生态环境法的特色。即便在人与自然关系发生了很大变化的当代，中国的生态环境保护法仍然保留着对山水林田湖草沙人进行生态系统综合治理的“天人合一”底色。因此，以土地法、水法、森林法、草原法、野生动植物保护法为序列组织生态环境法的教学内容，不仅具有科学性，也是对中华法文化“天人合一”制度文明的精神展示和文化精髓提炼。

第五章　土地法的国内法教学案例

土地是人类赖以生存和发展的物质基础，也是人类生存环境中最重要的因素之一，所以生态环境法的教学先从土地法开始。土地法的范围很广，民法学、经济法学等都讲到过。但土地在民法、经济法中只是物权的客体，在生态环境法学中，土地不仅是人类生存和发展的资源，还是人们生长的“家园环境”。

第一节　土地法调整范围的演变

关于土地的定义，最广义的是指水陆及天然富源，包括农地、林地、牧地、渔地、盐地、矿地、可通天然之水道等。中华民族是典型的农耕民族，对土地的定义主要以田地为主，并常将土地与户婚律联系在一起，叶落归根，人死亡后也要入土为安，所以土地总与婚姻家庭法相关。例如，在《唐律》中，土地权益就与户婚制度紧密相连。因此，在中国法律文化中，土地不仅是物权法的客体，也是环境法的重要客体。

中华民族是典型的农耕民族，将土地比作母亲，在土地上安居，从土地里获取生活资源，人们对土地有着很深的感情。这就是老子所谓的“人法地”。著名作家秦牧在其散文名作《土地》中写道：“当你坐在飞机上，看着我们无边无际的象覆盖上一张绿色地毯的大地的时候；当你坐在汽车上，倚着车窗看万里平畴的时候；或者，在农村里，看到一个老农捏起一把泥土，仔细端详，想鉴定它究竟适宜于种植什么谷物和蔬菜的时候；或者，当你自己随着大伙在田里插秧，黑油油的泥土吱吱地冒出脚缝的时候，不知道你曾否为土地涌现过许许多多的遐想？想起它的过去，它的未来，想起世世代代的劳动人民为要成为土地的主人，怎样斗争和流血……”①

在封建社会，农用地交公粮和农田灌溉水费制度至少在中国维持了两千年。公粮是指农业生产者或农业生产单位每年缴纳给国家的作为农业税的粮食。交公粮的历史要从商鞅变法说起。战国时期，商鞅为了实行兼并战争的需要，在秦孝公的支持下在秦国变法。变法的主要内容就是围绕耕战，制定律令后坚决实施，交公粮就是其中一种。秦国民众除了到军队服役的，绝大多数要种粮，而且收成好还可以评功授爵。农田灌溉水费也叫水利工程水费，就是农民利用水利工程为农田浇水时需要缴纳的费用。因此，在土地的利用和保护过程中，体现了国家与个人、家庭的利益关系，需要国家法律的调整。

中国土地法的立法历史从“井田制”、田律到户婚律，再到土地法单列，逐步在土地农业中融入了浓厚的宗法情感德性因素，形成了中华法系家国同构的制度文明特色。农耕社会聚族而居、精耕细作内敛式自给自足的乡村结构和生活方式的形成，体现了天人合一观念对传统土地制度德性塑造的影响。在《唐律》中，土地权益与户婚制度紧密相连。《唐律》中的《户婚律》主要是规定有关户口、赋役、田宅、家庭、婚姻等方面的法律。土地有公田和私田之分，公田是归朝廷或皇室所有的土地，私田是归地主所有的土地，但这种私田与西方国家的私人土地有区别，不能自由买卖。《户婚律》中有“卖口分田”之罪。国家对私人占田有限制，超过者处以相关徒刑。

近代以来，土地问题一直是中国法律规制的核心问题。民国时期，南京国民政府为整理土地，使地尽其用，人民能平均享受使用土地之权利，于1930年公布了《土地法》，试图从立法上逐渐改良封建土地制度，但没有成功。新中国成立后，废除了封建土地制度，1950年颁布了《土地改革法》。改革开放后，1986年的《民法通则》和《土地管理法》（1988年第一次修正、1998年修订、2004年第二次修正、2019年第三次修正）都有一些关于土地的所有和使用的规定，尤其是2007年《物权法》的制定和

① 袁振声.秦牧代表作[M].郑州:河南人民出版社,1994:29.

2020年《民法典》的出台，逐渐形成了具有中国特色社会主义特征的土地法律制度体系。

《物权法》的起草工作始于20世纪90年代初。经过全国人大及其常委会的多次审议，《物权法》于2007年经十届全国人大五次会议审议通过。作为《物权法》中的客体的土地，其权利主体是排他的，而作为环境要素的土地资源，则是一个由气候、土壤、地貌、岩石、水文、动植物等自然要素构成的自然综合体，是一种公共品。我国《物权法》规定土地所有权属于国家或集体，其中国家森林公园、地质公园这样的“公共土地”属于国家所有，集体或个人有使用权。

对开发者和生产者而言，容易滥用土地资源公共品，存在有法不依的现象，这是法律不能容许的。在缺乏公共管制的自由市场条件下，会形成所谓的“公地悲剧”。为了防范“公地悲剧”，我国《物权法》除了明确土地的归属，明晰国家、集体两种所有权分类外，还规定了所有权的平等保护原则和社会化原则。《物权法》第3条规定了“市场主体的平等法律地位和发展权利”，第4条规定“国家、集体、私人的物权和其他权利人的物权受法律保护”。所谓平等保护原则是指物权的主体在法律地位上是平等的，其享有的所有权和其他物权在受到侵害以后，应当受到物权法的平等保护。平等保护原则是民法的平等原则在物权法中的具体化，体现了国家、政府或集体等特殊法人作为民事主体对土地的开发利用权限。由于平等原则是民法的基本原则，而物权法从属于民法，所以民法的平等原则在物权法中必须得到贯彻。物权法如果放弃平等保护原则，就违反了民法的基本原则，脱离了物权法作为民事法律的基本属性。但是，国家、政府还作为公法主体对土地使用进行管理，所有权社会化原则就要求土地所有权者、使用权者对土地的开发利用必须符合法律规定。

2006年，我国全面取消农业税，极大地减轻了农民的负担，提高了农民种粮的积极性。目前国家对农民种地给予各项补贴，但是农民对集体土地的使用权和承担的义务还不是很清晰。因为在现代社会，农地的可持续使用还需要有生态环境保护的国家政策和立法。与《物权法》中的土地权利不同，从生态环境法的观点来看，土地作为一种人类可持续发展的环境资源，不能将其简单归结为财产权的对象。在市场化取向改革日趋深入的今天，应该看到政府作为国家的代表，在土地资源的开发利用过程中基于不同的身份而具有不同的责任和目标：作为资源的所有者代表，政府谋求的是所有者权益的最大化；而作为社会公共利益的代表，政府对资源的管理又必须着眼于资源的保护、发展及合理利用，其主要目标在于社会公共利益的最大化。进一步从法律的角度来考察，国家基于公共利益而产生的公共管理权力属于传统“公法”的范畴，而所有权历来都是“私权”的典型代表，尽管随着所有权制度的不断进化和发展，所有权已经突破“私法”的禁锢并越来越多地带上了“公法”的色彩，而资源的所有权在这方面表现得尤为突出，但公共管理权力和所有权仍因其代表的理念和价值取向不同而无法融合。因此，长期以来资源的国家所有权的实际效果不尽如人意，问题并不是出自权利本身，而在于对权利的定位和行使与国家管理职能纠缠不清，互相影响，以至于资源管理和所有权的运作都没有达到预期的效果。所以，在市场化条件下，要使资源的国家所有权能在经济方面真正得以实现，必须把国家对土地资源的环境行政管理权和土地资源的所有权予以剥离，各司其职，各尽其用①。

我国是实行生产资料的社会主义公有制的国家，基于《宪法》和有关法律的基本规定，我国绝大多数的自然资源都归国家所有。我国《宪法》第9条规定：“矿藏、水流、森林、山岭、草原、荒地、滩涂等自然资源，都属于国家所有，即全民所有；由法律规定属于集体所有的森林和山岭、草原、荒地、滩涂除外。”现在的问题是，我国《宪法》和法律确定国家对土地、水资源等公共物品的所有权之后，公众享有清洁空气、水资源的权利依据是什么？换句话说，国家对土地、水资源的管理到底是权利还是义务？这就涉及生态环境法中的土地与作为物权客体的土地在相应的权利保障制度设计方面不同的问题。

在《民法典》制定过程中，不仅确立了物权保护的财产权指导思想，还规定了突出生态环境保护的绿色原则。《民法典》起草过程中的争论点，

① 张璐.自然资源作为物权客体面临的困境与出路[J].河南师范大学学报（哲学社会科学版），2012，39（1）：100-101.

就有生态环境法介入民法调整领域的界限问题。《物权法》在明确规定国家土地等自然资源保护范围的同时，是否应对公民环境权的保护问题作出规定，则涉及国家机关作为特殊法人在法律上的定位。国家具有两种不同的法律地位：一是作为公法主体的国家，一是作为民法（私法）主体的国家。作为公法主体的国家，拥有和行使国家公权力；作为私法主体的国家，拥有和行使国家的民事权利即财产所有权。国家机关作为公法主体的地位，以及公权力的行使，由宪法等公法规定；国家作为民法主体的地位，以及国家财产所有权的行使，由民法（私法）规定。因此，《物权法》应当对国家所有权的行使问题进行规定。在民法上，物权的归属与物权的行使是不同的问题。例如，自然人享有某项财产所有权，该自然人可以亲自行使其所有权，也可以委托他人代理自己行使所有权；法人享有某项财产所有权，因法人是法律拟制的主体，不可能亲自行使其所有权，必须由其执行机关代表法人行使所有权。而作为民法主体的国家，其国家财产所有权亦应由作为执行机关的最高国家行政机关即国务院行使。因此，《物权法》第45条第2款明确规定："国有财产由国务院代表国家行使所有权；法律另有规定的，依照其规定。"可是，国家行使国有土地使用权时，也应保障公民对土地使用的需求和土地权益。

针对我国应当制定一部什么样的《民法典》的问题，环境法学者与民法学者进行了多次对话研讨。吕忠梅教授认为民法总则应该写上绿色原则，要充分利用民法的规则，发挥其最大环保效用。同时，在环境法与民法的"射程"交叉地带，还要通过借道或程序机制为制度衔接留下接口和空间。只有这样，民法总则中的绿色原则才不会成为宣示性的条款和权利限制性条款，也不是"公序良俗"的一部分，而是一条独立的原则。在中国人民大学举办的民法典分编绿色化学科对话会上，尹飞教授则提出现在环境法的落实在于将人口规划、产业规划、空间规划、土地利用规划和城市文化遗产规划进行有效整合，实现"五规合一"，而这与民法的私法属性是不吻合的，行政主管部门很可能通过所谓的规划的调整，把所有权、用益物权的权能给限制甚至剥夺了。应该经过一个什么样的程序，将政府的行政主体角色与所有权角色分开？故而我国《民法典》的相关制度设计，要对市场和政府的边界予以把握。对此，吕忠梅教授也认为环境问题主要不是靠《民法典》解决的。吕忠梅教授认为《民法典》既要绿色化，又不能超越边界。民法对环境保护是有“射程”的，在“射程”范围内《民法典》不可能解决所有环境问题。《民法典》要和将来制定的环境法典对接，实现对生态环境的“共治”①。徐祥民教授认为，如果说《侵权责任法》可以帮助环境污染受害者得到某些救助，要求污染行为人对污染引起的人的利益损害负责的话，那么，《侵权责任法》无法使被污染的环境或处在被污染威胁中的环境得到“救助”。防治污染、保护环境还得“寄希望于环境法”②。

2017年江苏省人民政府针对安徽省某某化工科技有限公司废水排污而提起生态环境损害赔偿诉讼，引发了广大人民群众的热烈讨论，因为该案是我国范围内省级人民政府第一次单独作为生态环境损害赔偿诉讼的原告。在《民法典》制定之前，对政府作为原告提起生态环境损害赔偿诉讼存在正反两方面的观点。反方观点认为在民事诉讼中，双方当事人应当处于平等的诉讼地位，政府作为原告的生态环境损害赔偿诉讼呈现的是一种诉权不平等的局面。因为政府及其执法部门通过职权获取的证据，其是否具有合法性对赔偿义务人来说存在疑问。而且政府监管不到位也是产生环境问题的一个重要因素，如果给予政府直接起诉的权利可能会导致权利失衡的局面。按照《环境保护法》第58条的规定，在环境遭到破坏的情形下，只有符合法律规定的主体才可以提起诉讼。除此以外，在《民事诉讼法》《行政诉讼法》等程序法中，未对政府机关是否可以直接提起诉讼作出明确规定，仅规定了检察院在公共利益受到巨大损害时方可起诉。因此，在江苏省人民政府诉安徽省某某化工科技有限公司案中，该公司的代理律师对省政府作为原告的资格提出了质疑。原告则认为，政府作为生态环境损害赔偿诉讼的原告具有适格性。其法律依据主要为《生态环境损害

① 王轶，王利明，吕忠梅，等.“民法典与社会治理”名家笔谈[J].北京理工大学学报(社会科学版)，2022，24(1)：3.

② 徐祥民.环境污染责任解析——兼谈《侵权责任法》与环境法的关系[J].法学论坛，2010，25(2)：20.

赔偿制度改革试点方案》等文件明确规定政府可以直接作为原告提起生态环境损害赔偿诉讼。在《民法典》颁布之前，环境法学者认为政府以原告资格提起生态环境损害赔偿诉讼，其出发点是给遭受污染破坏的自然做代言人，法律依据是《环境保护法》。可从司法实践来看，政府作为原告的生态环境损害赔偿诉讼是作为一种环境民事诉讼新类型出现的，既然是民事诉讼就应该遵循民事实体法。《民法典》规定了国家机关履行土地等自然资源国家所有权职能的制度，这就从实体法中赋予了政府作为生态环境损害赔偿诉讼原告的资格。

2020年5月28日，十三届全国人大三次会议表决通过了《民法典》，宣告中国“民法典时代”正式到来。《民法典》物权编在原《物权法》的基础上，按照党中央提出的完善产权保护制度，健全归属清晰、权责明确、保护严格、流转顺畅的现代产权制度的要求，结合现实需要，进一步完善了物权法律制度。《民法典》第96条规定机关法人为特别法人，第207条规定“国家、集体、私人的物权和其他权利人的物权受法律平等保护” 第255条规定“国家机关对其直接支配的不动产和动产，享有占有、使用以及依照法律和国务院的有关规定处分的权利”。《民法典》侵权责任编第七章“环境污染和生态破坏责任”对绿色条款的司法落实尤为重要。过去，环境资源法律制度的可司法性不强，主要渠道是社会组织的环境公益诉讼。《民法典》将生态破坏行为纳入了环境侵权责任范围，建立了惩罚性赔偿制度和保护公共利益的“公法性质，私法操作”的请求权机制①。这就从国家基本法的角度确认了地方政府作为民事主体提起生态环境损害赔偿诉讼的请求权，解决了生态环境损害赔偿诉讼中土地等自然资源权利主体缺位和法律依据不足的问题。但是，要避免将限制私权的环境保护这一公法事项无限制地纳入私法范畴的《民法典》，让《环境保护法》等成为《民法典》的特别法。毕竟政府作为生态环境损害的索赔权人，具有很强的“公法”属性，而《民法典》具有很强的“私法”属性。

① 王玮. 全国政协常委吕忠梅详细解读民法典绿色条款“意思自治”不是污染环境的“保护伞”[N]. 中国环境报，2020-06-02(8).

第二节　土地利用的案例教学分析

国家没有忽视对土地生态效益的保护。有关土地利用的立法有《土地管理法》《城乡规划法》等，但是单行的《土地管理法》与《环境保护法》的立法目的是不同的，前者经济法属性更强些，需要在尊重市场规律的前提下对资源开发利用进行宏观控制。而后者是为了防范“公地悲剧”，从行政管理的角度管控土地资源的开发利用，保护土地生态环境。因此，在土地的开发利用中，《土地管理法》与《环境保护法》等法律一起发挥治理功能，从而构成了系统的土地法律体系。1989年颁布的《城市规划法》由于调整范围仅涉及城市土地，在2007年《城乡规划法》出台后被废止。《城乡规划法》颁布后于2015年第一次修正，2019年第二次修正。2018年8月31日，十三届全国人大常委会五次会议通过了《土壤污染防治法》。它们都是土地法律体系的构成部分。

一、《土地管理法》的立法案例分析

《民法典》物权编是市场经济条件下最重要的财产法，土地是其最重要的内容之一，但土地上的物权，并非只能由《民法典》作出规定。从我国实际看，《土地管理法》对土地物权的运行和土地生态环境保护有着更为重要的意义。虽然《土地管理法》与《土壤污染防治法》等生态环境保护法采取分开立法模式，但正是因为土地利用的法律问题引发了土地的生态环境保护问题，所以土地法的教学先从土地利用的立法和司法案例开始。下面我们以《土地管理法》的立法体例设计教学案例，谈谈《土地管理法》的立法思路和法律适用问题。

法律文本有着严格的法言法语与规范化结构要求，是法律规范的集合。立法体例，就是法律规范逻辑结构的表现形式。立法体例有总则分则结构、章节结构或简单条款结构。一般来说，一部完整的法律法规一般都是总则分则结构。总则按照提取公因式的法律构造技术，把每部法律法规的一般性问题规定于篇首，包括立法目的、指导思想、基本原则等概括性的法律条款。而分则主要根据总则提出的立法目的和基本原则，分编或分章展开解决问题的具体条款。

《土地管理法》可以归属为经济法部门，我国2019年修改的《土地管理法》共八章，立法体例分为总则分则结构。第一章“总则”规定了土地的社会主义公有制、土地用途管制等基本制度，以及全面规划，严格管理，保护、开发土地资源等基本原则；第二章“土地的所有权和使用权”则是在明晰《民法典》规定的土地权利的基础上，进一步规定国家所有和集体所有土地的权利的登记、确认、发放证书、转让等制度；第三章“土地利用总体规划”规定了土地规划的编制、审批、标准和修改等制度；第四章“耕地保护”和第五章“建设用地”分别从两种不同土地使用类型对土地使用的管理进行了具体规定；第六章“监督检查”规定了土地行政主管部门的职权、职责和履职程序；第七章“法律责任”通过将假定发生的各种行为模式科以责任，对一定事实状态赋予一种确定的具体后果的各种指示和规定；第八章“附则”是附在法律、法规后面的规则，是法的整体中作为总则和分则辅助性内容而存在的一个组成部分，主要规定文件的生效时间、解释权和修改权的归属等问题。

《土地管理法》关于农村土地承包的条款不多，农村土地承包主要在《农村土地承包法》中规定，该法对农村宅基地进行了专门规定，补充了《土地管理法》中一些不明晰的地方。如根据《土地管理法》第2条的规定，土地属国家和集体所有，禁止任何单位和个人买卖土地，但土地的使用权可以依法转让。那么，城镇居民到底能不能到农村买地呢？有人说肯定不能，这个回答过于绝对了。其实，有一些类型的土地，是可以合法交易的，比如以下这三类土地：四荒地及其他未利用土地、农村里的国有土地、农村集体经营性建设用地。还有，2002年的《农村土地承包法》规定，耕地的承包期为30年。2018年第二次修正《农村土地承包法》时规定，耕地承包期届满后再延长30年。《民法典》把“三权分置”法律制度中有关物权制度规定到物权编之中。

我国的《农村土地承包法》对原来法律规定的转包、出租、互换、转让等方式进行了具体细化，完善了农村土地承包权流转的规定。该法体现了以人为本的精神，充分尊重农民的自主性，相信农民能够从自身利益最大化的角度理性地处分自己的财产，这是立法精神的巨大进步。毕竟《土地管理法》规定的土地使用权不得用于非农建设其立法本意旨在维持农业用地的数量，保证农民的生存之本和粮食供应。同时，《土地管理法》与《农村土地承包法》的调整范围还有所不同，如农村宅基地的管理，主要是在《土地管理法》中进行规定的。宅基地是建设用地，除了个别试点地区明确放开农村宅基地流转外，城镇居民购买农村宅基地是明令禁止的。2016年9月，《北京市人民政府关于进一步推进户籍制度改革的实施意见》正式出台，取消农业户口和非农业户口性质区分，统一登记为居民户口。居民制度不是剥夺农民的财产，而是给予农民平等的身份、平等的待遇。居民户口强调在国土范围内，都是平等的身份。2017年《中共中央国务院关于深入推进农业供给侧结构性改革加快培育农业农村发展新动能的若干意见》提出，允许地方多渠道筹集资金，按规定用于村集体对进城落户农民自愿退出承包地、宅基地的补偿。允许通过村庄整治、宅基地整理等节约的建设用地采取入股、联营等方式，重点支持乡村休闲旅游养老等产业和农村三产融合发展。这意味着城市居民可以在农村通过各种方式进行合作建房，开展乡村休闲旅游养老和农村三产融合发展。这也意味着首次允许将农村集体土地用于农业以外的旅游休闲等第三产业。相应地，土地相关法律或将面临修改调整。不过，这种放开是有限度的，农村土地还不能进行房地产开发或建私人庄园会所等。

二、土地利用的司法案例分析

当前，中国农村城市化更多的是土地的城市化，而不是农民居住环境的城市化，城市化期间，农村土地资源被重新配置，如何在此过程中保障农民的土地权益，已经成为环境立法和司法的焦点问题。下面以广西壮族自治区阳朔县人民法院审理的莫A等诉诸葛某承包地征收补偿费用分配一审案为例，阐述司法实践中法官懂得“人法地”天理人情的重要性。

［案例5-1］在广西壮族自治区阳朔县人民法院审理的莫A等诉诸葛某承包地征收补偿费用分配一审案中，被告诸葛某与原告莫A、莫B系母女关系。1981年农村实行家庭联产承包责任制时，二原告、被告及二原告的父亲莫G、祖父莫F、哥哥莫D、姐姐莫C和莫E一家共8口人承包本村五组集体水田12.8亩，旱地3.6亩。1983年二原告的祖父去世，1986年莫E出嫁。1990年，在二原告的父亲莫G与母亲诸葛某主持下，对原大家庭进行了分家，共分为二户。土地、果树等均分，被告诸葛某与莫C、莫A为一户，莫G与莫D、莫B为一户。分家不久，因原告莫B年幼，生活不便，要求跟随母亲即被告诸葛某生活。1996年原告莫B幼师毕业后被分配到阳朔镇小学当民办教师，户口随工作迁入阳朔镇小学。1999年第二次土地延包后，属于莫C份额的水田1.6亩因其农转非被集体收回，属于原告莫B份额的土地没有被集体收回。调整后，二原告与被告诸葛某为一户，共分得集体承包土地水田5.6亩，旱地1.8亩。莫G与莫D为一户，亦分得水田5.6亩，旱地1.8亩。2007年莫G去世。2010年8月26日，阳朔县人民政府因建设新城区的需要，征用了被告承包的集体土地11.472 8亩，其中水田7.932 4亩，旱地3.540 4亩。共获得土地补偿、安置补助费和奖励共67.724 637万元，青苗补偿费及奖励共6.427 415万元。选择返还安置地306.9平方米后，被告共获得各种补偿共计60.384 692万元。原、被告双方在协商分配事宜时发生纠纷，为此诉至法院。

阳朔县人民法院一审认为，阳朔新城区征地时，征地拆迁工作组在发放土地征收补偿款时，已直接将补偿款全额发放到了户主名下，该户所在集体经济组织对此并未提出异议，亦无其他案外人提出异议，确认此款为该家庭户的共有财产。原告诉请判令被告给付土地征收补偿款，于法有据部分，应予支持。同时对被告辩称原告莫A丧失了本组集体经济组织成员资格，丧失了承包经营权，以及认为原告莫B已农转非，无权参加本组土地征收补偿款分配的意见，不予采纳。关于原告要求分配土地征收补偿款，但该土地征收补偿款中包含奖励以及青苗补偿费，原告是否能参加分配的问题，因政府征收的集体土地，是以户为单位征收，在征收过程中，只是以户主为代表签订相关协议，而不是户主的个人行为，配合工作的奖金应视为家庭户的共同收益，因此，对原告请求分配土地征收补偿款中的奖励的意见，予以支持。根据《土地管理法实施条例》的规定，地上附着物及青苗补偿费归地上附着物及青苗的所有者所有。二原告没有在被告户生产生活，也没有参加管理耕种土地，因此，二原告不能参与青苗补偿费及奖励的分配。本案中，政府依法征收被告诸葛某家庭户集体土地11.728亩，被告诸葛某家庭户获得各种征地补偿、补助和奖励总额人民币60.384 692万元。其中，青苗及地上附着物补偿费和奖励为6.427 415万元，扣除青苗及地上附着物补偿费和奖励，余款53.957 277万元应作为家庭共有财产进行分配。同样地，二原告与莫D同是家庭成员，莫D户被政府征用土地21.458 1亩，获得各种征地补偿、补助和奖励总额人民币116.997 26万元。其中，青苗及地上附着物补偿费和奖励为15.272 604万元，扣除青苗及地上附着物补偿费和奖励，余款101.724 656万元亦应作为家庭共有财产进行分配。但在分配时，应综合20世纪80年代初实行家庭联产承包责任制时的家庭成员以及90年代土地延包后现有家庭成员数来确定分配份额。80年代初实行家庭联产承包责任制时，原、被告实有家庭成员即二原告、被告和原告的祖父莫F、父亲莫G、哥哥莫D、姐姐莫C及莫E共8人，1999年土地延包时家庭成员增加了莫D之妻张某英、女儿莫某萍、儿子莫某松共3人。1983年、2007年，二原告的祖父和父亲分别去世。因此，除二原告的祖父和父亲之外的上述9名家庭成员均享有按份分配家庭共有财产即被征收的集体土地所获土地补偿款及奖励的权利。原告莫B和莫C虽然已农转非，但其作为家庭成员享有家庭共有财产分配的权利。而莫C在1999年第二次土地延包时被集体收回其份额的水田1.6亩，应当在莫C应得的份额中扣除该1.6亩水田的补偿款共计14.517 5万元。被告诸葛某户和莫D户扣除青苗补偿费后总计共领取土地补偿费155.681 933万元，按9人均分，每人应分得约17.297 993万元。莫C在应得份额17.297 993万元中应该减去14.517 5万元，剩余的2.780 493万元即莫C的份额。然后莫

C被扣除的部分即14.517 5万元再由其他8名家庭成员均分，即每份约1.814 688万元。那么，除莫C外其他8名家庭成员的人均份额是19.112 68万元。二原告可得38.225 36万元，因二原告只请求33万元，因此，超出请求部分视为二原告放弃权利。被告诸葛某户扣除青苗补偿款后共有53.957 277万元，给付二原告33万元后，尚可剩余20.957 277万元，并未少于诸葛某应得的份额，因此，二原告应得的33万元应由被告诸葛某予以返还[①]。

原审被告不服一审判决，提起上诉。桂林市中级人民法院经审理认为，《农村土地承包法》规定“家庭承包的承包方是本集体经济组织的农户”。因此，家庭联产承包责任制的承包人是农户，而不是某一个家庭成员。在阳朔县阳朔镇经营站备案的承包户主虽是诸葛某，但在上诉人名下还有承包人莫A、莫B和莫C。因此，1999年第二轮土地延包，上诉人诸葛某一户4人承包集体水田5.6亩、旱地1.8亩，而不是上诉人个人承包上述集体土地。本案不能割裂历史，因为第一轮承包土地有二被上诉人及莫C的份额。莫A农转非后，于2005年又非转农，其户口至今仍在矮山村。1987年莫C从民办教师转为公办教师后，户口即农转非。根据阳朔县人民政府相关文件要求，莫C承包的1.6亩水田已被生产队收回，并非上诉人所言莫C承包水田1.6亩，系莫G自愿给本村的莫某安耕种。虽然阳朔县人民政府相关文件要求将农转非人员承包地收归集体，但二被上诉人农转非前承包的水田及旱地至征地前仍未被生产队收回。因此，本着实事求是的原则，应公正公平处理本案纠纷，被上诉人莫B虽农转非，离开了矮山村，但其系被学校聘用的教师（聘用期为三年）。若莫B一旦遭解聘或不续聘，其后果是可想而知的。因此，莫B有资格参与分配征地补偿金及征地奖金。上诉人主张，二被上诉人已农转非，不是矮山村集体经济组织成员，没有资格参与分配征用承包田地补偿款的说法没有法律依据和事实依据，不予支持。1990年在诸葛某等人的主持下签订分家协议时，莫B的承包田地确实不在诸葛某户。但1991年经莫B父母协商，莫B随上诉人生活，莫B的承包田地份额也划归上诉人名下未变动过。因此，莫B应分得

① 广西壮族自治区阳朔县人民法院(2011)阳民初字第831号民事判决书。

的承包田地补偿款只能从上诉人处领取，而不是向莫D户索要。上诉人主张，分家时莫B的承包田地不在诸葛某户，由于上诉人的主张与本案事实不符，不予支持。由于上诉人在一、二轮承包时均为家庭成员，且为主要劳动力，一直经营管理承包田地并拓宽耕地面积，而涉案当事人承包户的承包证及登记表上均记载水田5.6亩、旱地1.8亩，因此，拓宽的超出上述承包证面积部分的征地费应归上诉人诸葛某所有，不应由二被上诉人及莫C分享。二被上诉人与诸葛某共同享有被征用水田5.6亩的补偿费为34.011 264万元，3人人均11.337 088万元。二被上诉人与诸葛某及案外人莫C共同享有被征用旱地1.8亩的补偿费为9.938 376万元，4人人均2.484 594万元。因此，二被上诉人莫B、莫A应分得的土地补偿费及奖励费共计27.643 364万元，此款项应由上诉人诸葛某返还给二被上诉人。由于1999年第二轮农村土地延包时，阳朔县人民政府已对莫D户与上诉人户分别发放了承包证，就本次征地补偿费而言，政府也是分户给付的，因此，一审判决将莫D户与上诉人户征地款合并按9人分配确有不当，应予以纠正。本案不是家庭财产分割，而是征地补偿款分配，故将一审法院确定的分家析产纠纷案由，更改为“承包地征收补偿费用分配纠纷”。依照《民事诉讼法》相关规定，判决变更广西壮族自治区阳朔县人民法院（2011）阳民初字第831号民事判决第一项，即将“被告诸葛某返还原告莫A、莫B土地补偿款及奖励共33万元”改判为“由上诉人诸葛某返还被上诉人莫A、莫B土地补偿款及奖励共计人民币27.643 364万元[①]。

三、村社户籍制度对土地法适用的影响

近年来，随着城镇化进程的不断加快，承包地征收补偿费用分配纠纷案件频发，请求分配主体类型复杂，认定是否具有土地征收补偿费分配资格已成为审判难点。本案在裁判过程中，主要考虑原告是否具有农村集体经济组织成员资格，被告以二原告农转非、有稳定收入、对承包地未尽耕种管理义务为由，拒绝分配土地补偿款的行为违反了相关法律规定，其行

① 广西壮族自治区桂林市中级人民法院(2012)桂市民一终字第343号民事判决书。

为侵害了原告的合法权益。该案的公正裁判对于法院处理此类纠纷具有一定的示范性价值。

（一）参与承包地征收补偿费用分配的法律依据

《最高人民法院关于审理涉及农村土地承包纠纷案件适用法律问题的解释》规定："农村集体经济组织或者村民委员会、村民小组，可以依照法律规定的民主议定程序，决定在本集体经济组织内部分配已经收到的土地补偿费。征地补偿安置方案确定时已经具有本集体经济组织成员资格的人，请求支付相应份额的，应予支持。"该解释与原《物权法》第59条第1款规定的"农民集体所有的不动产和动产，属于本集体成员集体所有"立法精神是一致的。农村集体土地所有权属集体经济组织成员共同所有，土地征收补偿费的性质就是对集体经济组织成员丧失农村集体土地所有权的补偿，那么，补偿费的受益主体应是集体经济组织内部的全体成员。据此，能否参与土地征收补偿费用的分配取决于是否具有集体经济组织成员资格。

（二）集体经济组织成员资格认定的根本要件

对农村集体经济组织成员资格的法律界定目前尚不明确，司法实践中，各地以出台地方性法规或会议纪要的形式界定农村集体经济组织成员资格，认定标准存在很大差异，主要有以下三种：一是以户籍是否在本集体经济组织作为界定标准，二是以户口和当事人生活基础为考虑因素，三是以农业户口、在本村长期居住、享有本村村民权利和承担本村村民义务为综合考虑因素。第一种认定标准过于单一，"一刀切"的方式无法保证公平。在农村大量劳动力向城市和非农业领域流动的背景下，倘若因户籍外迁便剥夺其集体经济组织成员资格，则不利于对农民权益的保护和经济的发展。此外，还有些"空挂户"，在本村并未履行任何义务，亦不以土地作为其生活来源，但能享受与本集体经济组织其他成员同等的待遇，这势必对其他成员不公。第二种认定标准主要是指依法取得本集体经济组织所在地常住农业户口，并在本集体经济组织内生产生活的人。但在社会实践中，存在长期在本村生活但没有本村户口的群体，如户口未迁入嫁入地的妇女，以及具有本村户口但长期不在本村生活的群体，如长期在外务工的农民。依照这一认定标准，无法保护这类群体的集体经济利益。第三种认定标准，综合考虑了各种因素，较第一、第二种认定标准较为科学，但承包地征收补偿款是对失去土地的农民的一种补偿，不应当以是否履行村民义务作为其中之一的考虑因素。

农村集体经济组织成员的生存主要依附于土地，而是否取得土地承包经营权又与身份密切相关。享有集体经济组织成员资格之所以重要，最根本的原因在于能够依赖本村土地作为其生活的基本保障。因此，集体经济组织成员资格的享有与对土地的依赖有根本性的联系，户口不在本集体、本人不在本集体长期生产生活、对承包地未尽管理耕种义务均不应当作为否定其集体经济组织成员资格的理由，是否依赖土地作为其生活保障才是认定集体经济组织成员资格的根本要件。只要不符合《农村土地承包法》规定的承包权合理收回的情形，且本集体经济组织的土地为其提供最基本的生存保障，其就是本集体经济组织成员。本案二原告参与了第一轮土地承包，第二轮延包时集体并未收回其承包地。二原告不是国家机关、事业单位等正式在编人员，虽然二原告是依靠国家和地方财政支付工资或纳入城镇职工社会保障体系且有稳定性收入作为基本生活保障的人员，但他们仍然需要以本集体土地作为基本生活保障，因此，二原告具有原村集体的成员资格，理应分得征地补偿款。

将家庭与土地结合起来，是中国传统农耕、宗法文化的一种体现。这种文化也使我们将土地比喻为养育我们的父母，热爱乡土，喜欢叶落归根。这种文化与西方农村文化是不同的，西方国家以个人为本位，夫妻、父母、兄弟之间的财产关系是契约性的关系，人与土地、森林等资源是物权性的关系，所以西方人喜欢闯荡四方。我们不仅应该从上述案件中看到家庭成员之间的财产纠纷，更应该思考背后的文化因素。也就是说，土地在中国人眼中不仅是“物”或“财产”，还是我们世世代代生活的环境和资源，是我们的家园。所以，该案例不仅是简单的民事法律关系，还蕴含着中国农村城镇化过程中的文化改变问题，需要结合环境法等进行思考。

四、《土地管理法》的生态环境法特点

农村土地可分为耕地、荒地、宅基地、墓地等不同种类。在耕地管理方面，自农村实施土地承包经营以来，耕地产权基本固定。在宅基地管理方面，农村住房建设由于没有规划，一些村民以祖传宅基地为基础在周边乱搭乱建，使得个别村落布局杂乱，邻里之间因排水、采光、地基等时常产生纠纷。至于墓地管理，更是依照习俗处理。安葬家族长辈的荒地被默认为该家族的祖坟，具有很强的风水观念，是不允许其他家族来安葬死人的。广西荔浦县人民法院审理的一则案件，就很有说服力。

[案例5-2]2012年4月21日，唐A、唐B、唐C、唐D、唐E、唐F、唐G、邱某某8名原告将位于新坪镇开发区内的五穴祖墓迁葬到新坪镇兴坪社区吴家厂屯白岩山脚邱某某继母吴某某的自留荒坡地头(注:原告邱某某自小随生母嫁至荔浦县荔城镇，与已故生父唐某某所在的荔浦县新坪镇系不同的镇)。2012年4月19日，被告所在的吴家厂屯村民小组有村民发现原告欲迁葬祖坟，认为原告葬坟地为其村民小组的水田，双方为此发生纠纷。后经村委会调解，原告同意将祖坟往路边移，被告认为只要不占用吴家厂屯村民小组的水田就可以，但双方无协商一致的协议。同年4月21日原告将祖坟迁葬好。吴家厂屯村民小组的村民认为原告葬祖地方继续占用其水田。同年4月22日早晨，包括4名被告吴A、吴B、吴C、吴D在内的吴家厂屯村民小组的多名村民用锄头、刮子、钢钎等将原告已安葬好的五穴祖坟破坏，致使五穴祖坟的坟帽被推翻，坟手、坟体部分水泥面及拜台基子的水泥砖被撬开。原、被告因此发生纠纷，8名原告为此诉至法院。

荔浦县人民法院经审理认为:安葬好祖坟是对死者的尊重，祭拜祖坟是我国的优良道德传统。祖坟作为活着的亲人追思先辈的重要场所，是一种特殊性财产，其权利主体是特定的，即死者活着的后代。本案的纠纷不是因争坟地、争风水等引发的葬坟纠纷，而是对已安葬好的

祖墓这一特殊财产实施侵权产生的纠纷，因此权利主体有权主张赔偿，案件属于人民法院民事管辖范畴。依据原告祖坟被损坏的实际情况，确定修复祖坟需要的费用主要包括水泥1260元、砖块1020元，合计2280元。对原告诉请的材料运输费5990元、修墓工钱1000元，由于此二项费用除了用于修复损坏的祖坟外，还用于其他项目支出，酌情支持请求数额的70%，即4893元。对原告诉请的购买金坛440元及捡骨灰880元，因被告的侵权行为并未对此造成损害，不予支持。对原告诉请要求赔偿修墓各户投入工日工钱9600元，因未能提供证据证实，不予支持。综上所述，原告所受损失为7173元。本案纠纷因被告对原告安葬祖坟所占用地有异议而引起，双方本应协商合理解决。原告在未协商好的情况下擅自安葬祖坟，对纠纷的发生有一定的过错。被告本应通过正当合法的途径进行维权，事实上却对原告已安葬好的祖坟进行了损坏，其主观上有过错，应承担相应的侵权责任。综合本案发生的起因及经过，原、被告双方在本案中承担同等的民事责任较为适宜。此外，被告故意损坏原告祖坟的行为，对原告的名声必定会造成一定的影响，原告诉请被告赔偿精神抚慰金，应予以支持，但原告诉请20 000元的数额偏高。综合纠纷发生的原因、经过、损害程度及社会和谐稳定等因素，原告诉请的精神抚慰金数额调整为2000元更为适宜。至于被告辩称，事发当时吴家厂屯村民小组有二三十人参与损坏祖坟，而不仅仅是4名被告，从荔浦县公安局新坪派出所的询问笔录、村委会调解情况以及镇政府协调时的调查记录来看，均反映出4名被告作为主要成员参与其中，因此，原告以4名被告为义务主体主张权利并无不当①。

原审被告吴A、吴B、吴C、吴D不服一审判决，提起上诉。桂林市中级人民法院经审理认为：祖坟作为追思先辈的最重要的场所，不仅是葬坟的后辈追忆先祖、寄托哀思的物质载体，也是死者后辈葬坟者拥有财产所有权和处分权的特殊类型的财产。广西壮族自治区高级人民法院桂高法（2003）180号文《关于当前暂不受理几类案件的通知》第13条规定，葬坟纠纷案件包括因争坟地、争风水等引发的各种纠纷案件。此类

① 广西壮族自治区荔浦县人民法院（2012）荔民初字第1366号民事判决书。

案件暂不受理，主要是为了将在葬坟过程中因争坟地、争风水等封建迷信思想而引发的纠纷案件排除在法院的审理范围之外。而在本案中，双方当事人的纠纷与争坟地、争风水等封建迷信思想无涉，本案双方当事人争议的涉案标的物是已经安葬好的祖坟，其财产的物质形态已经固定。在被上诉人唐A、唐B、唐C、唐D、唐E、唐F、唐G、邱某某将祖坟迁葬好后，上诉人吴A、吴B、吴C、吴D再加以破坏，已构成对他人财产的损害。一审法院对被上诉人提起的财产损害赔偿诉讼予以立案受理并无不当，应予以支持。

关于被上诉人是否有权使用涉案土地葬坟的问题。上诉人主张被上诉人迁葬祖坟的用地是上诉人所在村民小组发包给被上诉人邱某某继母吴某某使用的水田，邱某某的生父唐某某去世前系吴某某的丈夫，根据我国农村承包到户的土地政策，一审判决将涉案葬坟用地认定为唐某某生前使用并无不当。上诉人提出葬坟地是水田，被上诉人则认为是荒地，从双方提供的现场照片看，本案争议的葬坟所在地周围均系荒地或稀疏林地，上诉人在本案中提供的证据并不能证实其主张，法院不予支持。被上诉人表示，其迁葬祖坟的行为已征得土地使用权人吴某某的同意，但本案中，被上诉人除征得土地使用权人同意外，还应征得土地所有权人同意。被上诉人在未征得上诉人所在村集体同意的情况下的葬祖行为引起了争议，引发了上诉人损坏被上诉人祖坟的侵权行为，造成被上诉人的财产损失。双方的行为均有过错，均应承担相应的民事责任。一审法院判决双方在本案中承担同等的民事责任并无不妥，应予以支持①。

本案关键之一是首先要确认案件的性质到底是葬坟纠纷，还是财产损害赔偿纠纷。若属于葬坟纠纷，法院应当裁定驳回原告的起诉；若属于财产损害赔偿纠纷，则应依法进行审理和裁判。根据广西壮族自治区高级人民法院桂高法（2003）180号文《关于当前暂不受理几类案件的通知》第13条的规定，葬坟纠纷案件包括因争坟地、争风水等引发的各种纠纷案

① 广西壮族自治区桂林市中级人民法院(2013)桂市民一终字第395号民事判决书。

件，即法院暂不受理的葬坟纠纷案件主要是指在葬坟过程中因争坟地、争风水等封建迷信思想而引发的纠纷案件。本案双方当事人争议的只是葬坟用地的使用权以及对已安葬好的祖坟实施损坏的有关赔偿的问题，争议内容并没有涉及争坟地、争风水等封建迷信思想，法院将案件性质定为财产损害赔偿纠纷来进行审理和裁判是正确的。

本案关键之二是要解决有关精神损害赔偿的问题。坟墓作为埋葬死者遗体、遗骨（骨灰）等的特殊场所，既是人们祭祀先人、寄托哀思的精神载体，又是一种不同于其他物质性财产的特殊财产。活着的后人对已故先人的坟墓进行符合法律规定的修建与维护是为了让家族更好地享受尊重和尊严，而死者的人格利益也在一定程度上通过坟墓等形式转移到了其近亲属身上，任何对死者遗骨、遗体的侵害都必定会对其近亲属造成一定的精神损害。《最高人民法院关于确定民事侵权精神损害赔偿责任若干问题的解释》第3条规定："自然人死亡后，其近亲属因下列侵权行为遭受精神痛苦，向人民法院起诉请求赔偿精神损害的，人民法院应当依法予以受理：……非法利用、损害遗体、遗骨，或者以违反社会公共利益、社会公德的其他方式侵害遗体、遗骨。"[①]损坏坟墓是对入葬死者遗体、遗骨的不尊重，势必会伤害死者后人的感情和荣誉，让后人感到耻辱，造成后人一定程度的精神损害。因此，相关权利人在祖坟受到损坏后主张侵害方给予精神损害赔偿的请求应依法予以支持。

本案在实际裁判过程中，主要考虑原告迁葬祖坟的行为没有征得土地所有权人的同意，其行为侵犯被告所在村集体的利益在先，被告损坏原告祖坟的侵权行为在后，双方均存在过错，对造成的物质损失均应承担相应的民事责任。最后法院判决双方在本案中承担同等的民事责任符合案件的实际情况，该案的公正裁判对于法院处理此类纠纷具有一定的示范性价值。

---

① 本案判决时适用的是《最高人民法院关于确定民事侵权精神损害赔偿责任若干问题的解释》修正前的相关规定，此条现被改为："死者的姓名、肖像、名誉、荣誉、隐私、遗体、遗骨等受到侵害，其近亲属向人民法院提起诉讼请求精神损害赔偿的，人民法院应当依法予以支持。"

这里提到了一个很重要的法律概念，也就是环境权。环境权具有很强的精神因素，在这个案件中，被告之所以不允许原告在该村修建坟墓，很重要的一个因素就是精神上的排斥。关于权利的本质，西方法理学中有意思说、利益说、意思力说、法力说等各种学说。主张意思说的有德国著名法学家萨维尼、温德沙伊德。温德沙伊德认为，权利乃是法律制度所赋予的意思力或意思支配。耶林倡导权利的本质是利益。意思力说的创立人是雷格尔贝格，该说认为权利乃依意思力而实现的利益，或称权利乃为因实现特定利益而具有的意思力。提出法力说的是德国法学家梅克尔。该说认为权利之本质为对特定的利益赋予法律上之力，权利是由“特定利益”和“法律上之力”两个因素构成的。西方的这些学者，将法律视为理性的产物，他们对权利的界定都比较理性，忽视感性因素。而对于中国人来说，很多权利主张都是情感性的，如环境的舒适性，景观的优美和可欣赏性等，主张的都是一种精神性环境权利。

这就说明环境权存在的理论依据不仅是西方法理学中的意思说、利益说等，更是一种文化现象。环境权的本质特性是其主观性，对主观性的权利需要运用文化的方法来阐释。联合国《人类环境宣言》第1条规定，人类有权在一种能够过尊严的和福利的生活环境中，享有自由、平等和充足的生活条件的基本权利，并且负有保证和改善这一代和世世代代的环境的庄严责任。其中“过尊严的和福利的生活”就是一种文化标准。美国《国家环境政策法》第101条讲到了需要确保所有美国人享有安全、健康、富饶及文化和艺术方面都令人愉快的环境，“文化和艺术方面都令人愉快的环境”也说明环境权内容的精神性。

在本案中，还隐含着一种法律关系，就是原告是否对村集体的环境权造成了损害。由于我们习惯于将土地、墓地等因素视为“物”，忽视了其中的精神因素，或者将争坟地的案件视为封建的争风水问题，容易造成法官拒绝裁判此类涉及环境纠纷的案件。本案法官合理合法地解决了当事人之间的损坏坟墓纠纷，但并没将此案归于环境纠纷，这说明环境权作为一个法理或法律上的概念还不固定，需要公众去推动其入法。

第三节 土壤污染的案例教学分析

为了实现对土地的可持续开发，需要防治土壤污染。土壤是指陆地表面具有肥力、能够生长植物的疏松表层。土壤不但为植物生长提供机械支撑能力，而且能为植物生长发育提供所需要的水、肥、气、热等肥力要素。由于人口急剧增长，工业迅猛发展的过程中出现了土壤污染。土壤污染物不仅能降低作物产量和质量，还会通过粮食、蔬菜、水果等间接影响人体健康，这就产生了土壤污染的立法和司法问题。本节内容将以常州毒地案导入，通过比较分析美国《超级基金法》的立法和司法情况，让学生以立法主体或司法主体的角色思考我国土壤污染防治的法律规制情况。

一、我国的土壤污染案例分析

[案例5-3]2016年，江苏常州市某私立学校数百名学生集体检查出皮炎、湿疹、支气管炎、血液指标异常、白细胞减少等。学校附近正在进行土壤修复施工的"毒地"成为学生家长怀疑的对象，此地曾先后被三家化工企业使用。2016年4月29日，北京市朝阳区自然之友环境研究所和中国生物多样性保护与绿色发展基金会对造成污染的三家化工企业提起公益诉讼，要求三家公司对被污染的土壤和地下水进行修复，承担修复费用，并向公众赔礼道歉。

然而，由于当时我国还没有制定土壤污染的专门法律，该案一审判决驳回了原告的诉讼请求，并且要求原告承担189万余元的案件受理费。一审判决引用的法律依据，是环保部2008年发布的《关于加强土壤污染防治工作的意见》。该文件第（八）项规定："造成污染的单位已经终止，或者由于历史等原因确实不能确定造成污染的单位或者个人的，被污染的土壤或者地下水，由有关人民政府依法负责修复和治理；该单位享有的土地使用权依法转让的，由土地使用权受让人负责修复和治理。有关当事人另有约定的，从其约定；但是不得免除当事人的污染防治责任。”一审判决的分析理由是：既然政府已经收储该“毒地”（对应前述规定中的“由土地使用权受让人负责修复和治理”），且政府已经开始了“毒地”的应急处置和环境修复，被告无法取代政府的环境修复责任，所以不支持原告的诉讼请求。

2018年8月31日，十三届全国人大常委会五次会议全票通过了《土壤污染防治法》。在《土壤污染防治法》颁布后，原告提起了上诉。但由于立法对土壤污染责任的追责规定还不清晰，法律适用还存在很多难点。《土壤污染防治法》第71条第2款规定：“对本法实施之前产生的，并且土壤污染责任人无法认定的污染地块，土地使用权人实际承担土壤污染风险管控和修复的，可以申请土壤污染防治基金，集中用于土壤污染风险管控和修复。”《土壤污染防治法》第68条规定：“土地使用权已经被地方人民政府收回，土壤污染责任人为原土地使用权人的，由地方人民政府组织实施土壤污染风险管控和修复。”在常州“毒地”案中，二审判决书花了相当长的篇幅来描述政府收储后对土地的调查评估及修复过程，详细阐述了被告不负担修复和治理费用的判决理由。二审法院认为，被告应当承担环境污染侵权的法律责任，但政府已经在开展修复和治理了，因此没有判决被告再另行组织实施污染场地修复治理的必要性。同时，原告要求被告承担地方政府支出的污染治理费用的诉讼请求，超出了环境公益诉讼的请求范围，因此作出驳回两个环保组织的其他诉讼请求的终审判决[①]。

综上，在常州“毒地”案中，法院并没有依据《土壤污染防治法》进行审理裁决，立法和司法还不能有效衔连。

二、美国的土壤污染类案分析

1980年美国国会通过了《综合环境反应、赔偿和责任法》，该法案因其中的环保超级基金而闻名，因此，通常又被称为《超级基金法》。该法案的制定体现了美国立法决策机构精心的调研准备。调研对象是一些“棕

① 江苏省高级人民法院(2017)苏民终232号民事判决书。

色地块”。所谓“棕色地块”，就是一些污染地域。20世纪下半叶，美国社会发生了深刻的变革，经济和工作重心经历了从城市到郊区、由北向南、由东向西的转移，许多企业在搬迁后留下了大量的“棕色地块”，具体包括工业用地、汽车加油站、废弃的库房、废弃的可能含有铅或石棉的居住建筑物等，这些区域在不同程度上被工业废物所污染，这些污染地点的土壤和水体的有害物质含量较高，对人体健康和生态环境造成了严重威胁。1978年“爱河事件”引发的公众游行示威引起了州政府和联邦的关注。以“爱河事件”为契机，当时的美国总统卡特颁布了具有划时代意义的《综合环境反应、赔偿和责任法》，创立了超级基金。

[**案例5-4**]“爱河事件”是发生在美国纽约州尼亚加拉瀑布城的一起化学污染泄漏事件。1836年，纽约政府就计划在伊利湖和安大略湖之间建造一条运河以沟通两大水系，1892年威廉·乐福获得开通运河的相应许可，1894年5月这条运河正式开始动工，并且被冠以乐福先生的姓氏(Love，意为爱)，因此被称为爱河，然而，不久之后美国进入了一场经济危机，投资人撤回了他们的资金，这条尚且在挖掘之中的运河也就随之不了了之。运河的底部是防水的衬底，因而可以用来堆放化工生产的废弃物。虎克电化学公司看中了这块地方。根据后来的估计，在1943年至1953年间，虎克电化学公司大约将两万吨的化学物质废料封存入铁桶中，放入爱河，之后又用泥土封住了运河的顶部。1953年，虎克电化学公司将这块大约6.5万平方米的地方出售给了尼亚加拉城的教育委员会，同时还在协议中指出，这一地区存放有化学品生产过程中的废弃物。1950年前后就有居民发现该地区时常有奇怪的气味，只不过人们大多将其归咎于附近的化工厂，没有过多地考虑地底下所埋藏的废料。1978年，纽约州环保部门开始介入调查，他们的调查结果显示，爱河地区确实存在危害人类健康和生活质量的化学物质。“爱河事件”后，1980年美国国会通过了《综合环境反应、赔偿和责任法》，该法案因其中的环保超级基金而闻名，因此，通常被称为《超级基金法》。

《超级基金法》赋予美国环保局“绝对”权力，可以确认危险排放物的责任方并强制他们清理污染场所，或者自己动用超级基金（一种信托基金）清理后将案件转交司法部门追偿潜在责任方的法律责任。同时，美国环保局还可以向多个污染责任方的任何一方提起全额赔偿要求。《超级基金法》规定了两种污染问题的回应措施：第一，清除行动。清除行动是一种应急处理机制，可以分为突发事件、受时间限制的行动和不受时间限制的行动。清除行动通常针对局部的环境风险展开，如含有危险物质的弃桶、对人体健康或环境构成极大风险的表层污染土壤等。第二，修复行动。相对于清除行动，修复行动通常是指长期的反应行动。修复行动将永久和显著地减少因危险物质释放或释放威胁构成的风险。尽管修复行动涉及的环境风险比较严重，但是不像清除行动那样具有时间紧迫性。修复行动的措施包括阻止污染物的转移和有毒物质发生化学反应等。

环境法律责任主体是谁？按照《超级基金法》的规定，四类潜在责任方有可能需要为修复场地污染负责，分别为：该场地现在的所有者和经营者；危险物质、污染物或致污物在该场地上被处置时的场地所有者和经营者；安排将危险物质、污染物或致污物在该场地处置的人；将危险物质、污染物或致污物运送至该场地的人，且是由该运输者选择了该场地处置危险废物、污染物或致污物。

《超级基金法》不仅将危险物质排放（或将要排放）时场地的业主或使用人以及危险物质的排放者纳入环境污染赔偿有关责任方的范围，而且也包括了该场地现在的业主或使用人。更重要的是，《超级基金法》打破了学术界和司法界多年不变的法不溯及既往原则，建立了“严格、连带和具有溯及力”的环境污染法律责任制度。按照《超级基金法》，此前的许多污染行为即使当时是合法的，也应依法承担污染物清理或环境修复的法律责任；责任人之间是无限连带责任，可以只针对其中一个或几个实力雄厚的潜在责任人提起追偿诉讼。美国环保局具有对潜在责任方的无限期追溯权力。倘若需要修复的污染场地太多，应该从哪一块开始呢？《超级基金法》特别规定“脏中选脏”，基于降低健康风险的考虑，优先修复污染最严重的场地。具体而言，美国环保局依法构建了一套对污染场地进行风险评分的模型，对每个场地的污染水平进行赋值计算，当结果高于一定数值时则被纳入国家优先治理名录，立即进行治理修复①。

《超级基金法》主要是针对被废弃或已经被再开发的场地（“棕色地块”）的治理修复问题而制定的联邦法律。由于特殊历史原因，“棕色地块”的污染主体大多不复存在，难以追责。为此，《超级基金法》规定开发商、出让土地的地方政府应当承担治理“棕色地块”的连带法律责任。

美国超级基金的资金来源主要包括政府的拨款、向特定企业征收的环境税、联邦征收的普通税、基金运行的利息及向责任者追回的费用。尽管《超级基金法》授予总统作出反应的最高权限，但是总统又通过行政命令把这些职权委托给各部和各个官署。美国环保局就被授予了执行《超级基金法》的全面领导责任。美国环保局有权命令企业清除污染点，而且不必说明被命令清除的企业违反了什么法律，同时被命令的企业不一定是导致该地点化学物质污染的企业，美国环保局只要宣布该公司是“潜在的责任方”，该公司必须执行清除命令。美国环保局不需要说明清除是否必须，也不需要考虑成本问题，从而导致美国环保局在使用超级基金过程中权力很大。

美国《超级基金法》对于开发商责任的规定过于广泛和严厉，也阻碍了污染场地的再开发。1996年美国国会通过了《超级基金法》的修订案，对相关责任方进行了例外规定，即对造成污染的设施只是通过掌握其所有权标志而拥有担保物权的出租人，如果没有实际参与对该设施的经营管理和使用，则该种出租人不应被视为相关责任方和使用人。同时在修订案中还增加了有关设施的信托人对以信托人身份保管该设施期间发生的污染应承担法律责任的规定，只是该种责任应以其实际保管的财产价值为限。

2002年，美国颁布了《棕色地块法》，将污染责任和现在的开发商分开，再通过折价，让开发商有获利的空间，从而促使社会资本介入“棕色地块”的修复。根据《超级基金法》，对一般污染物和危险污染物处理的关键不同点是，清除一般污染物不能采取单方面的行政命令，而处理危险

① 沈慧.看美国《超级基金法》经验：历史遗留污染场地如何治理[N].经济日报，2015-03-24(14).

污染物则可以。

我国在《土壤污染防治法》颁布实施以前，国内现有的固体废物污染环境等法律和搬迁企业遗留场地开发模式都非常粗放，没有具体规定各利益相关方的责任，特别是污染者的治理责任没有得到体现。此外，各方对于开发涉及的责任和风险的意识非常淡薄。这种开发模式很可能在不久的将来导致各方之间的纠纷，妨碍污染场地的顺利开发。我国《环境影响评价法》明确规定，国务院有关部门、设区的市级以上地方人民政府及其有关部门，对其组织编制的土地利用的有关规划，应当在规划编制过程中组织进行环境影响评价。如果有证据证明相关行政部门在土地招拍挂过程中没有进行环境影响评价，依据《行政诉讼法》，相关权利人虽然可以起诉到司法部门追究相关行政部门渎职、不作为的责任，但由于缺乏类似美国超级基金制度的保障，将行政机构诉至法院的案件不多①。

三、我国《土壤污染防治法》的立法思路

土壤污染防治是随着城乡建设现代化的发展出现的新法律问题。在土壤污染防治立法之前，1995年八届全国人大常委会十六次会议通过了《固体废物污染环境防治法》，固体废物污染是人类生产和消费活动中所丢弃的固体和泥状物质引起的环境污染。固体废物污染与大气污染、水污染的不同之处在于固体废物自身便是污染物，所以固体废物污染主要指固体废物进入水体、大气等环境，造成环境污染后，直接或间接对人类以及环境要素产生影响和危害。《固体废物污染环境防治法》虽然对促进固体废物污染防治工作、加强固体废物的管理发挥了积极的作用，解决了表面上的环境清洁问题，但实质性的土壤、大气和水污染问题没有解决。

我国土壤污染形势严峻。中国水稻研究所与农业部稻米及制品质量监督检验测试中心2010年发布的《我国稻米质量安全现状及发展对策研究》称，我国1/5的耕地受到了重金属污染，其中镉污染的耕地涉及11个省25个地区。2016年中国环境科学研究院、环境保护部环境规划院等30余家

① 张伯晋.毒地建房，多少亟待厘清的法律关系[N].检察日报，2012-06-12(3).

单位参编的《中国土壤修复技术与市场发展研究报告（2016—2020）》指出，综合国内企业数量、搬迁污染调查及国外对比，我国的污染场地数量在100万至200万块。此外，我国废弃矿山的复垦率仅达10%，需要环境恢复与治理的废弃矿山面积约150万公顷。其中，重金属矿区占30%。这些年来，个别省份出产的稻米被查出镉超标，土壤污染已成为我国一些地方的“公害”，无论是在政府层面还是社会公众方面，对防治土壤污染的立法需求日益强烈。经过充分的调查研究，2012年11月环保部专门建立了土壤环境保护立法研究专家组，通过立法座谈会、专家论证会等方式形成了土壤环境保护法的专家建议稿[①]，2017年全国人大把《土壤污染防治法》列入了立法计划。

2018年制定的《土壤污染防治法》的立法体例为：第一章“总则”，第二章“规划、标准、普查和监测”，第三章“预防和保护”，第四章“风险管控和修复”，第五章“保障和监督”，第六章“法律责任”，第七章“附则”。第一章“总则”通过立法目的条款和土壤污染的概念界定，提出了土壤污染防治的法律问题，规定了坚持预防为主、保护优先、分类管理、风险管控、污染担责、公众参与的原则。由于《土壤污染防治法》涉及的主管部门和责任单位较多，而且又涉及事后生态修复问题，因此《土壤污染防治法》与《环境保护法》及其他污染防治法的立法体例和立法思路有所不同。《土壤污染防治法》从土壤污染防治规划制定，标准体系建设，土壤污染状况普查，土壤环境监测，土壤污染重点监管单位的行为规范，土壤污染风险管控和修复，土壤污染防治的财政、税收、价格、金融等经济政策多方面展开，体现了土壤污染防治从环境管理向环境治理的立法转变。

《土壤污染防治法》是我国首次制定的土壤污染防治的专门法律，自2019年1月1日施行以来，有效填补了我国污染防治立法的空白，完善了我国生态环境保护、污染防治的法律制度体系。当然，《土壤污染防治法》建立的土壤污染防治基金制度、责任制度还处于初创时期，在具体法律适用中还存在一些难题，毕竟土壤污染治理经费数额巨大，单单依靠土壤污

① 成希.土壤污染防治法预计3年内出台[N].南方日报，2013-05-24(A13).

染责任人或仅靠国家财政支持对土壤污染进行修复困难较大，这就需要完善土壤污染防治基金的资金筹集、管理和使用等配套保障机制和制度，促进法律的实施。

在常州“毒地”案中，《土壤污染防治法》就面临着对政府收储土地造成环境污染的责任认定难题。我国应通过制定《土壤污染防治法》实施细则或司法解释明晰政府收储土地的行为属性，通过建立政府环境质量担保责任制度厘清政府作为自然资源所有者与生态环境监管者的责任类型，保证法院在处理相似案件时有法可依。

第六章　水法的国内法教学案例

人法地、地法天，上一章学习了土地法，接下来我们就应该学习水法。为什么说人法地、地法天，这是因为田地的生命在于水。水是所有生命生存的重要资源，也是人类生命共同体最重要的组成部分。水资源和水环境能够持续支撑经济社会发展规模、维护生态系统良性发展的状态，二者相互联系、相互作用，形成了复杂、时变的水生态系统，需要法律保护。所以水法的课程设计分为水资源利用的立法和司法案例分析，以及水污染防治的立法和司法案例分析。

第一节　水法调整范围的演变

水乃生命之源，没有水也就没有了生命。中华民族几千年的文明起源于黄河、长江及其他河流，水孕育着一代代炎黄子孙，因此中国人对水有特殊的感情，形成了中华民族独特的“天人合一”的水文化情结和“地法天”的法律文化样态。

一、怎样理解“地法天”

人们依靠大地而生活劳作，繁衍生息，大地化育万物。考察一国一省一县一镇一村，可以知晓“地法天”的族群生存规律。如湖北素称“千湖之省”，众多的湖泊大都是古代云梦泽淤塞分割而成，集中分布于长江与江汉之间。一般认为历史上所讲的云梦泽大致是如今的江汉平原。有的学者认为，“云梦”与“云梦泽”是两个既有区别、又相互联系的地理概念，前者指春秋战国时期楚王游猎区，后者专指狩猎区中的湖泊。云梦范围比云梦泽大，它不仅包括平原，而且包括丘陵和山地。云梦泽只是这个著名狩猎区中的湖沼。云梦泽没有跨过长江，只限于荆江北岸江汉平原范围内。自先秦以后，荆江通过夏、涌、扬水等多汊分流分沙，以三角洲的形式向前推进，北部分流衰退，南部加强。直至唐宋时，云梦泽解体衰亡①。

因秦汉以前江汉平原的水利条件并不适合安居，这里的原住民不得不外迁。唐宋之后，当地的地理环境适合农耕，很多外地人迁入此地，外地移民移居江汉平原主要是因为那儿有大量可垦的荒地。多数新到者是战争难民或灾民，及从人口密度高的地方来的人，他们移入的主要目的是生存。元朝末年，湖广地区是红巾军与元朝军队以及朱元璋与陈友谅厮杀拉锯的主要战场。由于社会动荡，生灵涂炭，田畴荒芜，十室九空，人口随农民逃荒外省和大量死亡而急剧减少，加上官方允许“插标占地”，因此产生了历史上有名的“江西填湖广”的宏伟史诗。洪武初年至永乐十五年间有八次大规模的移民活动，其中，江西鄱阳瓦屑坝、山西洪洞大槐树、南京杨柳巷和客家人之源福建宁化并称为明代四大移民集散地，也是寻根之地。其中，中国约有两亿人的祖先是从江西鄱阳县（古为饶州）瓦屑坝出去的。明初移民时，官府在瓦屑坝设局驻员。饶州府各县移民沿乐安河、饶河到瓦屑坝集中，然后官府发放“川资”，编排船只，移民乘船驶出鄱阳湖到达湖口。然后溯长江而上，迁入湖广（今湖北、湖南两省），或顺长江而下，迁往安徽及其他省份。

明代对于无主土地确定了按先占原则归耕种者所有的制度，因战争荒废的江汉平原许多土地被视为无主土地而被移民所占。为了发展农业，促进土地开垦，明太祖在建立明朝的当年就宣布：凡在战乱中被废弃荒芜的土地，允许垦荒者占有开垦，即获得土地的所有权。如果原来的地主回来，由官府就近拨荒地抵充，不得从垦荒者手中夺回原有的土地。垦荒者只是承担归还坟墓、房屋给原主的义务。

在江汉平原诸州县中，河流湖泊众多，形成了含“口”“市”“庙”等字的集镇名称，以及含“垸”“湾”“嘴”等字的村落名称和保甲组织名

① 梅莉，张国雄，晏昌贵．两湖平原开发探源［M］．南昌：江西教育出版社，1995：136.

称。保甲制度是宋朝时期开始的带有军事管理性质的户籍管理制度。明朝中后期，地方官府不断通过清田、新编附籍里甲等手段，努力控制新垦垸田及垸民，对部分新垦垸田起科纳赋，或由河泊所“业户”转变为里甲户。清朝前期和中期，江汉平原诸州县渐次推行按田粮编排里甲的做法，按田归垸，按垸归乡，里甲遂得以落实。

因此，在中华法系传统法律文化中，从一个村落到一个国家的法律秩序建构，与身边的土地、水资源等生活环境密切相关，从而形成了“人法地、地法天”的生活方式和法律文化样态。

二、以文学作品导入对清洁水的生态认知

水本身是无色无味的，但在文学作品中，越是清澈的水越能映照出万物的千姿百态。《绿》是中国现代散文家朱自清于1924年2月所作的一篇写景散文，其中写道：“那溅着的水花，晶莹而多芒；远望去，像一朵朵小小的白梅，微雨似的纷纷落着。据说，这就是梅雨潭之所以得名了。”“西湖的波太明了，秦淮河的也太暗了。”①《桂林山水》是现代作家陈淼于1962年创作的一篇游记散文，其中写道：“漓江的水真清啊，清得可以看见江底的沙石；漓江的水真绿啊，绿得仿佛那是一块无瑕的翡翠。”②

笔者家乡江汉平原黄土坡村附近有个石家湖，是汉北河之北的湖泊，可以发挥蓄洪作用。汉北河是1969年至1970年天门河下游改道后的人工河，在武汉新沟注入汉江，在防洪抗旱方面发挥着重要作用。1979年以前，石家湖是与汉北河相通的，笔者所在的黄土坡村有汉北河旱田（山上）和石家湖水田，山上的谷物等通过船只运到村里打理，河道也是很畅通的。笔者就是喝着石家湖水长大的，现在仍然还记得那时的水是那样清，湖是那样美，天是那样蓝，火红的朝霞、落日的余晖在水面铺成的五颜六色的光带是那样动人心弦。笔者小时候的趣事是在湖泊里游泳，或与

① 朱自清，邢有生．朱自清经典［M］．沈阳：万卷出版公司，2016：8-9.

② 课程教材研究所，小学语文课程教材研究开发中心．义务教育课程标准实验教科书语文四年级下册［M］．北京：人民教育出版社，2004：6.

同伴们打水仗。那时我国农村还是人民公社时期，农民参加集体劳动。石家湖当时属于国营渔场，每到渔场捕鱼的时候，湖面上上百只木船撒网捞鱼，场面非常壮观。不过，我们一直认为石家湖是“我们的”而不是“渔场的”。因为村里人在湖里挑水吃，还用抽水机从石家湖抽水灌溉。20世纪80年代农村改革开放实行家庭联产承包责任制后，农民的生产积极性被调动起来，粮食也充足了。可石家湖也被渔场圈成一个个池塘承包下去，石家湖面积越来越小，湖水逐渐被污染，且与汉北河切断了防洪的通道。人们对石家湖的感觉，也开始发生了变化，水事纠纷也多了起来。

生活中经常碰到这样的案例，渔民将湖泊圈成一个个池塘，周边农民也围湖造田，农民和渔民开始产生纠纷。渔民开始用饲料养鱼，农民也用农药杀虫，农民到河里捞野草肥田的情况不多了。甚至有一些农民在湖泊水源区域洗衣服和农药器皿，由于环境意识没跟上，只知道这对人们的身体健康不利，却不知道这是违法的行为。

三、水法的广义与狭义界定

《水污染防治法》从1984年颁布，到1996年第一次修正，再到2008年修订和2017年第二次修正，这33年的历程是我国立法工作的一个缩影。改革开放以后，我国国民经济迅速发展，但是一段时间以来，水污染案件也频频发生。如2004年四川沱江水污染事件、2005年广东北江水污染事件、2006年湖南湘江水污染事件、2007年太湖蓝藻水污染事件、2012年广西柳江镉污染事件、2013年广西贺江水污染事件和上海黄浦江死猪事件等。如果没有《水污染防治法》的保护，水污染的状况将会更加严重。我们的水环境可能要比现在差得多，我们喝的水可能要比现在脏得多。所以说，水污染防治立法功不可没。

同时，水生态安全的法律保护不仅应该强化水污染防治立法和司法，还要强化水资源的合理开发和节约利用。在调整水资源开发利用关系的基本法律方面，1988年我国颁布了《水法》，2002年对《水法》进行了修订，并于2009年和2016年分别对《水法》进行了两次修正。《水法》的内容包括“总则”“水资源规划”“水资源开发利用”“水资源、水域和水工程的保护”“水资源配置和节约使用”“水事纠纷处理与执法监督检查”“法律责任”“附则”，共8章82条。

1988年《水法》是一部狭义的水法，主要是关于水利工作的规定，确立了水量分配制度。“民以食为天”，人要吃粮食，第一重要的就是水。水不仅要用于饮用，而且要用来浇灌农作物。从历史上讲，中国是个农耕社会，水行政在管理中占有重要地位。目前，我国在水资源管理上已经全面实施了取水许可制度。以黄河流域为例，黄河流经的省份每年会上报用水计划，都会分到一个水量指标。但在实际水量利用上，各省市多用一点少用一点不会被追究责任。现有水资源分配政策还不足以让大家珍惜水资源，结果往往导致上游用水多，下游出现断流的情况。为了促进这些问题的尽快解决，全国人大常委会对《水法》实施情况进行了多次执法检查，并在调研和充分听取各方面意见的基础上，对《水法》进行了多次重要修改。即便如此，2002年修订实施的《水法》也存在不足，有专家建议在《水法》中增加相应级别的政府、水行政主管部门、流域管理机构等法律主体的责任和义务，增加规划的透明度，增加流域、区域内民事、行政主体的知情权，增加商业化运作制度，增加农村水利设施的建设、利用、保护条款，增加和细化法律责任，建立国家水资源督察机构。

由于《水法》调整范围并不是广义的水利水患水事关系，尤其是对于“水患”，《水法》对政府责任未作细化的规定，管理部门也很多。中国古语有“九龙治水”之说，现在存在水资源管理地区分割现象、偶有发生的洪涝灾害与江河防洪标准偏低、水利工程老化失修与水利投入不足等诸多问题。解决这些问题的切入点应该是实行行政主体负责制，所以《水法》应该加大政府的责任，规定县级以上地方政府应当对本行政区域的水环境质量负责，并将水环境保护工作纳入国民经济和社会发展规划。

我国水资源开发和水生态环境保护还没有综合性的法律，在《水法》中关于水生态环境保护的规定相对较为原则，缺乏可操作性。而我国虽然颁布了专门的《水污染防治法》，但公众享有清洁水资源的权利还要与《水法》适用结合起来才能落实。同时，由于《水法》的行政主管机关是水利部门，《水污染防治法》的主管机关是环保部门，这就造成法律适用中《水法》“不上岸”，《水污染防治法》“难下水”的困境。在两个法律的颁布时间上，《水污染防治法》早于《水法》，在我国立法工作中还没有完全贯彻“后法优于前法”的原则，反而往往是后法适应前法，因而《水法》与《水污染防治法》之间的协调性存在较多的问题。江河湖泊的治理，涉及水利部门、环保部门等多部门的协调，现行水法律体系的碎片化痕迹较浓厚，由此导致流域上下游之间、部门之间、企业与政府之间职责不清，责任难以追究。为此，有必要从法律效力、管理体制上协调《水污染防治法》与《水法》的关系，对水生态环境保护进行综合执法。

第二节　水资源利用的案例教学分析

我国水法，在学理上被分成广义和狭义两层含义。从现行立法情况来看，狭义的水法就是专指1988年颁布、2002年修订、2009年和2016年修正的《水法》，而广义上的水法则涵盖了各种涉水法律法规以及地方性法规，包括《水法》。除此之外，广义的水法还包括全国人大常委会出台的《水污染防治法》《水土保持法》以及《防洪法》等法律；国务院出台的系列行政法规，如《水土保持法实施条例》《防汛条例》等；各省、自治区、直辖市结合本地实际情况制定的地方性法规或实施办法等。本节将讲授水法从狭义概念出发来立法的缘由。

一、《水法》的立法过程

（一）1988年《水法》的制定

水是重要的自然资源，又是构成环境的要素，人类生活和一切生产活动都离不开水。随着人口的增长和经济的发展，水安全问题日益为世界各国所重视。我国水资源总量不少，但按人均占有量计算却大大低于世界平均水平，加之水资源时空分布极不均衡，因此历史上水旱灾害频繁发生，治水问题成为历代治国安邦的大事。新中国成立以来，在党中央和国务院的领导下，全国人民艰苦奋斗，进行了大规模防治水害和开发利用水资源的建设，取得了巨大成就。但是国民经济的发展对防治水害和开发利用水资源提出了更高的要求，同时多年来“重建轻管”，对客观规律认识不足，因此，我国在水资源开发利用和保护管理方面，还存在一些问题。1987年11月17日在第六届全国人民代表大会常务委员会第二十三次会议上，水利电力部部长钱正英作关于《中华人民共和国水法（草案）》的说明时讲到，我国当时所面临的水安全问题有：北方水资源严重不足，影响人民生活和经济发展；水污染日趋严重，对人民健康和生产建设造成损害；河道内设障阻水，湖泊盲目围垦，影响许多河流的泄洪、蓄洪能力；对水资源的综合利用不够，出现影响航运、竹木流放和鱼类洄游以及生态环境等问题；有些城市和地区地下水过量开采，造成水源枯竭、地面沉陷，甚至导致海水入侵；水费标准过低，使越来越多的水工程缺少维修和运行资金，出现工程效能衰减、难以为继的局面；许多地方破坏、损坏水工程设施，干扰、阻碍水工程管理人员正常执行职务等现象不断发生；地区之间、部门之间水事纠纷时有发生，矛盾尖锐的地方严重影响着社会的安定团结等①。为了解决上述水安全问题，历届全国人大代表提出过不少提案，社会各界也多次呼吁，要求国家尽快制定水法，依法治水。所以，制定《水法》是十分必要的和非常迫切的。

中国共产党高度重视水利法制事业，1949年10月中央人民政府就设立了水利部，并制定了一些水利方面的条令、规章，促进了水利事业的发展。但是新中国的水利建设也走了一些弯路。改革开放后，从1978年起水利电力部在国家计委的大力支持下，开始《水法》的起草工作，水利电力部在《水法》起草中发挥着重要作用。1984年11月，经国务院批准，成立水资源协调小组，协调小组第一次会议决定，成立由水电部、国家计委、交通部、地矿部、建设部、农牧渔业部、中国科学院等部门参加的

① 钱正英.关于《中华人民共和国水法(草案)》的说明——1987年11月17日钱正英部长在第六届全国人民代表大会常务委员会第二十三次会议上的讲话[J].陕西水利，1988(2):32.

《水法》起草小组。起草工作分《水法起草大纲》和《水法草案》两个步骤进行。在《水法起草大纲》的基础上，根据协调小组第二次会议的审议意见和各省、自治区、直辖市以及国务院有关部门的意见，《水法》起草小组经过充分讨论和多次修改，于1985年12月拟订了《中华人民共和国水法（审议稿）》，经协调小组第三次会议审议修改，提出了《中华人民共和国水法（送审稿）》，呈报国务院。经国务院法制局的审查，形成了报国务院常务会议讨论的《中华人民共和国水法（草案）》。这个草案于1987年9月25日经国务院常务会议原则通过。根据会议精神，会后又对草案进行了必要的修改，形成报请全国人民代表大会常务委员会审议的《中华人民共和国水法（草案）》。在协调小组审议时，大家认为从立法体系来说，亟须有个统管全局的水的基本法，以调整水资源的开发利用和防治水害等有关活动。这个基本法的内容应该全面一些，条文应该原则一些。经征求各地意见，大家都同意这个基本法应叫《水法》[①]。

1988年的《水法》是新中国第一部水利法律。针对开发利用水资源、防治水害，以及各项水事活动中的主要问题，规定了一系列的行为规范。例如，针对河道设障严重，水域管理薄弱的问题，规定了在江河、湖泊、水库、渠道内，不得置弃、堆放行洪、航运的物体，不得种植行洪的林木和高秆作物；未经有关部门批准，不得在河床、河滩上修建建筑物。针对湖泊盲目围垦的问题，《水法》规定了禁止围垦的内容。针对过去综合利用不够，闸坝碍航的问题，《水法》规定了在航道修建拦河闸坝必须同时修建过船设施。

（二）2002年《水法》的修订

1988年六届全国人大常委会二十四次会议审议通过的《水法》，是新中国第一部管理水事活动的基础法，标志着我国水利建设与管理步入了法制轨道。但是随着社会经济的发展，我国水资源问题日益突出，《水法》

① 钱正英.关于《中华人民共和国水法(草案)》的说明——1987年11月17日钱正英部长在第六届全国人民代表大会常务委员会第二十三次会议上的讲话[J].陕西水利，1988(2)：32-33.

存在的问题和局限性也充分显现出来。2001年，当时的水利部部长汪恕诚作关于《中华人民共和国水法（修订草案）》的说明时指出，《水法》的一些规定已经不能适应实际需要，主要表现在水资源开发、利用中重开源、轻节流和保护，重经济效益、轻生态与环境保护，在一定程度上导致许多地方水源枯竭，污染严重，生态环境破坏。水资源实行统一管理与分级、分部门管理相结合的管理体制，但对流域管理未作规定，水资源管理地区分割的现象依然存在，造成了水资源的不合理利用，是导致黄河、塔里木河、黑河等出现断流的重要原因，影响了水资源的合理配置和综合效益的发挥等[①]。

为实现水资源的可持续利用，为改善生态环境提供法律保障，2002年全国人大常委会对《水法》进行了修订。修订后的《水法》强化了水资源的统一管理，加强了水资源开发、利用中对生态环境的保护。针对水污染未能得到有效控制，河流污染严重，湖泊富营养化日益突出，地下水超采严重，一些河流枯竭，生态环境恶化，水质与水量管理、水污染防治与水资源综合开发、利用衔接不够等问题，在水资源保护方面，修订后的《水法》除保留并强化了原有的关于水量保护的有关规定外，还特别强调了水质管理，确立了相应的法律制度。一是确立了江河、湖泊的水功能区划制度；二是规定国家建立饮用水水源保护区制度；三是规定在江河、湖泊新建、改建或者扩大排污口，应当经过有管辖权的水行政主管部门或者流域管理机构同意。

水资源和水环境是相互联系、相互作用的整体性生态系统。以水利部门牵头起草的《水法》只是狭义的水法，所以其调整范围有一定的局限性。2016年环境保护部就《水污染防治法（修订草案）》向社会公开征求意见时，正逢长江中下游地区发生洪水内涝，有学者建议将湿地保护纳入修法草案，但遗憾的是2017年通过的《水污染防治法》修改案并没有将湿地保护纳入其中。从长江中下游发生的多次洪涝灾害来看，湿地保护对生态环境保护意义重大。可湖泊湿地立法，起草决策主体在国家机构改革前

① 汪恕诚.关于《中华人民共和国水法(修订草案)的》说明[EB/OL].(2001-12-24)[2022-01-04].http://www.npc.gov.cn/zgrdw/npc/zfjc/zfjcelys/2016-08/29/content_1995969.htm.

归属在林业部门而不是环保部门，环保部门将其纳入《水污染防治法》确有难处。在我国法律体系中，水生态保护立法涉及林业、环保、水利等多个部门，如何处理这种水资源和水环境综合保护问题，还需要进行探索。

（三）2009年和2016年《水法》的修正

2009年，全国人大常委会对《水法》进行了第一次修正。2016年7月2日，第十二届全国人民代表大会常务委员会第二十一次会议通过了《关于修改〈中华人民共和国节约能源法〉等六部法律的决定》。根据该决定，对《水法》作出修改，将第十九条修改为："建设水工程，必须符合流域综合规划。在国家确定的重要江河、湖泊和跨省、自治区、直辖市的江河、湖泊上建设水工程，未取得有关流域管理机构签署的符合流域综合规划要求的规划同意书的，建设单位不得开工建设；在其他江河、湖泊上建设水工程，未取得县级以上地方人民政府水行政主管部门按照管理权限签署的符合流域综合规划要求的规划同意书的，建设单位不得开工建设。水工程建设涉及防洪的，依照防洪法的有关规定执行；涉及其他地区和行业的，建设单位应当事先征求有关地区和部门的意见。"

二、《水法》的基本内容

《水法》是为合理开发利用和保护水资源，防治水害，充分发挥水资源的综合效益，适应国民经济发展和人民生活的需要而制定的法律。《水法》所称水资源，包括地表水和地下水。该法共8章82条：第一章"总则"，第二章"水资源规划"，第三章"水资源开发利用"，第四章"水资源、水域和水工程的保护"，第五章"水资源配置和节约使用"，第六章"水事纠纷处理与执法监督检查"，第七章"法律责任"，第八章"附则"。

在水资源的开发利用方面，《水法》明确了开发利用水资源，应当进行综合科学考察、调查评价和统一规划；明确了规划的法律地位，综合规划与专业规划之间的关系，规划的制订和审批程序。为了开展水资源的综合利用，《水法》规定水资源的开发利用要保护生态环境，兼顾防洪、治涝、供水、排水、灌溉、水电、航运、渔业、防治水土流失等方面的需要。《水法》还规定，在兴建水工程时，凡涉及其他地区和行业权益的事项，建设单位应事先征询有关地区和部门的意见。对地区之间有争议的水工程，规定由双方进行协商；协商不成的，由争议各方共同的上级水行政主管部门负责调解；调解不成的，由该水行政主管部门提出解决方案，报人民政府批准后执行。同时，对工程建设过程中的赔偿和补偿、移民安置，也作了原则性的规定。

在水、水域和水工程的保护方面，《水法》规定的内容包括防止水质污染、水流阻塞、水源枯竭、水土流失和保护水工程设施等。防止水污染，关键在于控制污染源和加强监督管理；防止水土流失，涉及土地利用。鉴于国家在这两个方面已经颁布了相应的法律，因此在《水法》中只提出了原则性的要求。当前河道设障阻水、盲目围垦和人为破坏水工程设施等情况较为突出，《水法》针对这些问题作了相应的规定。为了保护地下水，《水法》还规定了开采地下水必须实行统一规划，加强监督管理，对已经超采的要严格控制。

在用水管理方面，《水法》将计划用水规定为用水管理的基本制度，明确要求制订水的长期供求计划；还规定各级人民政府应采取各种措施，加强节约用水管理。为了做到合理用水，解决供求矛盾，《水法》规定，凡涉及跨行政区域的、关系重大的水量分配方案由共同的上一级人民政府决定，并规定了解决水事纠纷的原则和程序。实行用水许可制度是国外已经广泛推行的水管理的基本制度，但在我国法律规定得还比较笼统，此项制度只适用于直接从地下或江河、湖泊取水的情况。使用自来水厂和水库等供水工程的水，在江河湖泊中行船、养鱼，不需要申请取水许可，其具体办法由国务院行政法规规定。收取水费和水资源费是运用经济规律和经济杠杆保证水工程的维护和正常运行的手段，是促进合理用水、节约用水的行之有效的办法。水费是使用供水工程供应的水的单位和个人，按照规定向供水单位缴纳的费用。水资源费是对城市中直接从地下取水的单位收取的费用，主要是为了控制城市地下水的开采量。现在的水费中，实际上包括了水资源费、污水处理费等。

三、《水法》的法律适用

水案，又称水权纠纷，是用水单位和个人在治水、用水中出现的矛盾纠纷，即因为争夺水资源的所有权和使用权而产生的案件。

（一）案件简介

[**案例6-1**]原告唐A、谢B等8人与被告唐C等4人系全州县才湾镇某村村民。原告自筹资金于1998年10月在本村正冲里(地名)山场修建了人畜饮水工程设施。该饮水设施在被告家分得的正冲里承包责任山内一天然出水口处挖有一水坑作为取水点,并在被告家的承包责任山内埋设了一段取水管。该饮水设施自建成以来,一直由原告管理使用。2011年10月,当地政府在原、被告所在村正冲里山场修建另一人畜饮水工程设施时(该饮水设施供该村其他村民使用),对原告自筹资金于1998年10月在正冲里山场修建的人畜饮水工程设施未予取缔。原、被告所在村于1984年12月将村集体所有的山场承包到户,被告家在正冲里山场分得一块承包责任山。全州县人民政府2010年12月1日颁发给被告唐C的林权证载明,被告唐C在正冲里山场拥有使用权的林地四至为:东以谭某某的山场为界、南以唐某某的山场为界、西以粟某某的山场为界、北以秦某某的山场为界,被告唐C拥有该林地上林木的所有权。2013年11月,被告以原告修建的人畜饮水工程设施取水点在其承包责任山内为由,将取水点用作取水的小水坑挖坏,并将取水点的水管拔出使其高出水面,致使原告的人畜饮水工程设施无法取水,影响了原告的人畜饮水。原、被告因取水产生纠纷后,经全州县才湾镇人民政府调解未果。原告于2014年3月25日向法院提起诉讼,要求被告停止侵害原告的饮水设施,恢复取水点原状,并赔偿损失10 000元。

（二）一审判决

一审法院审理认为：水资源属于国家所有，国家所有的自然资源，单位、个人依法可以占有、使用和收益，依法取得的取水权受法律保护。不动产的相邻权利人应当按照有利生产、方便生活、团结互助、公平合理的原则，正确处理相邻关系；不动产权利人应当为相邻权利人用水提供必要的便利；不动产权利人因铺设水管等必须利用相邻土地的，该土地的权利人应当提供必要的便利。原告自筹资金在本村正冲里山场修建的人畜饮水工程设施，符合国家关于解决农村人畜饮水问题的政策规定。根据《水法》中“农村集体经济组织或者其成员依法在本集体经济组织所有的集体土地或者承包土地上投资兴建水工程设施的，按照谁投资建设谁管理和谁受益的原则，对水工程设施及其蓄水进行管理和合理使用”的规定，原告对其自筹资金于1998年10月在本村正冲里山场修建的人畜饮水工程设施享有所有权。该人畜饮水工程设施自建成以来，一直由原告管理使用，当地政府至今未予取缔，应视为原告依法取得了相应的取水权。被告在正冲里山场分得的承包责任山，业经全州县人民政府颁发的林权证确认，被告取得了相应的林地使用权。2013年11月，被告以原告修建的人畜饮水工程设施取水点在其承包责任山内为由，将取水点用作取水的小水坑挖坏，并将取水点的水管拔出使其高出水面，致使原告的人畜饮水工程设施无法取水，影响了原告的人畜饮水，妨害了原告的取水权，依法应予排除妨害。故原告要求被告停止侵害其人畜饮水工程设施，恢复其人畜饮水工程设施取水点原状的诉讼请求，理由充分，法院予以支持。被告认为原告在正冲里山场修建的人畜饮水工程设施妨碍了其林地使用权，但未向法院主张损害赔偿，对此不作处理①。

（三）二审争议焦点

被告唐C等不服一审判决，上诉称：第一，一审判决认定事实错误。一审认定，2011年10月，当地政府在原、被告所在村正冲里山场修建另一人畜饮水工程设施时（该饮水设施供该村其他村民使用），对原告自筹资金于1998年10月在正冲里山场修建的人畜饮水工程设施未予取缔是错误的。首先，2011年10月，当地政府是在上诉人拥有林地使用权的正冲

① 广西壮族自治区全州县人民法院（2014）全民初字第770号民事判决书。

里山场内，修建另一人畜饮水工程设施。其次，被上诉人于1998年10月修建的人畜饮水工程设施，也在上诉人承包的正冲里山场内，既未经国家批准，也未经上诉人同意；既违反了《水法》，也侵害了上诉人的林地使用权，属违章设施，依法应当取缔。最后，在上诉人承包正冲里山场内的那一天然出水口，出水量有限，应先满足政府批准修建的取水设施（即上诉人自己取水的设施）的取水需求，可是，被上诉人却霸占水源，除了满足被上诉人的人畜饮用需求之外，还将水资源出售给农村信用社和幼儿园等单位，所收取的款项全部由被上诉人私分，造成上诉人及37户村民无水可饮的情况，这才是双方发生水事纠纷的根本原因。一审法院对此情况避而不查，无法真正解决纠纷。第二，一审法院将本案定性为物权保护纠纷是错误的。双方的纠纷是因水资源分配而引起的，被上诉人一审提出的第一项诉讼请求就是水资源的分配问题，并不是请求保护取水设施，一审法院以物权保护纠纷定性并判决上诉人立即停止对被上诉人在正冲里山场修建的人畜饮水工程设施的侵害，排除妨害，恢复该人畜饮水工程设施取水点的原状无事实依据。综上所述，请求二审法院依法撤销一审判决，改判驳回被上诉人的诉讼请求。

被上诉人唐A、谢B等辩称：第一，答辩人于1998年10月自筹资金在本村集体所有的正冲里山场内修建人畜饮水工程设施，是为了解决答辩人等8户的生活用水问题，符合国家政策规定，减轻了政府负担，政府是鼓励和支持的。2011年，政府出资为其他37户修建饮水设施，也是为改善村民用水，其目的是一样的。政府出资只是一种扶贫惠民的措施，政府并没有用行政强制手段要求村民怎么去做，政府也没有拥有该取水设施的所有权，没有获得利益。所以，被答辩人以得到政府扶贫救助为荣，反而认为村民自筹资金修建饮水设施的行为违法，在政府出资为其他37户建取水设施前，村民有的自己从山上引水，有的自家打井取水，农村居民自用的生活用水，没有损害国家、集体的利益和他人的合法权益，是不需要国家行政许可的。因为该取水设施由答辩人出资修建，答辩人对该设施拥有所有权，被答辩人擅自破坏的行为构成了民事侵权。一审认定本案为物权保护纠纷，并判令被答辩人停止侵权、排除妨害、恢复原状是完全符合法律规定的。第二，被答辩人利用政府饮水设施在市场上从事卖鱼经营，引起其他36户的不满，为转移矛盾及发泄私愤才蓄意破坏答辩人的饮水设施。因为被答辩人在市场上从事卖鱼经营，需要不间断地向鱼池注入活水，所以用水量大，被答辩人水池有五处取水点，水源较充足，不仅可以供村民日常用水，而且还可以供一些外来经商的住户用水。而答辩人8户使用的出水口水量本来就少，完全靠节约用水才得以维持，至于农村信用社及幼儿园的生活用水，答辩人从来没有要求他们缴纳水费，没有盈利。第三，答辩人的取水权应当得到法律保护。水资源属于国家所有，答辩人使用该取水点10多年来，没有损害国家、集体利益。至于取水点位于被答辩人承包山场内，也没有对被答辩人的承包造成影响。被答辩人所取的水同样是经过答辩人的承包山及承包田才到各家各户。被答辩人认为“山是他的，水也是他的”是违反法律规定的。综上所述，一审判决认定事实清楚，证据确实充分，适用法律正确，请求二审查明事实，依法驳回上诉，维持原判[①]。

（四）案件评述

水事纠纷是因水资源的开发利用，以及水污染的预防而在水事主体之间引发的矛盾。相邻关系的水事纠纷在我国偶有发生。根据水事纠纷主体范围的不同，水事纠纷分为两种类型：一种是不同行政区域之间发生的水事纠纷，一种是单位之间、个人之间、单位与个人之间发生的纠纷，属于民事法律关系。上述案例就是一个民事领域的水事纠纷。在民法中，水事纠纷常常属于相邻关系纠纷，由民事法庭审理。

上述案例争议的水资源属于地下水，而不是“可航行水”。关于地下水纠纷的处理，很多国家将其与河流、湖泊之间相邻关系的水事纠纷区分开来。地下水纠纷与土地权属有很大关系。“可航行水”的水事纠纷，由于涉及不同行政区划的跨界问题，其法律关系的属性定位更为复杂。我国《水法》第57条规定单位之间、个人之间、单位与个人之间产生的水事纠纷，可以申请县级以上地方人民政府进行调解。其中“县级以上地方人民

① 广西壮族自治区桂林市中级人民法院(2014)桂市民一终字第640号民事判决书。

政府”的规定较为模糊，从狭义上可理解为当事人双方共同的上级地方人民政府，从广义上则可理解为处于不同行政区域的某一当事人所在的“县级以上地方人民政府”。可见，如果从广义上理解第57条，跨界水事纠纷还包括不同行政区域的民事主体间的纠纷。同样，《水法》第56条的规定也比较模糊：“不同行政区域之间发生水事纠纷的，应当协商处理；协商不成的，由上一级人民政府裁决。”这里的“不同行政区域之间发生水事纠纷”到底是指不同行政区域的行政主体间的水事纠纷，还是不同行政区域的民事主体间的水事纠纷，需要予以明确。因此，这两条规定之间并不协调。一般而言，司法界一般对《水法》第56条和57条都采取狭义解释。这样一来，所谓跨界水事纠纷，仅指不同行政区域的行政主体之间，因水事污染、用水量和水资源的开发利用等而产生的涉及区域和影响范围较广、危害较大的水事纠纷。

浙江省东阳市和义乌市之间的水权交易案是全国首例跨界水权纠纷，这样的环境司法案例还很少，法院处理的大多是因取水引起的相邻关系的水事纠纷，如2011年白马水电站蓄水发电引发的上下游用水量纠纷等。这些反映出了我国跨界水事纠纷存在的特点：不同行政区域之间的管理与流域管理分离，缺少全流域管理的观念，以及地方政府片面追求经济的高速增长，地方保护主义严重等。诸多活生生的案例告诉我们，跨界水事纠纷必须要有合适的解决机制。

不同行政区域之间的水事纠纷的双方当事人都是各行政区域的代表，涉及地区之间的水事权益，不是一般的民事纠纷，属于行政争端。因此，对于跨界水事纠纷，多采用的是行政解决方式而不是司法解决。司法解决即提起环境诉讼，但这种方式对于解决跨界水事纠纷有很多不足之处。我国《民事诉讼法》第3条规定：“人民法院受理公民之间、法人之间、其他组织之间以及他们相互之间因财产关系和人身关系提起的民事诉讼，适用本法的规定。”这一规定是水事纠纷案件能够提起民事诉讼的基础。但是依据该条规定，能提起民事诉讼的仅限于平等民事主体间的水事纠纷，并不包括不同行政区域行政主体之间的水事纠纷。所以，根据《水法》第56条的规定：“不同行政区域之间发生水事纠纷的，应当协商处理，协商不成的，由上一级人民政府裁决，有关各方必须遵照执行。”跨界水事纠纷被排除在诉讼救济之外，这严重影响了我国跨界水事纠纷的处理效果。

第三节 水污染防治的案例教学分析

由于解决的问题与立法目的不同，我国实施的是水质与水量保护分开立法模式，由此形成了不同的立法决策主体与行政管理体制。从立法对象来看，我国《水法》解决“水多、水少、用水”问题，《水污染防治法》解决“水脏”问题。

一、《水污染防治法》的立法过程

改革开放以来，水污染是我国环境保护中的一个突出问题，水污染防治立法也随着改革开放的深入而不断发展完善。

（一）1984年《水污染防治法》的制定

立法议案的提出都是为了解决某种问题。改革开放之初，随着工业生产的增长和城市的发展，排向江河、湖泊的污水不断增加，造成了水体污染，破坏了生态平衡。为了防治水污染，由国务院原环境保护领导小组提议，经国务院批准，水污染防治立法工作被列入经济立法规划。1980年6月，由国务院环境保护领导小组会同水利部、地质部，并请北京市环境保护局、中国社会科学院法学研究所、北京的一些高校专家参加，成立了《水污染防治法》起草小组。起草小组在收集国内外水污染防治法规资料，调查我国水污染及其防治状况的基础上，起草了初次送审稿。之后，国务院办公厅又将初次送审稿发给各省、自治区、直辖市人民政府和国务院各有关部门征求意见。国务院原经济法规研究中心先后多次组织各有关部门和专家对初次送审稿作了审查和修改，形成了《水污染防治法（草案）》。1984年5月11日，全国人大常委会审议通过《水污染防治法》，这是我国第一部有关污染防治方面的法律。1984年的《水污染防治法》的立法体例分为“总则”“水环境质量标准和污染物排放标准的制定”“水污染防治的监督管理”“防止地表水污染”“防止地下水污染”“法律责任”和“附则”，共7章46条。

1984年的《水污染防治法》规定了一项重要的水污染防治制度，即建设项目的环境影响评价制度，主要目的是防止工业废水直接排放到河流湖泊之中。对于农村水污染防治，这部法律还没有将其纳入调整范围，一些农民既在湖泊、池塘里挑水吃，又在里面游泳、洗澡或洗衣、淘米。这些行为法律都没禁止。

（二）1996年《水污染防治法》的修正

1984年的《水污染防治法》主要适用于工业污染源的防治，但之后随着流域污染、城市生活污水污染和非点源污染的问题越来越严重，仅仅控制工业污染源已经不够了。随着水污染物排放量的迅速增加和水污染由城市向乡村广大区域的蔓延，出现了许多生活饮用水水源安全、流域及区域水质保护等问题及纠纷。在淮河等重污染水体和重点保护区域的水体，需要实施水污染物排放总量控制及排污许可证制度，以保证水域环境质量达到规定的标准；在太湖等流域的农用化肥和农药等非点源污染较严重的地区，有必要采取控制化肥和农药流失等措施。为了提高防治水污染的效果，使有限的污染防治资金最大限度地发挥作用，需要从原来的末端治理、点源治理和浓度控制，向源削减（即在生产过程中削减污染）、污染集中控制和总量控制的方向转变。

例如，1994年7月，淮河上游突降暴雨，颍上水库水位超过防洪警戒线，因此开闸泄洪，将冬春季节积蓄的2亿立方米水放出去。水流之处河水泛浊，河面泡沫密布，大量鱼虾死亡。下游一些地方的居民饮用了虽经处理但仍未能达到饮用标准的河水后，出现恶心、腹泻、呕吐等症状。经取样检验证实，上游来水水质恶化，沿河各自来水厂被迫停止供水达54天，百万淮河民众饮水告急。一系列污染案件说明，水污染从总体上呈恶化的趋势，由点源小范围污染发展成为较大区域范围的污染，由个别河段和岸边带污染发展到流域污染，一些地区和流域污染已经十分严重，直接危及工农业生产，危害人民群众的健康。因此，强化对生活饮用水源地的保护，已成为事关公众健康和工农业生产的突出问题，修改1984年《水污染防治法》是十分必要的。

1993年下半年全国人大环资委就开始进行《水污染防治法》的修改准备工作。1994年初，全国人大环资委委托有关机构起草《水污染防治法（修改草案）》。1995年2月，全国人大环资委召开全体会议，对这个修改草案的初稿进行了审议。会后，全国人大环资委的修订小组多次赴地方调查，同各有关部门交换意见，经反复讨论修改后提出了《水污染防治法（修订征求意见稿）》，发往国务院各部委、各地方人大和一些大学及研究机构征求意见。在根据各部委、各地方意见作出修改后，形成了修正案草案，再次同各主要工业部门、农业部门、综合经济主管部门和有关的监督管理部门开会研究，意见已基本一致。然后向国务院有关领导同志通报情况，进行研究。在此基础上，全国人大环资委全体会议再次进行审议，经修改后，形成了《〈水污染防治法〉修正案（草案）》[①]。1996年5月15日第八届全国人民代表大会常务委员会第十九次会议通过了修正的《水污染防治法》。

（三）2008年《水污染防治法》的修订

1996年《水污染防治法》确立的水污染防治规划、环境影响评价、排污收费、重点水体总量控制、饮用水水源保护区、限期治理等基本制度，对防治水污染起到了积极的推动作用。但是与水污染防治和水环境保护面临的新形势、新要求相比，有些制度还需要进一步修改、补充和完善。例如，地方人民政府的环境保护责任规定得比较原则，需要进一步具体和细化；水环境监测网络不完善，水环境状况信息发布不统一，需要进一步整合和规范；饮用水安全保障措施不够具体，需要进一步补充和细化；排污许可制度、排污总量控制制度的实施仅限于重点水体，需要全面推行；船

① 秦仲达.关于《中华人民共和国水污染防治法修正案(草案)》的说明——1995年10月23日在第八届全国人民代表大会常务委员会第十六次会议上[J].中华人民共和国全国人民代表大会常务委员会公报,1996(4):46-47.

舶污染内河水域的监管手段较弱，需要进一步强化；水污染应急反应能力不足，需要进一步增强等。

2005年松花江水污染事件发生后，1996年《水污染防治法》的不足就显示出来了。为了适应经济发展过程中环境保护的新情况、新形势，有效解决上述问题，完善有关水污染防治制度，国家环保总局在总结《水污染防治法》实施经验的基础上，起草了《中华人民共和国水污染防治法修正案（送审稿）》，提请国务院审议。国务院法制办征求了中央编办、发展改革委、水利部、建设部、交通部、农业部等有关部门和各省、自治区、直辖市人民政府以及中石化、中国钢铁工业协会、清华大学等企业、协会和研究单位的意见。经反复研究、修改，形成了《中华人民共和国水污染防治法修正案（征求意见稿）》，再次征求了有关部门和地方人民政府的意见。国务院法制办会同环保总局总结并汲取松花江水污染事故应急处理的经验和教训，对有关条文又作了修改和完善，并第三次发送有关部门征求意见，同时，赴江苏等地进一步听取了意见。在充分吸收各方面意见的基础上，形成了《中华人民共和国水污染防治法（修订草案）》[①]。

2008年2月28日，第十届全国人民代表大会常务委员会第三十二次会议通过了修订的《水污染防治法》。这次修订《水污染防治法》对立法体例进行了重大调整。其立法体例为："总则""水污染防治的标准和规划""水污染防治的监督管理""水污染防治措施""饮用水水源和其他特殊水体保护""水污染事故处置""法律责任和附则"。其中，水污染防治措施又分为一般规定、工业水污染防治、城镇水污染防治、农业和农村水污染防治、船舶水污染防治。为了进一步增强水污染应急反应能力，减少水污染事故对环境造成的危害，2008年的《水污染防治法》增强了水污染应急反应能力，加强了对水污染事故应急的组织领导，完善了水污染事故报告制度，加大了处罚力度，完善了法律责任。

① 周生贤.关于《中华人民共和国水污染防治法(修订草案)》的说明[EB/OL].(2007-09-05)[2022-01-04].http://www.npc.gov.cn/npc/c8196/200709/d7076410fe9e4db68de51158850dcdf5.shtml.

（四）2017年《水污染防治法》的修正

2017年修正的《水污染防治法》坚持问题导向、目标导向，将生态文明建设新要求和《水污染防治行动计划》（简称“水十条”）提出的新措施予以规范化、法制化，将“保护和改善环境”放在首位，并加入了“保护水生态”“推进生态文明建设”“保障基本生态用水”的规定。立法体例为：“总则”“水污染防治的标准和规划”“水污染防治的监督管理”“水污染防治措施”“饮用水水源和其他特殊水体保护”“水污染事故处置”“法律责任”“附则”。

其亮点和创新之处主要有如下几点：

第一，建立河长制。修正后的《水污染防治法》要求建立省、市、县、乡四级河长制，规定未达到水环境质量改善目标的地方，应制定限期达标规划并向社会公开。

第二，实施排污许可制度。修正后的《水污染防治法》第21条规定：直接或者间接向水体排放工业废水和医疗污水以及其他按照规定应当取得排污许可证方可排放的废水、污水的企业事业单位和其他生产经营者，应当取得排污许可证；城镇污水集中处理设施的运营单位，也应当取得排污许可证。排污许可证应当明确排放水污染物的种类、浓度、总量和排放去向等要求。禁止企业事业单位和其他生产经营者无排污许可证或者违反排污许可证的规定向水体排放前述废水、污水。

第三，加强农业、农村水污染治理。对处于薄弱环节的农业、农村水污染防治，修正后的《水污染防治法》也修订了多项条款予以加强，明确了要对农村的污水和垃圾进行集中处理。地方政府负责规划建设农村污水和垃圾的集中处理设施，并保障其正常运行；国家支持农村污水、垃圾处理设施的建设，禁止向农田灌溉渠道排放工业废水或者医疗污水；制定农药、化肥的质量标准和使用标准，应适应水环境保护要求；农业部门要指导农业生产者科学、合理地施用化肥和农药，推广测土配方施肥技术和高效低毒低残留农药；明确在散养密集区所在地的县、乡级政府对畜禽粪便污水进行分户收集、集中处理利用。

第四，加强饮用水的管理。对饮用水进行全过程的安全保障是修正后的《水污染防治法》的一个重点。按照规定，县级以上地方人民政府应当组织相关部门对饮用水水源保护区、地下水型饮用水源的补给区及供水单位周边区域的环境状况和污染风险进行调查评估，单一水源的供水城市的人民政府应当建设应急水源或备用水源，有条件的地区可开展区域联网供水。

第五，加强对违法行为的处罚力度。修正后的《水污染防治法》加大了对违法排污行为的处罚力度。对无证或不按证排放、超标或超总量排放等违法行为，将责令改正或者责令限制生产、停产整治，并处10万元以上100万元以下的罚款；情节严重的，报经有批准权的人民政府批准，责令停业、关闭。

二、水污染防治的司法调整

我国1984年出台《水污染防治法》，1986年《民法通则》中就有环境侵权民事责任的承担规定，因此，司法对水污染防治的介入是很早的，相关案例也较多，只是由公益组织提起诉讼的案件相对少些。下面介绍一个水污染环境民事公益诉讼案。

（一）案件简介

[**案例6-2**]2014年10月，被告张A、张B、牛某某等人商议以乙醛肟、甲硫醇钠、液氯、液碱为原料，合伙生产灭多威肟，共需投入资金二百余万元。张A投入资金30万元，占10%的股份；张B承担维修生产场地的道路、房屋、围墙的费用约14万元，加之投入现金4万元，共投资约18万元，占10%的股份；张某某投资约20万元，占10%的股份；牛某某联系山东菏泽的吴某某购置、安装生产设备，占70%的股份。2015年1月4日，张A与甲鱼场的承包人徐某某签订《房屋场地租赁协议》，租赁阜阳市颍泉区循环经济园区潘寨甲鱼场内房屋、场地生产灭多威肟。2015年2月2日，张A、张B成立了某商贸公司，法定代表人张A，公司经

营范围为化肥、化工产品(不含化学危险品)、日用百货销售。2015年3月2日,以某商贸公司名义申请、安装了变压器,未履行环评审批手续和环保设施验收手续,由吴某某具体负责实施了生产,液氯罐、乙醛肟、甲硫醇钠等原料堆放在生产场地,未采取任何防漏、防渗、防爆密封措施。2015年5月7日至2015年7月15日期间,共生产灭多威肟成品77.95吨,在生产过程中,违法通过暗管和渗井排放的方式向院内的自备井中排放含有乙醛肟、甲硫醇钠等化学成分的废水,造成周边地表水、土壤及地下水受到严重污染。张A为防止污染水源对其生产工人产生危害,申请在租赁生产的场地安装了自来水,用于其生产工人饮用。后因潘寨甲鱼场鱼塘水位下降,徐某某从该院内自备井中抽水向鱼塘补水,造成鱼塘内养殖的鱼类死亡。

(二)什么是水污染

水污染是指水体因某种物质的介入,而导致的其生物、物理、化学等方面特性的改变,造成了水质恶化,并对人体健康或者生态环境产生不利影响的现象。

在本案中,2015年8月7日,阜阳市颍泉区环境保护局对某商贸公司在阜阳市颍泉区循环经济园区潘寨甲鱼场新建的“化工车间”进行环境监察时,发现该新建化工车间有不明化工生产项目,新建化工车间未能履行环评审批手续和环保设施验收手续。2015年9月14日,阜阳市颍泉区环境保护局作出行政处罚决定书,对某商贸公司作出如下处罚:某商贸公司新建化工生产项目,未依法履行环评审批手续,责令新建化工生产项目停止建设,处以20万元罚款,限于2015年10月30日前恢复原状;某商贸公司新建化工生产项目未经环保验收合格,项目主体工程擅自投入生产或使用,责令该不明化工生产、新建化工生产车间项目停止生产或使用,处5万元罚款。

2015年8月12日,阜阳市颍泉区环境保护局委托上海某检测公司对该化工生产车间排污造成的污染进行检测,2015年9月28日,该检测公司出具的检测报告记载的检测结果为:车间排污口工业废水,厂区内池塘、厂区外东南面池塘、厂区外东侧围墙水沟地表水，厂区内原料桶堆场、厂区外东侧围墙水沟土壤均含有乙醛肟化学成分，浓度分别为3.15 mg/L、0.109 mg/L、0.235 mg/L、0.171 mg/L、0.167 mg/L、1.24 mg/L。同年11月6日，上海某检测公司出具的另一份检测报告记载的检测结果为：废水偷排暗管水井1#地下水含有乙醛肟浓度0.508 mg/L、甲硫醇钠浓度139 mg/L，厂区内水井2#地下水含有乙醛肟浓度1.42 mg/L、甲硫醇钠浓度44.9 mg/L，厂区内西侧池塘3#地表水含有乙醛肟浓度0.47 mg/L、甲硫醇钠浓度11.8 mg/L。2016年7月6日，阜阳市颍泉区环境保护局作出行政处罚决定书，责令某商贸公司停止违法行为，限于2016年7月30日前采取治理措施，消除污染，处20万元罚款。某商贸公司、张A、张B、牛某某、吴某某一直未对受到污染的地表水、地下水、土壤等环境介质采取消除或者减轻污染危害的措施。2016年8月10日，阜阳市颍泉区环境保护局委托安徽省环境科学研究院对本案涉嫌的环境污染事件，非法生产、违法排污行为造成的环境损失进行鉴定，估算违法行为造成的社会经济损失。2016年11月，安徽环境科学研究院作出环境损害鉴定评估意见书，评估意见为：涉事企业周边地表水、地下水、土壤等环境介质中均检查出甲硫醇钠和乙醛肟两项企业生产过程中的特征污染物，而区域环境背景中未检出，满足评估区域环境介质中特征污染物浓度超过基线20%的确认条件，确认涉事企业厂区周边地表水、地下水和土壤等环境介质均受到伤害。

（三）水污染的法律责任

追究水污染的法律责任，环境污染因果关系的评定是关键。在本案中，法院查明的事实是：某商贸公司在生产区南侧私设暗管通过渗井排放生产废水。污染物在污染源（排污渗井）和受损环境介质（地表水、地下水、土壤）之间通过土壤和含水层介质进行迁移，而载体主要为企业排放的污水和地下水。某商贸公司开始生产后，周边大气环境出现刺激性气味，厂区西侧鱼塘水颜色变黑，后期出现死鱼现象。某商贸公司违法排污行为与周边环境损害间存在明显的时间先后顺序。样品检测分析结果显示，某商贸公司周边地表水、地下水和土壤等环境介质中检出企业生产过程中的特征污染物甲硫醇钠和乙醛肟，而周边未发现与某商贸公司生产同类型特征污染物的企业，判定某商贸公司违法排放的废水为厂区周边地表水、地下水和土壤等环境介质中甲硫醇钠、乙醛肟的主要来源。鱼塘地表水体中检出高浓度甲硫醇钠，高浓度甲硫醇钠是导致鱼塘鱼类大量死亡的原因。根据利用虚拟治理成本法确定生态环境损害数额的原则，考虑到事件发生后，阜阳市颍泉区环境保护局及时责令某商贸公司停产，有效阻止了污染事件影响的进一步扩大，但受污染介质未能及时修复，后期鱼塘鱼类大量死亡。环境损害量化的鉴定结论为：本次损害鉴定建议地表水、地下水、土壤等环境损害量化取上限，即系数分别为3倍、8倍、8倍。本起涉嫌环境污染事件地表水损害数额建议值为57 060元，土壤损害数额建议值为152 160元，地下水环境损害数额建议值为152 160元，生态环境损害数额合计361 380元。

阜阳市颍泉区人民法院作出如下判决：被告某商贸公司、张A、张B、牛某某、吴某某于判决生效之日起三个月内共同将其污染的阜阳市颍泉区循环经济园区潘寨甲鱼场附近的地表水、土壤和地下水恢复原状；逾期未修复的，由人民法院选定具有专业资质的机构代为修复，修复费用由被告某商贸公司、张A、张B、牛某某、吴某某共同承担。被告某商贸公司、张A、张B、牛某某、吴某某于判决生效之日起十日内共同赔偿生态环境受到损害造成的损失361 380元（该款项上缴国库，用于修复被损害的生态环境）。检测费、鉴定评估费325 812元由被告某商贸公司、张A、张B、牛某某、吴某某共同承担，于判决生效之日起十日内支付完毕[①]。

三、流域水污染综合治理的前沿动态

水污染、水灾等防治，不仅是区域问题、流域问题，还是一个空间治理问题。地方政府之间协同执法、协同司法的府际关系的法治化，是流域水污染综合治理的法治体系建构的主要内容。流域环境治理应当从一元空间观下的“水系空间”治理升级为多元空间观下的“国土空间”治理，只

① 安徽省阜阳市颍泉区人民法院（2016）皖1204民初2959号民事判决书。

有这样才能对流域水污染进行综合治理。

（一）案件补充阅读

与一般民事主体之间的水污染民事纠纷案件不同，跨界水权和水污染纠纷的主体更为复杂，涉及不同行政区划的政府、组织和个人，法律关系相当复杂。如江苏省人民政府诉安徽某某化工科技有限公司生态环境损害赔偿纠纷一案，诉讼双方当事人分别是江苏省人民政府和公司，从此案中我们可以看出关于跨界水污染司法调整的内容之复杂。

［案例6–3］2014年4月至5月间，安徽某某化工科技有限公司（以下简称“某某公司”）营销部经理杨某分三次将该公司生产过程中产生的102.44吨废碱液，以每吨1 300元的价格交给没有危险废物处置资质的李某某等人处置，李某某等人又以每吨500元、600元不等的价格转交给无资质的孙某某、丁某某等人处置。上述废碱液未经处置，排入长江水系，严重污染环境。其中，排入长江的废碱液，导致江苏省靖江市城区集中式饮用水源中断取水40多个小时；排入新通扬运河的废碱液，导致江苏省兴化市城区集中式饮水源中断取水超过14个小时。靖江市、兴化市有关部门分别采取了应急处置措施。杨某、李某某等人均构成污染环境罪，被依法追究刑事责任。经评估，三次水污染事件共造成环境损害1 731.26万元。为此，根据《生态环境损害赔偿制度改革试点方案》，江苏省人民政府对某某公司提起生态环境损害赔偿诉讼。江苏省泰州市中级人民法院一审认为，某某公司作为化工企业，对其生产经营中产生的危险废物负有防止污染环境的义务，其营销部负责人杨某违法处置危险废物的行为系职务行为，应由某某公司对此造成的损害承担赔偿责任。案涉长江靖江段生态环境损害修复费用，系经江苏省环境科学学会依法评估得出；新通扬运河生态环境损害修复费用，系经类比得出，亦经出庭专家辅助人认可。某某公司污染行为必然对两地及下游生态环境服务功能造成巨大损失，江苏省人民政府主张以生态环境损害修复费用的50%计算损失，具有合理性。水体自净作用只是水

体中的污染物在向下游流动的过程中浓度自然降低，不能因此否认污染物对水体已经造成的损害，不足以构成无须再行修复的抗辩。一审法院判决某某公司赔偿环境修复费用3 637.90万元、生态环境服务功能损失1 818.95万元、评估鉴定费26万元，上述费用合计5 482.85万元，支付至泰州市环境公益诉讼资金账户。江苏省高级人民法院二审在维持一审判决的基础上，判决某某公司可在提供有效担保后分期履行赔偿款支付义务[①]。

上述案件虽已审结，但此案体现出流域水污染治理中区域协同立法或区域协同司法的复杂性，许多法律问题仍然值得进一步探索。

（二）案件评述

跨界水污染主要是指在同一流域内，分属不同行政区域行政主体监管，由于水体的流动而产生的水事污染。跨界水污染表现为“上游污染，下游叫苦”。跨界水事纠纷在我国一些流域内十分普遍，因为上游与下游各自管理，并且缺少统一的环境联合执法机制，因此环境污染和生态破坏现象较为突出。如2003年由于山东薛新河污染，导致下游江苏省的自来水公司取水口受到污染，致使十几万市民半个多月无法使用自来水。2005年底，吉林省境内的松花江受到了石油爆炸事件的影响，100吨左右苯类污染物的流入，造成水质严重污染，导致下游的哈尔滨停水四天，影响范围涉及吉林和黑龙江两省。2007年5月，太湖蓝藻危机严重危害了无锡市民日常用水的水源，但蓝藻问题不单单是无锡造成的，而是太湖流域各个地方共同的责任。如何处理流域水污染案件，相关的协同立法和司法工作需要加强。

1. 区域协同立法的问题

从立法方面看，我国《立法法》将环境立法权下放，这为改善环境立法决策体制提供了机会，地方政府应积极参与，在国家法律框架内厘清地

① 江苏省高级人民法院(2018)苏民终1316号民事判决书。

方立法与中央立法的衔接关系，这就需要建立条块结合的协商立法模式。在“块”的水安全立法决策中，地方政府需要规划地方经济、政治、社会、生态和文化发展的全局，通过地方立法将《水法》和《水污染防治法》整合起来，建立地方性的整体性“清洁水法”。在“条”的水安全立法决策中，水利部、生态环境部等中央部委需要通过行政立法来落实国家层面的法律，加强对地方政府的监督。但是，“块”的地方立法有可能与“条”的行政立法相冲突。因此，水安全综合立法决策机制的改善需要理顺国家水利部门、生态环境主管部门与地方政府的“条”与“块”的关系。“条”与“块”的环保权责应通过法律明确，“条”的立法应该以建立环保执法监督制度为主，“块”的立法应该以保障环保执法协调制度为主。2016年7月22日中共中央办公厅、国务院办公厅印发的《关于省以下环保机构监测监察执法垂直管理制度改革试点工作的指导意见》，集中体现了党中央、国务院对省以下环保机构监测监察执法垂直管理制度改革工作的导向和要求，明确了地方党委和政府对生态环境负总责的要求，强化了地方党委和政府生态环境主体责任，并通过“条”上的垂直改革来倒逼地方党委和政府将环境综合立法决策制度化、机制化、长效化，这种制度有利于促进条块结合协商立法模式的形成。

区域协同从字面意思理解是指不同地区之间的协作或合作，但还可以从不同角度来解析。区域是一个空间概念，它是客观存在的，不同的学科对其定义有所不同，法学中的区域概念是从国家权力的角度划分的，是指给予一定行政区划范围相应权力的合法性。协同是指两个或两个以上的不同事物或者个体共同完成一件事或者达到一个目标。“协”字蕴含了协调、协和、协商的基本含义，协商、协调是获得协同合作成果的必经过程，拥有一个完善的协商、协调程序，不同事物或者个体才能共同完成一件事或者实现共同利益。区域协同立法是指在一定的区域内，有不同立法权的立法主体，根据事先拟定的立法协议，按照一定的立法程序，协商或协同而进行的立法。而区域环境协同立法是指一定区域内，不同的有立法权的主体，为了实现生态环境资源保护、经济社会的绿色发展，根据一定的程序，进行相应的协同立法。

区域协同立法是随着国家实施区域协调发展战略，将城乡建设、环境保护等立法权下放而出现的。如，长江经济带发展战略确定后，为了推动区域内经济发展，建立长三角地区区域协同立法协调机制，上海与江苏、浙江两省人大常委会通过签署座谈会会议纪要的方式，探索区域协同统一立法，推动长三角区域法治建设的协调工作。在此之后，上海、江苏、浙江的人大常委会之间多次展开交流互动，并且试图通过建立具体的立法项目来进行协同立法实践，但面临着区域协同立法的必要性不足，内容不具有规范性，立法项目难以纳入立法程序等困境和难题，尤其是当时还没有出现大面积环境污染问题，区域环境协同立法并不在理论界和各区域关注范围内。2020年颁布的《长江保护法》明确规定，建立区域协调机制，共同应对流域内出现的环境问题。这表明区域协同在区域协调发展战略方面有着很大的作用，也为我国解决区域协调发展等问题奠定了坚实基础。

在立法权的行使方面，区域协同立法主体的立法活动都要做到有法可依，依法行使。但长期以来，这种合作还存在立法主体、立法内容和立法程序不清晰的问题。现有的区域协同立法只停留在了省级人大和政府层面，区域协同立法并没有落实到设区的市，导致一些长三角区域协同立法的主体范围很窄，从而合作的空间也相应减少，使得一些本可以在区域内通过共同合作推进的事项还处于分散或无法开展的状态。在某些事项的规定上，地方政府制定的规章可能与作为区域协同立法主体的地方人大制定的法规相冲突。

2. 协同司法的运行问题

在司法方面，2018年12月25日，最高人民检察院召开新闻发布会，通报2018年以来检察公益诉讼工作情况，发布第十三批指导性案例及检察公益诉讼十大典型案例。“安徽省芜湖市镜湖区检察院诉李某等人跨省倾倒固体废物刑事附带民事公益诉讼案”作为诉讼程序典型案例入选检察公益诉讼十大典型案例。

> [**案例6-4**]2017年1月，李某在无固体废物处置资质的情况下，成立某环保服务公司，与黄某、张某等人共同实施工业污泥的跨省非法转

移和处置。2017年10月中下旬，李某从江苏、浙江等9家企业收集工业污泥共计2 500余吨，黄某通过联系运输船主高某、沈某、张某，先后两次将污泥运至安徽铜陵长江边，吴某、林某、朱某、查某联系浮吊老板潘某，将污泥直接倾倒于铜陵市江滨村江滩边，造成长江生态环境严重污染。经鉴定，倾倒的污泥等固体废物中含有重金属、石油溶剂等有毒、有害物质，倾倒区域的地表水、土壤和地下水环境介质均受到了不同程度的损害，造成包括应急监测、应急清运和应急处置等公私财产损失共计790余万元，生态环境修复费用310余万元。此外，被告人李某、黄某、张某等人还涉嫌非法倾倒4 410余吨工业污泥未遂。案件发生后，检察机关提前介入此案，完善固定了长江生态环境受污染、破坏的证据。同时引导公安机关调查取证，有力证实了涉案企业主观上存在过错，客观上存在违法违规的行为。2018年7月16日，芜湖市镜湖区人民检察院以被告人李某等12人犯污染环境罪向法院提起公诉，同时对上述被告人及9家源头企业提起了刑事附带民事公益诉讼，要求其共同赔偿因非法倾倒污泥造成环境污染所产生的应急处置费、环境损害修复费、鉴定评估费等各项费用共计人民币1 302万余元。2018年10月15日，芜湖市镜湖区人民法院作出一审判决，以污染环境罪判处各被告人有期徒刑六年至一年零六个月，并处罚金人民币20万元至1万元不等。判处涉案9家源头企业与各被告人在各自非法处置污泥的数量范围内承担相应的环境侵权损害赔偿责任，并在省级媒体上向社会公开赔礼道歉①。

该案例是司法部门介入保护重点流域治理的案件，但还不是典型的跨界水污染纠纷处理的案件。《环境保护法》第20条规定："国家建立跨行政区域的重点区域、流域环境污染和生态破坏联合防治协调机制，实行统一规划、统一标准、统一监测、统一的防治措施。前款规定以外的跨行政区域的环境污染和生态破坏的防治，由上级人民政府协调解决，或者由有

① 最高检发布检察公益诉讼十大典型案例[EB/OL].(2018-12-25)[2022-01-04]. https://www.spp.gov.cn/spp/zxjy/qwfb/201812/t20181225_403489.shtml?tdsourcetag=s_pcqq_aiomsg.

关地方人民政府协商解决。"《水污染防治法》第16条规定："防治水污染应当按流域或者按区域进行统一规划。国家确定的重要江河、湖泊的流域水污染防治规划，由国务院环境保护主管部门会同国务院经济综合宏观调控、水行政等部门和有关省、自治区、直辖市人民政府编制，报国务院批准。"

建构跨界环境纠纷巡回法院，通过司法途径解决跨界政府间水事纠纷的呼声在我国日益高涨。根据我国《民事诉讼法》第3条的规定，能提起民事诉讼的仅限于平等民事主体间的水事纠纷，并不包括不同行政区域行政主体之间的水事纠纷。即根据《水法》第56条，跨界水事纠纷被排除在诉讼救济之外。这严重制约着我国跨界水事纠纷的处理效果。美国为了解决不同州、地方之间的水事纠纷，设置了一些跨区域的联邦法院或地方法院。很多专家学者建议吸收借鉴外国成功经验，设置跨行政区域的环境资源巡回法庭，以解决不同行政区域之间的跨界水事纠纷案件。

第七章 生物安全的国内法教学案例

生物多样性是人类赖以生存的物质基础，森林、草原及地球上生活的野生动植物等与人类构成了生命共同体。张载在《西铭》中说："乾称父，坤称母；予兹藐焉，乃混然中处。故天地之塞，吾其体；天地之帅，吾其性。民吾同胞，物吾与也。"就中国法文化的"民胞物与"来说，就是要以仁爱的德性对待宇宙间的万物，将其视为人类的同伴而平等地予以关照。因此，本章内容包括森林法、草原法和动植物保护法等国内典型生态环境保护立法和司法案例。

第一节 森林法教学的案例分析

森林是以树木为主体组成的地表生物群落，具有丰富的物种、复杂的结构、多种多样的功能。作为森林重要组成部分的树木被砍伐后，经初步加工，可作为建筑及制造器物的材料。而作为整体的森林更是人类的资源宝库，具有重要的生态功能，能保护土壤、涵养水源、调节气候、制造氧气、净化空气、消除噪声等。正是由于森林的重要性，依法治林护林成为森林保育的重要方略，森林法治成为生物安全法律保障的重要内容。

一、森林法教学的导入

人类社会的发展是从森林狩猎文化到农耕文明的。中国封建社会是典型的农耕社会，这造成中国传统法文化比较重视耕地、水资源开发利用，而对森林资源立法保护不够重视。因此，历史上因为决策上的失误引起的生态环境问题是很多的，比如围湖造田、把草原变成耕地等。新中国成立以来，依法治林取得了较大成绩，但随着人们日益增长的生态安全和环境权利保障需求，森林法律体系还需完善。改革开放以来，林业在国民经济中的地位正在发生着历史性的转变，其中最核心的是从木材生产到生态建设的转变。在可持续发展的时代，可以说没有森林，就没有宜居的环境，没有祖国的秀美山川。

（一）森林生态问题分析

森林对于人类社会可持续发展非常重要。从《诗经・魏风・伐檀》中我们可以看到古人狩猎、农耕的生活图景，《孟子・梁惠王上》记载了“五亩之宅，树之以桑，五十者可以衣帛矣”的男耕女织的田园生活，唐代柳宗元的《种树郭橐驼传》中描写了种树为富人观游及卖果者营生的渠道，唐代诗人白居易的《卖炭翁》说明了森林可以“伐薪烧炭”。正是因为认识到森林生态系统与人类生活的密切关系和对经济的作用，古人也制定了一些诸如“春三月，山林不登斧”的禁令。近代以来，受国外生态环境科学、法学的影响，我国也萌生了一些依法治林的论述。早在1929年梁希撰写的《民生问题与森林》中就对森林作过精辟的论述，他指出人类早在猿人时代就生活在森林中，“森林是人类的发祥之地。人类所以能够发达到现在的地步，都是森林的功劳”。后来农、林分业，“农业家管着‘衣’‘食’，林业家管着‘住’‘行’。所以那个时代的民生问题，一半靠着农业，一半是靠着林业”。到了19世纪，“森林不但管着‘住’‘行’，并且管着‘衣’‘食’的一部分”。“国无森林，民不聊生！”“我们若要教我们做东方的主人翁，我们若要把我们中国的春天挽回来，我们万万不可使中国‘五行缺木’！万万不可轻视森林！”[①]现代社会，树木更浑身是宝。在经济功能方面，工业、农业和日常生活都需要木材。在林场，森林工业的出现使得森林的经济用途更为广泛。中国的森林工业是从20世纪50年代开始形成的，其主要任务是对现有的天然林或已成熟的人工林进行合理采伐，并以生产的木材及树木的皮、叶、果、液等为原料加工生产各种木

① 《梁希文集》编辑组.梁希文集[M].北京：中国林业出版社，1983：1-7.

制品和林化产品，以满足国民经济的需要。在日常生活方面，实木家具非常受欢迎。20世纪80年代，外出打工是农民发财致富的一个重要路径，很多男孩子外出学木工。

由于木材加工的巨大市场需求，也出现了乱砍滥伐带来的生态破坏问题。例如，我国西北、华北、东北地区（合称“三北地区”）历史上曾是森林茂密、草原肥美的富庶之地，由于人为和自然力的作用，很多地方的植被遭到破坏，土地沙漠化、水土流失十分严重。三北地区分布着八大沙漠、四大沙地，沙漠、戈壁和沙漠化土地总面积约150万平方千米，从新疆一直延伸到黑龙江，形成了一条风沙线。在黄土高原，水土流失面积约占这一地区总面积的90%，在黄河下游的有些地段河床高出堤外地面3—5米，成为地上“悬河”。黄土高原地区年均降水量约400毫米，形成了“十年九旱，不旱则涝”的气候特点。风沙危害、水土流失和干旱带来的生态危害严重制约着三北地区的经济和社会发展，使这些地区的人民长期处于贫困落后的境地，同时也构成对中华民族生存发展的严峻挑战。1978年，国家决定在西北、华北、东北风沙危害、水土流失严重的地区，建设大型防护林工程，即带、片、网相结合的“绿色万里长城”。三北防护林工程使三北地区的森林覆盖率大大提高，从根本上改善了生态环境和生产条件，被誉为“世界生态工程之最”。

1981年9月，针对四川、陕西等省发生的特大洪涝灾害，邓小平指出，洪灾问题涉及林业，涉及森林的过量采伐，可以规定每年每人都要种几棵树，比如种三棵或五棵树，要包种包活，国家在苗木方面予以支持。在邓小平的倡议下，1981年12月13日，第五届全国人民代表大会第四次会议通过了《关于开展全民义务植树运动的决议》。这是中华人民共和国成立以来国家最高权力机关作出的第一个关于绿化祖国的重大决议。该决议指出，植树造林，绿化祖国，是建设社会主义，造福子孙后代的伟大事业，是治理山河，维护和改善生态环境的一项重大战略措施。1982年，国务院发布了《关于开展全民义务植树运动的实施办法》。从此，全民义务植树运动以其特有的公益性、全民性、义务性、法定性在中华大地上蓬勃开展[①]。

（二）依法治林决策方略的确定

森林资源是林地及其所生长的林木有机体的总称，是地球上最重要的资源之一，对人类生存发展、经济社会的发展进步都具有非凡意义。然而令人担忧的是，人类发展到今天，由于长期过度采伐和利用，破坏了原本脆弱的森林，致使地球生态环境遭到严重破坏，人类的生存环境“每况愈下”。因此，依法保护森林日益成为人类的共同呼声。

从严格意义上来说，我国封建社会不存在森林法治，只有些林业制度散见于史书中。民国时期，政府对林业的发展也很重视，北洋政府出台了《林政纲要》，并多次颁布、修正《森林法》，虽然后来由于种种原因未能得到实际施行，而且当时的法律主要看重森林的经济价值，并未突出森林的生态和公益价值[②]。

新中国成立后，党和国家领导人都很重视林业发展，专门设立了林业主管部门，促进了新中国森林保护和立法。在1949年9月召开的第一届全国人民政治协商会议上，民主人士梁希提议成立林垦部。林垦部成立后，在全国范围内建立健全林业机构，查明全国现有森林资源，为林业事业的大发展做好准备。梁希被任命为新中国第一任林垦部部长后，曾率领林业科技人员赴渭水林区和小陇山林区（在甘肃天水专区）调查，并与当地干部反复磋商事关子孙后代的林业方针问题：在国家建设事业严重缺乏木材的情况下，风沙弥漫的大西北究竟应该如何解决采伐与营林的矛盾，黄河又该如何彻底整治？梁希指出，解决西北风沙、水土流失的根本办法就是“坚决地、勇敢地、不厌不倦地和它斗争，且必须和它作持久战。战争的武器没有别的，就是森林”[③]。1951年，林垦部改为林业部，垦务工作移交给农业部管理。梁希从多年的摸索中认识到一条真理，即科学工作者不能离开政治。他在1948年发表的专论《科学和政治》中指出：“科学离不

① 林震，冯天.邓小平生态治理思想探析[J].中国行政管理，2014(8)：11.

② 李可.中国森林立法史与《森林法》之修改[J].浙江林学院学报，2005(1)：114-115.

③《梁希纪念集》编辑组.梁希纪念集[M].北京：中国林业出版社，1983：4.

开政治，政治好比土壤，科学好比植物，植物得土壤之力才生长，科技得政治之力才发扬。”①1956年，他在第一届全国人民代表大会第三次会议上提出，只有搞好山区规划，特别是做好合理利用土地的规划，解决农、林、牧之间的矛盾，才可以给群众指出美丽的远景，才可以防止群众滥垦山地。中共中央在制定《一九五六年到一九六七年全国农业发展纲要》时，采纳了梁希的主张。但此阶段国家出台的主要是森林管理政策而不是法律。

1956年，毛泽东主席发出了“绿化祖国”的号召，党中央相继通过了《关于绿化黄土高原和全面开展水土保持工作的决议》《一九五六年到一九六七年全国农业发展纲要》《中华人民共和国水土保持暂行纲要》等，这些中央政策或者决定虽然不是正式的法律，但却发挥着重要的法律作用，客观上推动了我国林业的发展。

1963年5月23日，周恩来总理在听取林业部副部长惠中权汇报林业第三个五年计划时提出：我国要制定森林法，由国务院颁布施行。随后，国务院颁发了《森林保护条例》，此条例具有行政法规的性质，也是我国第一次用法律的形式确立了林权的概念。“文革”期间，森林面积锐减，森林生态恶化。“文革”之后，党和国家领导人逐渐意识到了林业建设的重要性，因而，森林法治的建设也自然地被提上了议事日程。

1978年9月23日至10月12日，国家林业总局在北京市昌平县召开全国林业局局长会议。会议总结了新中国成立以来林业建设的经验教训，讨论了《森林法（草案）》和林业发展规划，研究了加快发展林业的措施。由于历史等诸多原因，1979年2月23日五届全国人大常委会六次会议原则通过的《森林法（试行）》实施效果不理想。森林资源管理有法可依，真正走上法制轨道开始于1984年第六届全国人民代表大会常务委员会第七次会议通过的《森林法》。1984年《森林法》明确提出退耕还林、退耕还草、退耕还湖，这是保护国家生态安全的明智之举，是中国生态环境保护的一个转折点。1998年的特大洪灾，使全国上下更加认识到森林资源保护的重要性，国务院作出了“封山育林、退耕还林、恢复植被、保护生态”的决

① 《梁希文集》编辑组.梁希文集[M].北京：中国林业出版社，1983：154.

策，并启动了“天然林保护工程”。同年，全国人大常委会对《森林法》进行了第一次修正。2009年，全国人大常委会对《森林法》进行了第二次修正。2019年，全国人大常委会又对其进行了修订。

二、改革开放后森林法的立法案例分析

改革开放后，我国森林立法是随着改革开放的深入发展而不断完善的。中国的森林管理体制改革走的是“分—合—分”的道路，曾进行过三次林权改革。随着林权改革的深入，森林立法也得到了加强。第一次林权改革（1979—1991年）是林业“三定”“均山到户”时期，《森林法》经历了确定林权和强化采伐许可制度的发展。第一次林权改革改变了林农长期以山区的自有耕地维持生活的方式，但也出现了一些乱砍滥伐现象。第二次林权改革时期（1992—1998年）推行“四荒”拍卖政策，并形成一定规模的“大户林”，但由于林权不清晰，林权流转的风险性很高。“四荒”拍卖指拍卖荒山、荒坡、荒沟、荒滩的使用权，这是继农村实行以家庭联产承包为主的责任制后土地制度建设的又一次深刻变革和重大突破。由此，在20世纪90年代中后期，大多数集体林区完成了第二次林权改革，即完成了从分到合的过程。第三次林权改革（2003年至今）又重新回到“均山制”，主要是为了吸引投资资本，防止资本过剩，避免对林农管得太死，可环境保护问题凸显出来，森林的生态功能得到了立法加强[①]。

（一）1979年《森林法（试行）》的制定

1979年2月23日五届全国人大常委会六次会议原则通过《森林法（试行）》。这部法律自颁布实施以来，对森林的保护、林业的发展起到了积极作用。

稳定林木、林地的所有权和使用权，保障所有者和使用者的合法权益，是保护森林、发展林业的基础。曾经一段时间，林木、林地的所有者和使用者的权益得不到切实保障，挫伤了广大干部群众发展林业的积极

① 温铁军.我国集体林权制度三次改革解读[N].经济参考报,2009-08-12(3).

性。为了解决好林木、林地的权属，调动各方面的积极性，推动国家、集体和个人都来兴办林业，在邓小平等领导人的提议下，林业部主持草拟了中国历史上第一部森林法草案，1979年2月召开的五届全国人大常委会六次会议原则通过了《森林法（试行）》，并确定每年3月12日为中国的植树节。

但是《森林法（试行）》是在“文化大革命”之后制定的，当时的政治经济刚开始走上正常的轨道，在这样的环境下制定的《森林法（试行）》缺乏成熟的机制和社会条件的支持，对当时森林消耗严重、林业资源采伐过量的相关处罚规定过于笼统、原则，这也导致了后来对于此类问题执行难的问题。例如，1979年《森林法（试行）》第29条规定：“对森林要实行合理采伐。以县或者国营林业局为单位计算，每年的森林采伐量不得超过生长量。国家和地方的木材生产必须全部纳入国家计划，不准进行计划外的采伐。国有林，由国营林业局、国营林场根据国家下达的计划进行采伐。集体所有林，在国家计划的指导下，由森林所有单位与林业部门订立合同，按照合同进行采伐。社队在自己的森林内采伐自用木材，年采伐量超过十立方米的，必须报县革命委员会批准。机关、团体、部队、学校、厂矿、农场、牧场等单位在自己的森林内采伐自用木材，年采伐量超过一百立方米的，必须报省、自治区、直辖市林业部门批准。”《森林法（试行）》是在我国“文化大革命”之后，初步总结林业建设经验的基础上制定的，由于历史条件的限制，本身有不完善之处。一是对控制森林消耗，扭转过量采伐的措施不够有力；二是有关处罚的规定过于原则、笼统，在实际工作中不好执行。且由于我国的经济立法和执法工作还比较薄弱，《森林法（试行）》又是全国人大常委会原则通过的试行法，在有些地方未能认真贯彻实施。

（二）1984年《森林法》的制定

20世纪80年代初，我国森林资源很少，且破坏十分严重，护林、育林又是一项群众性、社会性的事业，将《森林法（试行）》转变为正式法律的时机已经成熟。林业部、司法部等部门多次召开座谈会，交流《森林法（试行）》实施情况，对有关问题进行研究和协调，最后经国务院审查，形成了1984年的《森林法》修改草案。

为了实现森林的永续利用，除从计划上控制采伐量以外，林业部门必须对采伐实行严格的管理。随着工业的发展，公害的增加，世界许多国家对森林的保护和采伐管理都日趋严格。即使是资本主义国家，鉴于森林的公益性，对私有林的采伐也严格审批以防滥用资源，损害社会公共利益。我国是社会主义国家，森林覆盖率较低，更应从长远的利益出发，严格采伐管理，防止过量消耗。因此，1984年《森林法》对森林采伐管理作了全面修改补充，规定任何单位和个人采伐自己所有或经营的森林、林木，都必须申请采伐许可证，凭证采伐，并分别对国营林业企业事业单位、集体经济组织、个人等的采伐，规定了不同的审批手续。同时规定了签证机关有权停止不合理的采伐，有权对采伐迹地更新不好的单位停发采伐许可证等。

1984年《森林法》强化了森林采伐许可制度，在一定程度上保护了森林资源和稳定了林权。例如，1984年《森林法》第3条第2款规定："全民所有的和集体所有的森林、林木和林地，个人所有的林木和使用的林地，由县级以上地方人民政府登记造册，核发证书，确认所有权或者使用权。"但是实践中，由于一些地区从局部利益出发，通过确权发证蚕食国有重点林区，导致中央投资形成的国有森林资源的流失和破坏。为此，1989年5月31日林业部印发《关于加强林木采伐许可证管理的通知》，开始实行全国统一的林木采伐许可证制度。

（三）1998年《森林法》的修正

20世纪末是我国改革开放和经济建设的关键时期，社会主义市场经济体制逐步建立，我国林业面临的体制环境也发生了很大变化，为了使林业的发展更加适应社会主义市场经济的发展，突出林业在社会主义建设中的作用和更加有效地保护和管理我国森林资源，改善生态环境，1998年国务院机构改革时，将林业部改为国务院直属机构国家林业局。我国于1998年对《森林法》进行了修改，1998年4月29日九届全国人大常委会二次会议审议通过了《关于修改〈中华人民共和国森林法〉的决定》，使《森林法》逐步从经济法转化为环境资源法。

《森林法》自1985年1月1日实施以来，在保护、培育、合理利用森林资源和加快国土绿化方面发挥了重要作用。但是随着经济和社会的发展，森林资源的保护与管理出现了一些新的情况，1984年《森林法》的某些规定已经明显不适应形势发展的需要，亟须修改、完善。1988年以来，全国人大代表和全国政协委员不断提出修改《森林法》的建议和议案，修改《森林法》还被列入了《八届全国人大常委会立法规划》。为了加强对征用、占用林地的管理，有效保护森林资源，国务院办公厅1994年发布的《关于加强森林资源保护管理工作的通知》中明确规定征用、占用林地，要经林业部门初审同意，严格履行审批手续。实践证明，在批准征用、占用林地改作建设用地前，由林业部门初审把关，是控制占用林地、保护森林资源的有效措施，十分必要。为了进一步加大对森林资源的保护力度，将这一规定上升为法律，林业部草拟了《〈中华人民共和国森林法〉修正案（送审稿）》，并上报国务院。之后，国务院法制局征求了财政部、国家土地管理局等22个部门和黑龙江、福建等14个省、自治区、直辖市以及中国林业科学院等4个科研单位的意见，到广东、福建、河北3省进行了实地调查研究。在此基础上，与林业部对送审稿进行了反复研究、修改，形成了《〈中华人民共和国森林法〉修正案（草案）》，强化了生态水源林的保护。

1998年洪水过后，政府采取了断然措施，修改了《森林法》，增设生态效益补偿制度，对长江上游、黄河中上游的天然林实行了禁伐，把这两个流域的林业工人都由砍树人变成种树人[①]。而且，1998年《森林法》对林业基金制度进行了修改，扩大育林费的征收范围，扶持集体和个人造林、育林，以及对木材的收购和销售实行保护性价格等，都作了原则性的规定。1998年将《森林法》第3条第2款修改为："国家所有的和集体所有的森林、林木和林地，个人所有的林木和使用的林地，由县级以上地方人

① 丁伟，严冰，李忱．我国环境保护成效明显任务艰巨[N]．人民日报，2001-03-1■(8).

民政府登记造册，发放证书，确认所有权或者使用权。经国务院批准确定的国家所有的重点林区的森林、林木和林地，国务院可以授权国务院林业主管部门，对国务院确定的国家所有的重点林区的森林、林木和林地登记造册，发放证书，并通知有关地方人民政府。”在盘活林业经济的情况下，1998年《森林法》还通过了一项重要制度，即森林生态效益补偿制度，这是从行政规章、行政法规上升到法律的又一范例。鉴于森林在改善自然生态平衡中的巨大作用和林业生产周期长、收益慢的特点，世界上许多国家都制定了扶持和奖励的政策，从财政上大力资助发展林业。我国发展林业主要靠政策、靠科学、靠亿万人民的劳动积累，但随着国民经济的发展，必须逐步通过法律来保证发展林业有必要的资金来源。

（四）2019年《森林法》的修订

在2014年3月举行的十二届全国人大二次会议期间，全国人大代表提出关于修改《森林法》（2009年修正版）的议案，修改《森林法》被列入十二届全国人大常委会立法规划和国务院2014年立法工作计划，由国家林业局负责起草。按照全国人大常委会要求，全国人大农业与农村委员会提前介入相关工作。农委全体会议听取了《森林法》修改工作情况汇报，并多次组织开展专题调研。农委建议，国务院有关部门应认真研究代表议案提出的意见，抓紧完善《森林法》修改草案，适时提请全国人大常委会审议①。

第三次林权改革之后农民营林造林的热情高涨，但受到采伐限制比较多，国家这次修改《森林法》，目的之一是解决采伐限额指标等问题。2016年9月27日，国家林业局就《中华人民共和国森林法（2016年修改征求意见稿）》（以下简称《森林法意见稿》）向社会征求意见。《森林法意见稿》中，新增了第38条：“国家实行天然林保护制度，对天然林只允许进行抚育和更新性质的采伐，保护和恢复天然林资源。”第57条规定，采伐经济林、能源林不需要申请采伐许可证。因为申请采伐限额指标程序复

① 陈丽平.代表建议修改森林法　修改草案征求意见稿已形成[N].法制日报，2015-02-16(3).

杂，时间过长，一些老百姓不愿意去申请。

2019年12月28日第十三届全国人民代表大会常务委员会第十五次会议通过新修订的《森林法》。新修订的《森林法》秉持尊重自然、顺应自然，生态优先、保护优先，促进森林资源可持续发展的原则，以保护、培育和合理利用森林资源，加快国土绿化，保障森林生态安全，建设生态文明，实现人与自然和谐共生为根本目的，从森林权属、发展规划、森林保护、造林绿化、经营管理、监督检查、法律责任等方面作出详细规定。新修订的《森林法》在结构上作了较大调整，共9章84条。在修改总体思路上，把握国有林和集体林、公益林和商品林两条主线，建立和完善了森林资源保护管理制度。主要有森林权属制度、分类经营管理制度、森林资源保护制度、造林绿化制度、林木采伐制度、监督保障制度。其中，“森林权属”一章明确了森林、林木、林地的权属，确定了国有森林资源的所有权行使主体，规定了国家所有和集体所有的森林资源流转的方式和条件，强调了国家、集体和个人等不同主体的合法权益；“对公益林和商品林实行分类经营管理”首次作为基本法律制度写入“总则”一章。同时，还在“森林保护”“经营管理”等章，对公益林划定的标准、范围、程序等进行了细化，对公益林、商品林具体经营制度作了规定，体现了公益林严格保护和商品林依法自主经营的立法原则①。

三、森林司法案例分析

中国虽然开展了三次林权改革活动，但改革过程中法律保障并没有适时跟进，林权改革政策与我国当时的《森林法》《环境保护法》等法律还有许多不协调之处。如2009年我国对《森林法》修改后，各地政府逐渐开展《森林法》实施办法的制定工作，根据各地的特殊情况出台了相应的实施办法，但由于林权改革政策的几次调整，一些林权权属的相应凭证因林

① 胡可明.全国人民代表大会宪法和法律委员会关于《中华人民共和国森林法(修订草案)》修改情况的汇报[EB/OL].(2020-01-02)[2022-01-04].http://www.npc.gov.cn/npc/c30834/202001/ebc37180750a43148d5163b389025559.shtml.

地管辖权发生变更而没有得到及时交接和变更，以致出现很多林权权属纠纷案件。

（一）典型案件介绍

［**案例7-1**］2014年，广西壮族自治区龙胜各族自治县龙胜镇日新村相邻的外寨组和日新组因山林纠纷而产生诉讼。双方产生争议的大花山的四至界线为：上凭沟，下凭足球场，左凭花山东面田角与茶山交界处直下至足球场，右凭足球场球门后干沟直上一株枫树上至田角。面积约三亩，争议山场内有松树、枫树、杂木树，有部分山场及浸沟被填平做足球场。在“土改”“合作化”“四固定”时期没有确权。1981年林业“三定”时，日新村村民委员会召集各村民小组代表进行踩山划界，确定了外寨组与日新组的山场界线，并由龙胜各族自治县人民政府（以下简称“龙胜县政府”）向双方颁发了《山界林权证》，双方所持的《山界林权证》所记载相邻界线相吻合。1985年实行家庭联产承包责任制时，外寨组将争议山场承包给村民谭某明（谭某乾）户，并核发了《自留山证》，而日新组将争议山场承包给村民谭某贵户，也核发了《自留山证》。由于此地较偏远，外寨组曾于20世纪70年代经营过，80年代后，双方都没有到争议山场进行开发经营。2009年龙胜县城北岸开发需征用此山场，双方对各自所持的《山界林权证》记载的“花山东面田角下至浸沟”的界线理解不同而引发纠纷。2012年8月7日，外寨组申请被告龙胜县政府处理。被告于2014年1月7日作出处理决定，将现足球场角（公厕方向足球场角）直上至水沟为界，依山坐向，左边归外寨组所有，右边归日新组所有。外寨组不服，向桂林市人民政府提出行政复议申请。桂林市人民政府于2014年5月21日作出行政复议决定书，维持了龙胜县政府作出的处理决定，原告日新组不服，向法院提起行政诉讼，请求法院撤销被告龙胜县政府于2014年1月7日作出的处理决定，同时判决被告龙胜县政府重新作出具体行政行为。

一审判决认为，根据《土地管理法》和《森林法》的规定，土地所有权和使用权争议，由当事人协商解决，协商不成的，由人民政府处理。单位之间的争议，由县级人民政府处理，单位之间发生的林木、林地所有权和使用权争议，由县级以上人民政府依法处理。对本案土地、山林所有权和使用权纠纷进行处理是龙胜县政府的法定职责。原告日新组与第三人外寨组争议的大花山山场的界线相邻，在“土改”“合作化”“四固定”时期没有确权。1981年林业“三定”时，日新村村民委员会召集各村民小组代表进行踩山划界，确定了外寨组与日新组的山场界线，并由龙胜县政府向双方颁发了《山界林权证》，双方所持的《山界林权证》所记载相邻界线相吻合。只是花山东面实际存在两个田角，双方的证书都没有明确以哪个田角为分界线。在双方发生纠纷后，被告龙胜县政府主持调解仍不能解决的情况下，被告依据法律的授权，从有利于团结、有利于生产、有利于管理的原则出发，实事求是地考虑双方群众的利益，作出处理决定并无不当。综上所述，被告龙胜县政府作出的处理决定事实清楚，证据充分，适用法律法规正确，程序合法。依法判决维持被告龙胜县政府于2014年1月7日作出的处理决定。

一审判决后，日新组不服，提出上诉称，一审认定事实不清，证据不足。一审判决在未查清日新组和外寨组争议的基本事实即争议的界线走向和双方界线相吻合“点”在哪里起始的情况下，就错误地维持被上诉人的错误的处理决定。一审判决对被上诉人的具体行政行为的合法性未进行认真审查，导致错案发生。请求上级人民法院依法撤销一审判决，改判撤销龙胜县政府的处理决定。

被上诉人龙胜县政府辩称，日新组称“一审认定事实不清，证据不足”，并以此为由提出上诉，其理由是不能成立的。争议双方是日新村土地相邻的两个生产组，在1952年分别进行了土地改革。“合作化”“四固定”时没有进行调整。1981年林业“三定”时，经各生产队代表进行协商踩界，龙胜县政府给双方颁发了《山界林权证》。1985年实行家庭联产承包责任制时，双方都将争议山场分别承包给农户，并都核发了《自留山证书》。2009年龙胜县城北岸开发需要征用此山场，双方对所持有的《山界林权证》上记载的“花山东面田角下至浸沟”的界线理解不同。花山东面田有两个田角，而《山界林权证》上并没有注明以哪个田角作为分界线，因此引发纠纷。鉴于争议双方对分界线理解不一，龙胜县政府依法作出了处理决定，明确了争议双方土地权属界线，这是龙胜县政府在职权范围内依法作出的具体行政行为。一审法院审理程序是合法的。一审法院严格按照行政诉讼举证责任倒置的原则，要求龙胜县政府对作出具体行政行为的事实依据、调处程序、法律依据等进行举证，在经过开庭审理等法定程序后，依法作出了行政判决书，其审理程序是完全合法的。龙胜县政府处理决定认定事实清楚，程序合法，适用法律、法规正确，实体处理恰当，是正确的具体行政行为。一审法院判决是正确的，上诉人的理由不充分，请求二审法院驳回上诉，维持原判。

经法院审理查明，一审判决认定的证据合法、有效，可作为定案的依据。在二审期间，当事人没有提供新的证据。据此，二审法院查明的事实与一审判决认定的事实一致。

法院认为，被上诉人龙胜县政府作为国家行政机关，依法有权对辖区范围内的土地、山林所有权和使用权纠纷进行处理确权。上诉人日新村日新组与外寨组争议的大花山山场的界线相邻，在“土改”“合作化”“四固定”时期都没有确权过。1981年林业“三定”时，日新村村民委员会召集各村民小组代表进行踩山划界，确定了外寨组与日新组的山场界线。并由龙胜县政府向双方颁发了《山界林权证》。双方当事人所持的《山界林权证》所记载相邻界线相吻合，但是在争议地花山东面实际存在两个田角，而双方的证书都没有明确以哪个田角为分界线。在双方发生纠纷后，经现场勘察、绘制权属界线图后进行调解，在调解无效的情况下，被上诉人龙胜县政府依法律的授权，根据本案的管理事实和客观实际，在尊重历史、考虑现状的前提下，遵循有利于团结、有利于生产、有利于管理的原则，将争议地分别划分确权归上诉人日新组和外寨组，其实体处分适当，是正确的，法院应予支持。一审判决认定事实清楚、证据充分，适用法律正确，程序合法。

（二）判解分析

林权纠纷就是因林木、林地的占用、使用、收益和处分所引发的纠纷。林木和林地都属于森林资源，但二者之间有实质性区别：林木资源具有用完即不能恢复的特点，而林地资源是一种生产要素资源，可以被循环利用。根据两种资源的特殊性，林地的权利归属更能引起林农的关注。由于我国林地实行的是国家所有和集体所有、家庭承包经营的模式，林权纠纷常表现为家庭之间、村与村之间以及不同村民小组之间产生的林木、林地纠纷，而不仅限于公民个人之间的纠纷。而且随着森林立法逐步从重视森林的经济作用到生态作用，林权纠纷受到了生态环境保护的影响。

上述案件是广西壮族自治区桂林市中级人民法院审理的一起林权纠纷案件，虽然是民事经济纠纷，但也属于大环境法的范围，后来又有了行政机关的干预，出现了经济法律关系或行政法律关系，法律关系更加复杂，其背后隐含着国家经济政策、环境保护政策的调整。由于经济法、环境法与国家的政策有很大的关联性，因此，在环境司法中，需要结合国家政策来理解法律。就本案的法律关系属性而言，的确是民事经济法律关系，及其引发的行政法律关系。争议双方是土地相邻的两个生产组，在1952年分别进行了土地改革，“合作化”“四固定”时没有进行调整。1981年林业“三定”时，龙胜县政府给双方颁发了《山界林权证》。2009年龙胜县城北岸开发需征用此山场，由于双方的证书都没有明确以哪个田角为分界线，双方对所持有的《山界林权证》上记载的界线理解不同而产生争议。龙胜县政府依法作出了处理决定，明确了争议双方土地权属界限，这是县人民政府在职权范围内根据国家政策作出的具体行政行为。在林权纠纷这样的环境司法行政诉讼案件中，法官不仅要理解法律关系的属性，还要理解国家林权改革的政策和森林立法调整范围的变迁，通过行政机关的配合来处理环境司法疑难案件。

因为历史或者地域划分的原因造成山林的产权不清晰，山林纠纷是农村常见的一种产权纠纷。相比汉文化区域的农耕文明，居住于东北、西南的一些少数民族，他们的文化属于山林文化。这些地区的森林覆盖率处在全国前列，林权纠纷较多，也比较复杂。下面再以广西大瑶山森林公园中出现的山林纠纷案件为例，谈谈少数民族地方森林司法案件出现的一些新特点。

1. 公益林补偿纠纷

广西金秀瑶族自治县的大瑶山地区是广西森林重点保护区之一，该区域是全国瑶族主要聚居地之一。金秀县生态环境优良，全县森林覆盖率较高，有“大瑶山国家级森林公园”的美誉。金秀大瑶山1988年被自治区人民政府确定为省级风景名胜区，1997年经国家林业局批准建立大瑶山国家森林公园，2000年经国务院批准建立大瑶山国家级自然保护区，2001年列入森林生态效益补偿试点。长期以来，大瑶山地区面临着环境保护和当地世居民族发展的矛盾，而且这种矛盾在社会转型中日益突出。大瑶山地区金秀县六巷乡的胶厂屯与香桥屯是两个典型的瑶族村寨，20世纪80年代以来两村就常因交界处的六鹿冲的2 000多亩林地“插花地”（指没有明确的区域界线，双方互占的林地）权利归属产生纠纷。2002年国家对大瑶山地区的居民以村寨为单位进行生态补偿，乡政府把这块林地划为公益林并按照规定给予补助款，两村因公益林的补助款归属问题再次发生尖锐的矛盾。2012年初，两村群众因在该片土地上植树造林再次发生争议并上访至六巷乡政府。六巷乡政府、林业站、村委会等组成调解组对现场进行勘界勾图、进村调查取证，结合图纸逐一进行确认。乡政府从民族团结角度出发提出调解方案，并以“团结酒”的方式协调双方矛盾。最后，两村就双方保持永久性“插花”的解决方案达成一致，即搁置产权争议，协商开发收益的分享。

2. 不同时期林种划分不同引起纠纷

改革开放前期，由于没有国家法律层面的森林立法，造成了森林资源破坏相对严重，次生灾害多发的后果。到20世纪80年代，人们渐渐地意识到森林法在保护、培育和合理利用森林资源方面的重要作用，国家出台了多部对森林资源进行保护的法律法规。也就是在这一阶段的1984年，我国拥有了第一部真正意义上的《森林法》。1984年的《森林法》虽然明确了保护、培育和合理利用森林资源的立法目的，但由于当时我国对林业产品的需求增加的速度大于森林资源的再生速度，因此像乱砍滥伐等破坏森林资源的现象很多。到80年代末可供开发利用的林木资源已经濒临枯竭，并在当时引发了大规模的生态问题，比如荒漠化、洪涝灾害等。1998年在修改《森林法》时设立了森林生态效益补偿基金等制度，较1984年的《森林法》虽然取得了很大的进步，对保护森林资源的生态利益也有涉及，但还是以人本主义为立法指导思想，没有协调好森林资源的经济效益与生态效益的关系。一方面只重视林业经济，忽略了森林资源对环境调控的重要意义；另一方面又对市场干预过多，管了一些不该管的事情，使得森林立法目的与林权改革目标不协调。在2000年国务院批准建立大瑶山国家级自然保护区以前，金秀瑶族自治县长垌乡可以砍树卖，一些村里还有花岗岩开采厂、木材加工厂、铜矿场。2008年，为了保护珠江水系的源头，金秀瑶族自治县按照“生态立县”发展思路，根据公益林与商品林区域的不同，将一些划为公益林区域村寨的木材加工企业、矿产加工企业等相继关闭。同在金秀，长垌乡屯西村因未划入生态公益林范畴，林权纠纷则多表现为商品林、经济林的收益纠纷。

3. 不同时期林权确认不一致引发的纠纷

头排镇位于大瑶山国家森林公园以外的平原区域，1983年以前归鹿寨县管辖，现由金秀瑶族自治县管辖。头排镇的农业以水稻种植为主，是金秀重要产粮基地之一，但辖区内也有丰富的商品林木资源。由于交通便利，头排镇也成为金秀的商品集散中心之一，一些木材加工厂等企业也进驻该镇。由于头排镇行政区划的调整，该镇发生的林权纠纷就具有国家政策和法律的磨合特色。2010年金秀县头排镇同扶村在林权确认过程中，该村其他三个队认为第三队未得到同意，就强占本村共有林地中的340亩，并将其中的135亩林地私自发包给廖某种植，侵犯了他们的林权。第三队则认为，1983年头排镇属于鹿寨县管辖时，鹿寨县政府向同扶村颁发了《山界林权证》，将762亩林地划归同扶村四个生产队共同所有。1990年村委会将其中的340亩林地分给第三队村民自主经营。2008年国家启动第三次集体林权改革后，2010年金秀县政府向林农颁发《林权证》，第三队向林农廖某发放《社员自留山证》予以确权。可是，1983年颁发给同扶村的《山界林权证》与2010年颁发的《林权证》所标记的四至界址以及面积不一致。对于同扶村同一片林地，既有鹿寨县颁发的《山界林权证》又有金秀县颁发的《林权证》予以确权，但两证所记载的林地范围不一致，这就必然产生林权纠纷。

第二节　草原法教学的案例分析

为了加强学生对草原法的生态环境认知，本节内容从草原的景色描写导入。老舍的《草原》描写到："在天底下，一碧千里，而并不茫茫。四面都有小丘，平地是绿的，小丘也是绿的。羊群一会儿上了小丘，一会儿又下来，走在哪里都像给无边的绿毯绣上了白色的大花。"[①]

一、草原立法案例分析

草原游牧文化是中国西部和北部干旱、半干旱地区生活的先民形成的与自然和谐发展的人类文明，主要分布在内蒙古高原、青藏高原、黄土高原等地区，也是中华各区域文化中分布最广的区域文化。中国游牧文化是中华文化的重要组成部分。在文化类型上，这个以西部和北方游牧文化为支撑的草原文化体系，与中部的农耕文化和南部的山地游耕文化一起构成我国三大类型经济文化区。历史上，具有勇敢、刚强、自然和谐等精神元素的草原文化与倡导仁治的中原农耕文化长期碰撞、交流、吸收、融合，形成了具有多元统一性的中华文化体系。

游牧文化崇拜、依赖、适应大自然，与自然融为一体，完美的自然环境是畜牧业发展的基础条件和基本资源。蒙古包，古代称为"穹庐"或"毡帐"，是蒙古民族特有的传统民居，是历史上"逐水草而居"的游牧生活方式的产物。北朝民歌："敕勒川，阴山下。天似穹庐，笼盖四野。天苍苍，野茫茫，风吹草低见牛羊。"寥寥二十余字，展现出中国古代关外牧民生活的壮丽图景。草组成草原，鸟、兽、牲畜聚合成群，草原上的人们同样具有强大的凝聚力。游牧人以血缘为纽带，以地域分聚落，过群居生活。游牧社会以家庭为细胞，以部落为单位，集体放牧，追逐水草而成。由部落占地放牧，家庭负责放养。在游牧社会中，牧民与牲畜相依为

① 老舍.老舍经典散文全集[M].哈尔滨:北方文艺出版社,2017:50.

命，并形成特有的生命意识，而不像农民那样把自己的人生和庄稼一道扎根在土地之中。经过长期的实践之后，游牧文明成为草原民族的主体文明是有其必然性的。

游牧文化是在游牧生产的基础上，形成与游牧生活方式相适应的文学、艺术、宗教、风俗、习惯（习惯法）和成文法，形成了一个独具特色的游牧民族法律体系。中国是世界上最早制定有关草原保护法令的国家之一。元朝时期，游牧民族法律发展到顶峰，出现了《成吉思汗法典》《图们扎萨克图汗法典》《喀尔喀法典》等。《成吉思汗法典》又称成吉思汗《大札撒》，是蒙古民族第一部成文法典，是北方游牧民族多个世纪以来形成的习惯和习惯法的大集成。成吉思汗《大扎撒》中有“禁草生而锄地”的规定，《元典章》中有“捕猎违禁”“禁治打猎月日”的规定。元朝还制定了《阿勒坦汗法典》，发展游牧，使老弱幼定居。清代的《喀尔喀七旗法典》规定：“失放草原荒火者，罚一五。”这些都是保护草原免受破坏的法律条文。

这些法律法规在游牧社会生产、生活诸方面均严格要求人、畜、自然生态环境三者之间的平衡和协调发展，不希望人、畜无限制增加。元朝曾颁布命令，禁止捕杀天鹅。按内蒙古习惯法，凡对内蒙古人生产、生活起过重要作用的草原、森林、江河、湖泊、山岭等都要祭祀。青草发芽后不许动土，哪怕挖一锹土也要举行宗教仪式，请求神灵保佑。这充分说明在历史上中国游牧文明与草原生态环境之间是有很大契合性的。

至于游牧文化与农耕文化的关系，有一个从冲突到融合的过程。中国多民族统一的历史发展进程实际上是由中原华夏农耕文化，与其周边民族创造的游牧文化、山林文化、渔猎文化，以及东南沿海和岛屿上的海洋文化融合汇成的。秦、汉时期，农耕文化逐渐向牧区推进。而魏晋南北朝时期，匈奴、鲜卑、羯、氐、羌等游牧民族越过长城，进入了农耕文化的生态环境，这样两大文化发生直接碰撞和融合。辽、金、元三代，蒙古草原基本上属于游牧部落。尽管在此期间有过相当规模的屯田，但与汉、唐时期的以耕代牧不同，辽、金、元实行的是以耕助牧政策，没有形成滥垦局面。到了明代，除在内蒙古河套地区再度出现屯兵驻扎外，已有许多内地贫民作为雁行式季节性移民或常住移民自发地迁入内蒙古地区，导致农耕规模再次扩大。清朝早在关外时期，就向外藩蒙古宣布《盛京定制》，入关以后制定了《蒙古律例》《回律》《西宁青海蕃夷成例》《西藏禁约十二事》《西宁青海蕃夷成例》等。光绪二十八年（1902年），清王朝废止了限制汉民移居蒙地的“边禁”政策，正式开放蒙荒，并改私垦为官垦。清统治者在内蒙古实施的这一所谓“新政”，敞开了内地汉民大量涌入草原地区的门户，移民开始在察哈尔、乌兰察布等西部草原地区进行围栏轮牧，尔后在昭乌达、哲里木等东部地区有大批汉民移居，使内蒙古固有的政治经济结构发生了根本性的变化，进而在法律制度、司法制度领域出现了新的挑战和难以解决的生态保护问题。当今社会，如何在现代化发展过程中保护草原生态，游牧文化和草原生态的整体保护问题就顺理成章地提出来了。

新中国草原法的制定，不仅是吸收西方先进文化的结果，也是吸收中华民族优秀传统草原文化的结果，凝结了少数民族群众的实践智慧。1985年6月18日六届全国人大常委会十一次会议通过了《草原法》，标志着第一部全国性的草原法正式出台。《草原法》分别在2002年第一次修订、2009年第一次修正、2013年第二次修正、2021年第三次修正，包括“总则”“草原权属”“规划”“建设”“利用”“保护”“监督检查”“法律责任”和“附则”，共9章75条。

二、草原文化与草原法治的关系

《草原法》的制定和实施，不仅关乎草原作为自然资源的生态安全问题，也关乎草原文化的继承和发扬问题。新中国成立以来，世代生活在草原的牧民生活有了新色彩。草原牧民的新生活，充满了繁荣发展的活力。草原法治的发展，不仅是草原自然生态的保障，也是草原文化生态的保障。

《金色的鱼钩》是人教版小学语文课本中的一篇课文。文中故事发生地松潘草地，位于青藏高原和四川盆地连接段的川西北草原，因青藏高原和四川盆地的拉扯，形成了一大片低洼地带，由于排水不良，松潘草地形成大片的沼泽。水草盘根错节，结成片片草甸，覆盖于沼泽之上。松潘草地气候极为恶劣，年平均气温在零度以下，雨雪风暴来去无常。目前松潘草地经排水疏干，多垦为农田，草地和沼泽面积已大大缩小。当年的松潘湿地现在已经统称为若尔盖大草原了，是我国三大湿地之一，有“川西北高原的绿洲”之称。

碧野的写景散文《天山景物记》中有这样的描述：“天山是我们祖国西北边疆的一条大山脉，连绵几千里，横亘准噶尔盆地和塔里木盆地之间，把广阔的新疆分为南北两半。远望天山，美丽多姿，那常年积雪高插云霄的群峰，像集体起舞时的维吾尔族少女的珠冠，银光闪闪；那富于色彩的连绵不断的山峦，像孔雀开屏，艳丽迷人。”[①]“就在雪的群峰的围绕中，一片绮丽的千里牧场展现在你的眼前，墨绿的原始森林和鲜艳的野花，给这辽阔的千里牧场镶上了双重富丽的花边，千里牧场上长着一色青翠的酥油草，清清的溪水齐着两岸的草丛在漫流。草原是这样无边的平展，就像风平浪静的海洋。在太阳下，那点点水泡似的蒙古包在闪烁着白光。”[②]

翦伯赞在《内蒙访古》一文中写道：“从居庸关到呼和浩特大约有一千多里的路程，火车都在这个广阔的高原上奔驰。我们都想从铁道两旁看到一些塞外风光、黄沙白草之类，然而这一带既无黄沙，亦无白草，只有肥沃的田野，栽种着各种各样的庄稼：小麦、荞麦、谷子、高粱、山药、甜菜等等。如果不是有些地方为了畜牧的需要而留下了一些草原，简直要怀疑火车把我们带到了河北平原……现在的大青山，树木不多，但在汉代，这里却是一个‘草木茂盛，多禽兽’（《汉书·匈奴传》）的地方，古代的匈奴人曾经把这个地方当作自己的苑囿。一直到蒙古人来到阴山的时候，这里的自然条件还没有什么改变。关于这一点，从呼和浩特和包头

① 王必胜.中华人民共和国成立70周年优秀文学作品精选 散文卷[M].北京：北京十月文艺出版社，2019：33.

② 王必胜.中华人民共和国成立70周年优秀文学作品精选 散文卷[M].北京：北京十月文艺出版社，2019：35.

这两个蒙古语的地名可以得到说明。呼和浩特，蒙古语意思是青色的城。包头也是蒙古语的音译，意思是有鹿的地方。这两个蒙古语的地名，很清楚地告诉了我们，直到十三世纪或者更晚的时候，这里还是一个有森林、有草原、有鹿群出没的地方。”[①]“我们在内蒙西部没有看到的塞外风光，在内蒙东部看到了。当我们的火车越过大兴安岭进入呼伦贝尔草原时，自然环境就散发出蒙古的气氛。一幅天苍苍野茫茫的画面出现在我们的面前了。正像大青山把内蒙的西部分成南北两块，大兴安岭这一条从东北伸向西南的广阔的山脉也把呼伦贝尔草原分割为东西两部。山脉的两麓被无数起伏不大的山谷割开，从山谷中流出来的溪水，分别灌注着大兴安岭东西的草原，并在东部汇成了嫩江，在西部汇成了海拉尔河。海拉尔，蒙古语，它的意思就是流下来的水。海拉尔市虽然是一个草原中的城市，但住在这个城市里，并不能使我们感到草原的风味，只有当我们从海拉尔乘汽车经过南屯前往锡尼河的这条路上，才看到真正的草原风光。在这条路上，我第一次看到这样平坦、广阔、空旷的草原，从古以来没有人耕种过的、甚至从来也没有属于任何个人私有过的草原。没有山，没有树木，没有村落，只有碧绿的草和覆盖这个草原的蓝色的天，一直到锡尼河我们才看到一些用毡子围起来的灰白色的帐幕，这是布列亚特蒙古族牧人的家。”[②]

草原是美的，草原的美不仅需要文学来赞扬，还需要法治来保障。在遵守国家宪法和法律的前提下实现民族区域自治，这为草原文化和生态保护提供了法律保障。“禁止开荒，保护牧场”是新中国成立后乌兰夫吸取清末和民国时期大兴蒙垦，使不少肥美草原荒漠化的教训提出来的，该建议就为《草原法》采纳。

中国传统社会长期以来重视农耕文化胜过草原文化，滥挖、滥建等导致草原退化、荒漠化问题严峻。在工业化时期，开矿与草原生态保护也有矛盾，如山西、陕西和内蒙古接壤地区是我国重要的能源基地，但由于此接壤区位于黄河中游，属于黄土高原和鄂尔多斯高原地带，因而该地亦是

① 王剑冰.百年百篇经典散文[M].武汉：长江文艺出版社，2009：189-190.

② 王剑冰.百年百篇经典散文[M].武汉：长江文艺出版社，2009：194-195.

典型的生态脆弱区。特别是近年来由于煤田的开发，进一步加剧了该地区本来就非常严重的水土流失、大地退化和风蚀沙化。2000年9月发布的《国务院关于进一步做好退耕还林还草试点工作的若干意见》将草原生态保护放到与森林生态保护同等的地位。我们还应进一步将草原生态保护与优秀草原文化结合起来，在“一带一路”倡议和国家建设视域下完善草原法治文化。

三、草原司法案例分析

公诉机关吉林省洮南市人民检察院指控被告单位吉林某某农牧有限公司、被告人孙某（吉林某某农牧有限公司法定代表人）犯非法占用农用地罪一案，洮南市人民法院受理后，依法进行了审理。

（一）案件审理过程

［**案例7-2**］洮南市人民检察院指控，2017年，被告单位吉林某某农牧有限公司在未取得审批手续的情况下，在洮南市黑水镇丰满村和向阳乡文化村的草原内建设施工。经洮南市林业和草原局测量，建设施工共计占用草原面积59公顷，破坏草原面积44.4公顷。公诉机关提供了相关证据，认为被告单位吉林某某农牧有限公司、被告人孙某违反土地管理法规，非法占用草原，改变被占用草原用途，数量较大，造成草原大量毁坏，其行为触犯了《中华人民共和国刑法》第342条之规定，犯罪事实清楚，证据确实、充分，应当以非法占用农用地罪追究其刑事责任。

经审理查明，2017年，被告单位吉林某某农牧有限公司在未取得审批手续的情况下，由被告人孙某负责在洮南市黑水镇丰满村和向阳乡文化村的草原内建设施工。经洮南市林业和草原局测量，建设施工共计占用草原面积59公顷，破坏草原面积44.4公顷。上述事实，被告单位吉林某某农牧有限公司法定代表人即被告人孙某在开庭审理中全部供认，且有相关书证、证人李某的证言、被告人孙某的供述与辩解，足以认定。

洮南市人民法院认为,被告单位吉林某某农牧有限公司违反土地管理法规,非法占用草原,改变被占用草原用途,数量较大,造成草原大量破坏,其行为已构成非法占用农用地罪。被告人孙某虽在项目施工完毕后担任被告单位吉林某某农牧有限公司法定代表人,但其是该项目直接负责的主管人员,其行为已构成非法占用农用地罪。公诉机关的指控,事实清楚,证据确实、充分,罪名成立。被告人孙某如实供述自己的罪行,认罪认罚,可以依法从宽处理。依法判决如下:被告单位吉林某某农牧有限公司犯非法占用农用地罪,判处罚金人民币10万元(罚金于判决生效后立即缴纳);被告人孙某犯非法占用农用地罪,免予刑事处罚①。

(二)案件督导过程

洮南市是白城市下辖的县级市,位于吉林省西北部,地处松嫩平原西南部。吉林某某农牧有限公司年出栏400万头生猪一体化项目是洮南市招商引资重点项目之一,计划使用草原10 000公顷,规划建设养殖小区86个,2013年9月开始建设,并于2014年陆续建成,占用草原6 000余公顷。自2016年以来,陆续有群众向地方相关部门反映该公司生猪养殖场环境污染问题,主要反映养殖粪污臭味严重扰民、养殖废水直排环境和破坏草原生态问题。2017年8月中央环境保护督察期间,督察组收到多起关于该公司环境污染问题的投诉,2018年6月吉林省级环境保护督察期间又收到10余起群众投诉。白城市对外公布的调查情况认为群众投诉属实,但同时认为该养殖场各项污染物均达标排放。

2017年12月中央环境保护督察反馈指出,吉林全省毁草毁湿问题时有发生,并明确指出白城市存在的毁草问题。第一,拆分审批项目搞变通。根据《草原征占用审核审批管理办法》,征占草原面积超过70公顷的,由省级人民政府草原行政主管部门审批,小于70公顷的由县级以上地方人民政府草原行政主管部门审批。督察发现,在吉林某某农牧有限公司生猪一体化项目申报审批过程中,肆意拆分、化整为零,降低审批层

① 吉林省洮南市人民法院(2020)吉0881刑初152号刑事判决书。

级意图规避监管。该项目一期计划使用草原6 000余公顷，本应作为一个整体项目报批，但实际上却被拆分成多个小项目，这些项目均在同一时段、同一区域建设，属于同一建设主体，均属生猪一体化项目的组成部分。洮南市发展改革、国土资源、环境保护、畜牧业管理等多个部门，在项目把关过程中未尽职责，对分拆项目予以备案或审批。尤其是洮南市畜牧业管理局，作为草原行政主管部门，对19个项目审批一路绿灯，甚至在2015年9月15日一天内集中审批生猪繁育二场、繁育三场、育成五场、育成六场等4个项目。第二，私挖乱建肆无忌惮。《草原法》明确规定，承包经营草原的单位和个人，应当履行保护、建设和按照承包合同约定的用途合理利用草原的义务。吉林某某农牧有限公司未经审批，擅自改变草原用途，私自开挖两个鱼塘，违规开垦种植水稻，未经批准建设科研中心办公楼、病死猪无害化处理厂、光伏发电项目等。督察发现，吉林某某农牧有限公司俨然将草原变成“自留地”，肆意开挖大量沟渠，分割草原，严重破坏草原的整体性。园区内道路纵横，修路过程中随意挖沟取土，未采取任何修复措施。第三，环境污染触目惊心。督察发现，吉林某某农牧有限公司养殖场距离周边居民区最近约500米，项目自2015年陆续投产以来，不断有群众投诉养殖粪污气味大，焚烧病死猪恶臭气味难闻，在草原上乱排粪污废水污染地下水等问题。督察组走访了该公司附近的几个村，村民们一致反映该公司臭气熏天，苍蝇成群，夏季不敢开窗户，生活受到严重影响①。

2018年11月5日至12月5日，中央第一生态环境保护督察组对吉林省第一轮中央环境保护督察整改情况开展“回头看”，针对辽河生态环境治理统筹安排专项督察，并形成督察意见。吉林省高度重视此次“回头看”工作，针对东辽河污染治理不力问题，严格处理，严肃问责，起到了十分重要的教育、警示和震慑作用。

① 李禾.中央环保督察组：吉林洮南市万顷草原破坏严重[N].科技日报，2017-05-14(3).

第三节 野生动植物保护的案例分析

生物，是指具有动能的生命体，也是一个物体的集合。《礼记·乐记》：“土敝则草木不长，水烦则鱼鳖不大，气衰则生物不遂。”《荀子·礼论》：“天能生物，不能辨物也；地能载人，不能治人也。”德国民法典规定：动物不是物，它们由特别法加以保护。本节的教学内容是野生动植物保护立法和司法案例分析。

一、野生动植物保护的立法演变

生命起源是当代的重大科学课题。英国生物学家达尔文对探究生物进化奥秘作出了重要贡献。1859年，《物种起源》的出版是一件具有世界意义的大事，因为《物种起源》体现了达尔文的进化论思想和自然选择理论的逐步发展过程，标志着19世纪绝大多数有学问的人对生物界和人类在生物界中的地位的看法发生了深刻的变化。

需要保护的野生动物是指珍贵、濒危的陆生、水生野生动物和有益的或者有重要经济、科学研究价值的陆生野生动物。1822年，世界上第一个反对虐待动物的法令在英国颁布。法国也在1850年通过了《反虐待动物法案》，爱尔兰、德国、奥地利、比利时、荷兰等国家也出台了反虐待动物的法案。德国民法典规定，动物不是物，它们由特别法加以保护。法律没有另行规定时，对于动物适用有关物所确定的有效规则。从而将动物排除在一般意义上的物之概念之外。在我国，1988年11月8日，第七届全国人民代表大会常务委员会第四次会议通过了《野生动物保护法》，先后于2004年、2009年两次修正，2016年修订。2018年，全国人大常委会又对其进行了修改。《野生动物保护法》第一条规定：“为了保护野生动物，拯救珍贵、濒危野生动物，维护生物多样性和生态平衡，推进生态文明建设，制定本法。”

我们提倡尊重自然，不食用野生动物，也不要打扰或破坏野生植物。

需要保护的野生植物指原生地天然生长的珍贵植物和原生地天然生长并具有重要经济、科学研究、文化价值的濒危、稀有植物。不能奔跑也不会鸣唱的野生植物，也是地球生态系统的创建者和维系自然平衡的功臣。目前我国尚无一部专门的野生植物保护法律，只有1996年颁布的《野生植物保护条例》（简称《条例》）。但是《条例》可操作性较差，其中的一些条款已经过时，致使野生植物保护工作难以开展。2017年，国务院对《野生植物保护条例》进行了修订，规定国家重点保护的野生植物分为一级保护野生植物和二级保护野生植物，国家林业和草原局、农业农村部等相关部门应该根据野生资源的变动情况和最新的研究成果，及时对动植物名录进行调整和修订，拯救珍贵、濒危野生动物和植物，维护生物多样性和生态平衡，推进生态文明建设。

二、案例分析

[案例7-3]20世纪60年代，美国出现了一个“小鱼压倒大坝”的经典案例。1967年，田纳西河上开始修建大坝。大坝作为发电水库的配套设施，建成后将带来巨大的经济利益，并解决当地的能源危机。但就在大坝修建七年后，生物学家发现大坝建成将极大地威胁田纳西河里一种濒危鱼类——蜗牛镖鲈的生存。于是田纳西州两个环保组织和一些公民以田纳西河流域管理局为被告向联邦地方法院提起民事诉讼，希望能通过司法途径保护蜗牛镖鲈。联邦地方法院认为，虽然大坝的修建将会对蜗牛镖鲈的关键栖息地造成不利影响和破坏，但大坝在七年前就开始动工，当时尚未颁布《濒危物种法》，且田纳西河流域管理局已经为鱼类的洄游采取了合理措施，到蜗牛镖鲈被列入濒危物种名单时，大坝已经接近完工，以牺牲纳税人一亿多美元的利益为代价来保护一个微不足道、没有重大经济价值且生态价值也不明显的鱼种是很不明智的；况且，国会通过增加大坝预算的议案也表明尽管其制定了《濒危物种法》，但此时却支持大坝继续修建。因此，联邦地方法院驳回了原告的诉讼请求，拒绝下达大坝停工禁令。环保组织将案件上诉至联

邦第六巡回法院，这一次，法院以“濒危物种的价值是无法估量的”而裁定已投入一亿美元的大坝停止修建。巡回法院的法官认为，是否豁免被告遵守《濒危物种法》，只有国会或内政部才能做出决定，而地方法院在其判决中做出了这种决定，滥用了其自由裁量权，有违三权分立原则，因而判令永久禁止大坝继续施工，除非国会通过适当立法豁免大坝遵循《濒危物种法》，或者蜗牛镖鲈从濒危物种名单上取消或有新的关键栖息地生存，否则《濒危物种法》不允许进行利益衡平，必须将保护生物多样性置于绝对优先地位。

与美国生态环境法对待野生动植物的荒原情结不同，中国传统生态环境法文化对人类饲养的动物或种植的植物比较亲近，而一般人认为这样的动植物具有人性，这就是“天人合一”。对于荒山野岭之中的动植物，人们则比较敬畏。这从中国古代文学作品中可以看出来，如《山海经》《封神演义》《西游记》《聊斋志异》《白蛇传》等。因此，野生动植物受到立法和司法保护主要还是法律现代化发展的结果。野生动植物保护涉及自然犯与法定犯的区分，自然犯是指明显违反人类伦理道德的违法行为，法定犯是指没有明显违反伦理道德的现代违法行为。野生动植物保护常常需要法律确认才能为人知晓，因此，在相关司法案件中，违法性认识成为法院裁决认定的一个难点问题。

[**案例7-4**]广西壮族自治区龙胜各族自治县人民法院审理广西壮族自治区龙胜各族自治县人民检察院指控原审被告人杨某、杨某某、唐某某犯非法采伐国家重点保护植物罪[①]一案，于2014年1月2日作出(2013)龙刑初字第84号刑事判决。宣判后，原公诉机关广西壮族自治区龙胜各族自治县人民检察院未抗诉，原审被告人杨某、唐某某上诉。

---

① 2021年最高人民法院、最高人民检察院《关于执行〈中华人民共和国刑法〉确定罪名的补充规定(七)》将《刑法》第344条规定的罪名改为危害国家重点保护植物罪，取消非法采伐、毁坏国家重点保护植物罪和非法收购、运输、加工、出售国家重点保护植物、国家重点保护植物制品罪罪名。

广西壮族自治区桂林市中级人民法院依法组成合议庭，公开开庭审理了该案。

原判认定，2013年5月的一天，被告人杨某、唐某某到龙胜各族自治县江底乡龙塘村新寨组大湾河（地名）探矿，发现该山场有一株楠木。被告人杨某即邀约被告人杨某某、唐某某合伙采伐该株楠木出售。2013年6月的一天，被告人杨某、杨某某、唐某某与其雇请的民工石某某、阳某某携带油锯等窜到江底乡龙塘村新寨组大湾河山场，用油锯将该株楠木砍伐并制材。同年7月6日，被告人杨某、杨某某与其雇请的民工正在搬运楠木时被新寨组村民发现并抓获。经鉴定，杨某、杨某某、唐某某非法采伐的林木为樟科楠属的闽楠，属国家Ⅱ级保护植物，该株楠木折合活立木蓄积量为3.240 7立方米。

原判认为，被告人杨某、杨某某、唐某某违反国家森林管理法规，非法采伐国家重点保护植物，折合活立木蓄积量为3.240 7立方米，属情节严重，其行为触犯了《刑法》第344条之规定，构成非法采伐国家重点保护植物罪，应依法惩处。在共同犯罪中，被告人杨某首先提出犯意并邀约被告人杨某某、唐某某实施犯罪，在具体实施犯罪的过程中，三名被告人所起的作用相当，故不宜区分主从犯，均属主犯，但被告人杨某在共同犯罪中所起的作用相对较大。被告人杨某、杨某某有犯罪前科，应酌情从重处罚。三名被告人均辩解其在砍伐时并不知是楠木。经查，在砍伐前，被告人杨某已明知采伐对象是楠木并告知了被告人杨某某、唐某某，三名被告人的辩解与查明的事实不符，不予采纳。三名被告人自愿认罪，可酌情从轻处罚。依法判处三名被告人犯非法采伐国家重点保护植物罪，判处有期徒刑三年至四年不等，并处罚金，没收作案工具。

杨某上诉提出：其不清楚所砍伐树木的树种；在共同犯罪中，其与其余被告人的作用相当；原判量刑畸重，请求改判三年以下有期徒刑，并适用缓刑。其辩护人提出的辩护意见是：桂林市林业局木材总公司的《计量认证证书》有效期至2011年10月19日，该公司于2013年7月9日作出的《检验报告书》因缺乏法定资质而无效。本案事实不清、证据不足，请求二审法院作出公正的判决。

唐某某上诉提出，参与砍伐时，其不知道是楠木，知道系楠木后不再参与，原判量刑过重，请求改判缓刑。

出庭执行职务的检察员认为，原判认定上诉人杨某、唐某某及原审被告人杨某某犯非法采伐国家重点保护植物罪，事实清楚，证据确实充分，适用法律正确，诉讼程序合法，建议二审法院维持原判。

二审查明的事实与一审查明的事实一致。原判认定上诉人杨某、唐某某及原审被告人杨某某非法采伐国家重点保护植物的事实所采纳的证据来源合法，内容客观、真实，相互间具有关联性，均能互相印证，能客观地证明本案的犯罪事实，且经原审法院庭审质证核实，对于原判认定的事实及证据，桂林市中级人民法院予以确认。

桂林市中级人民法院认为，上诉人杨某、唐某某及原审被告人杨某某违反国家森林管理法规，非法采伐国家重点保护植物，其行为触犯了《刑法》第344条之规定，构成非法采伐国家重点保护植物罪。上诉人杨某、唐某某及原审被告人杨某某非法采伐国家重点保护植物，折合活立木蓄积量为3.240 7立方米，属情节严重，依照该条款的规定，应处以三年以上七年以下有期徒刑。原判认定事实和适用法律正确，审判程序合法。原判根据上诉人杨某、唐某某砍伐国家重点保护植物折合活立木蓄积量，系共同犯罪中的主犯，上诉人杨某具有前科等情节，作出的量刑适当。上诉人杨某请求在三年有期徒刑以下量刑并适用缓刑的意见，因其不具有法定的减轻处罚情节，于法无据，不予采纳；上诉人唐某某请求适用缓刑的意见，根据唐某某所犯罪行、性质、在共同犯罪中的作用及对社会的危害程度，不予以准许。出庭执行职务的检察员建议维持原判的意见准确，予以采纳。二审法院依法裁定驳回上诉，维持原判[①]。

① 广西壮族自治区桂林市中级人民法院(2014)桂市刑一终字第42号刑事裁定书。

三、法院判决评述

与土地、水、森林资源有着明确的权利归属不同，长期以来，野生动物在人们看来是“野生无主、谁猎谁有”。古语有言：“一兔走，百人追之。积兔于市，过而不顾。非不欲兔，分定不可争也。”就说明了这种观念。我国现有法律确定野生动物资源为国家所有，濒危、稀有植物受国家法律保护，因此公民、法人之间因野生动植物权利产生纠纷的司法案件不多，更多的是受到行政法和刑法的保护。

德国学者叶瑟在《环境保护：一个对刑法的挑战》中有一段精辟的论述：“从法律史的回顾来看，……汉穆拉比法典之禁止过度使用役牲畜，与其说是关心动物的健康，不如说是为了维护它们的工作能力。……罗马法律之处罚任意宰杀一牲畜，也显然不是出于真正的动物保护，而是因为农业上的利用价值受到损害。……中古世纪时的城市法也都只有在人类物质利益凑巧与某些环境资源的维护与助长一致之处，才有某种环保可言。……另外，城市法里对垃圾处理及水域保护的规定，也不是以自然资源如某一特定景观本身或某一河流本身的保护为目的，而是为了保护或改善人类的生活条件。……普鲁士帝国刑法所以将虐待动物列入，也是以人类为中心的，主要不是在关心动物本身，而是关心人对动物的同情：它所要阻止的祸害，不是动物所受的折磨，而是人在目睹动物受苦时的情感挫伤。可以说，保护动物只是以保护人类为目的的。”①

我国学者为了加强对野生动植物的法律保护，提出过动物是环境法律关系的主体的观点，但还没有成为主流。在刑法学中，通说认为，所谓犯罪客体，指我国刑法所保护的，为犯罪行为所侵害的社会关系。按照犯罪行为所侵犯的社会关系的不同层次，通常将犯罪客体分为犯罪的一般客体、同类客体和直接客体②。近年来，我国有些学者对犯罪客体的通说提出挑战，认为犯罪客体不单是人与人之间的社会关系，还包括人与自然的

① 汪劲．环境法律的理念与价值追求[M]．北京：法律出版社，1999：87-88.
② 马克昌．刑法学[M]．北京：高等教育出版社，2003：47-50.

关系，环境犯罪客体就包含人与自然的关系。有学者认为，“社会关系说”过于抽象，可以进一步具体化。犯罪客体可以具体化为法益，法益即刑法所保护的利益，犯罪客体（法益）不是犯罪构成要件，而是犯罪概念的范畴，这是对“社会关系说”的修正。“法益说”具有许多优点，贯彻了刑法客观主义立场，能保证刑事司法的公正性。但是“法益说”也存在一些不足，在法益有冲突的情况下，如何确认某个法益比其他法益更重要是很困难的。所以，以“规范违反说”的部分内容修正“法益侵害说”的不足，应是中国刑法比较妥当的选择[①]。我们认为，“社会关系说”观点太抽象，重视犯罪的本质，不重视实践指导功能。但犯罪客体毕竟为大多数公众所接受，“法益说”与“规范说”也都具有片面性，因此，可以综合“法益说”与“规范说”来改造我国犯罪客体。所谓犯罪客体，是刑法保护的文化规范确认的利益。

如何界定环境犯罪的客体，理论上有各种不同的见解，大体可归纳为七类：公共安全说、经济秩序说、双重客体或多重客体说、复合客体说、环境社会关系说、环境保护制度说、环境权说。从个罪直接客体的角度看，以上各种学说皆有一定的合理性，例如污染环境罪的客体包含公共安全。从类罪的角度看，按照刑法的规定，环境犯罪的客体是环境资源保护管理秩序，这是刑法理论界的通说[②]。刑法中关于环境犯罪的法条一般都规定了以违反某项法规为构成要件，通过该法规表明犯罪客体。但是有许多学者认为，环境犯罪的客体是环境权，因为环境权说比社会关系说更为实用，含义更广泛。例如，有学者认为，环境犯罪的客体有广义与狭义之分，狭义环境犯罪侵害的客体是国家的环境保护秩序，广义环境犯罪侵害的客体为环境权。作为刑法保护对象的环境权是一种建立在广义环境犯罪基础上的权利，其具体内容包括公民、法人及其他组织、国家乃至全人类应享有的适宜健康的良好生活环境，以及合理利用环境资源的基本权利。从刑法分则的体例安排来看，将环境犯罪列入妨害社会管理秩序罪，说明其同类客体具有破坏社会管理秩序这一属性。环境犯罪作为其中一类犯

① 周光权.法治视野中的刑法客观主义[M].北京：清华大学出版社，2002：218-219.

② 李希慧.妨害社会管理秩序罪新论[M].武汉：武汉大学出版社，2001：491.

罪，其同类客体所具有的共性则是妨害社会管理秩序罪中的环境保护秩序[①]。将“法益”与“规范”作为犯罪客体的两个要件，能更好地发挥犯罪客体的功能。环境犯罪客体是环境权，但这种权利不是所谓的“动物权利”“自然权利”，而是承载着人类情感和生存需求的人与自然和谐相处的权利，这是“法益说”的观点；环境犯罪的客体是环境资源保护管理秩序，这是“规范说”的观点。环境犯罪的客体应是刑法保护的，通过环境法规范认同的环境权。

我们反对将犯罪客体简单化为犯罪对象，从而将动植物作为法律关系主体的观点，因为这样会全面改造我国犯罪构成和犯罪客体的通说。在大陆法系，犯罪成立要件体系的通说是犯罪要件符合性、违法性、有责性。我国犯罪客体实际上可以承担大陆法系刑法理论中违法性判断的机能，将“法益说”与“规范说”结合起来，这就需要用“环境权说”弥补刑法学中“社会关系说”的不足。如果刑法学中犯罪客体仅仅是人与人之间的社会关系，那么就不包括人与自然的关系，这样不利于环境保护。

我国刑法过去立足于人本主义思想，突出人本位的利益保护，将环境保护作为间接目的。2011年《刑法修正案（八）》施行以前，《刑法》第338条重大环境污染事故罪的规定就是从传统人本主义的立场出发，凡对空气、水、土壤等自然环境的污染及破坏行为，只有侵害人的生命、身体和财产等利益的时候，才可动用刑事制裁手段予以处罚。人本主义的思想也在一定程度上限制了环境法治。少数民族一些优秀的习惯法文化在刑法中也没有得到认可。如很多少数民族都有以动物为图腾的习俗，他们把一定的动物视为自己民族的保护神，不会肆意地捕杀猎物，在动物的生长期，很多山地民族都禁止上山捕猎，以保护幼小的动物。这种生态观事实上就是根源于“动物有灵”这样一种认识。有些民族认为自己的民族和某种动物有着不可分割的关系，因此禁猎、禁食、禁看某种动物。如生活在泸沽湖地区的摩梭人，把虎视为他们民族的守护神。自古以来就有不伤害虎的习俗，他们对打死虎的人处以极重的惩罚，并为虎举行种种仪式，哀求死虎恕罪，请求虎的祖宗宽宥。这种对待动物的态度在很多民族中是广

① 王秀梅．破坏环境资源保护罪[M]．北京：中国人民公安大学出版社，2003：18-19.

泛存在的，如彝族、白族、哈尼族、拉祜族、普米族等也有把虎作为图腾的做法。因此，他们主张应当同自然和谐相处，互惠互利，要敬重自然[①]。

有学者认为，环境刑法应建立在“生态利益中心主义”伦理价值观的基础上，重新确定环境和自然所固有的价值，树立“生态利益优先”的思想，使人类自身利益和国家利益符合全球环境和生态利益的要求。但这种观点过于强调对自然界的保护，脱离了“天人合一”的价值引导。我国《刑法》第342条非法占用农用地罪的规定表面上是对对自然环境造成污染或破坏的行为予以刑事处罚，但实际上是对“人法地”的法益保护，就充分体现了“法益说”与“规范说”的结合。

① 李本书.善待自然：少数民族伦理的生态意蕴[J].北京师范大学学报(社会科学版),2005(4):90.

第三编 ▶▶▶▶

国际生态环境法教学论

环境保护不仅涉及国内法对人与自然关系的调整，也涉及国际法对国家之间的生态环境法律关系的调整。人类只有一个地球，各国共处一个世界，人类社会是一个相互依存的共同体。2013年3月，习近平总书记在莫斯科国际关系学院发表演讲时首次提出人类命运共同体理念，旨在追求本国利益时兼顾他国合理关切，在谋求本国发展中促进各国共同发展。将人与自然关系的国际法调整作为教学内容，体现了构建人类命运共同体的必然要求。

第八章　海洋法的国际法教学案例

从我们传统的眼光和认识角度来看，人类在长久的发展历史中，大多是在地面上劳动、生活。然而我们如果换一种眼光和角度看世界，就会发现，人类的生命、人类的文明，事实上是从海洋诞生并延续的。生命科学的研究结果表明，海洋是地球上一切生命的母胎和产床。不仅人类生命的本源出自海洋，人类文明的诞生及其发展也依赖海洋，与海洋有着不解之缘。国际生态环境法也是随着海洋文明的兴起而兴起、发展而发展的。因此，国际生态环境法的教学就先从海洋法开始，课程设计包括海洋法调整范围的演变、海洋法与国际法的关系、海洋法与国内法的关系三部分教学内容。

第一节　海洋法调整范围的演变

当人们在无垠的太空中观看地球时，一个蔚蓝色的星球出现在眼前。被海水包围的地球，蓝色成为其主要色调。占地球表面约70%的海洋为地球披上了一件蓝色的外衣。数十亿年前，海洋孕育出最原始的生命。如今，浩瀚的海洋仍旧是无数生命的乐园。

人类社会发展的历史进程一直与海洋息息相关。海洋文明是人类历史上主要因特有的海洋环境而在经济发展、社会制度、思想、精神和艺术领域等方面形成的社会文化。西欧的历史在很大程度上是以海洋为中心的。无论是亚历山大大帝的古希腊马其顿王国，还是后来的罗马帝国，都是围绕地中海发展起来的。古希腊法、古罗马法、《罗得海法》、《阿马斐表》、《奥尼朗法》、《海事法集》等，都与沿海城市发展有关，出现了“海商”

“海事”的法律制度，构成了现代意义上的海洋法调整范围的基本轮廓。

在世界历史上，真正能算得上是海洋文明的代表性国家就是古希腊，古希腊地处地中海东部。它的地理范围以希腊半岛为中心，包括爱琴海诸岛、小亚细亚西部沿海爱奥尼亚群岛以及意大利南部和西西里岛等。它的自然地理条件是多山环海，地势崎岖不平，仅有若干个小块平原，但又多为关山所阻隔。土地不适合种植粮食作物，而适合种植葡萄和橄榄。特殊的地理条件，对古希腊的经济、政治、文化产生了决定性的影响。关山所阻隔的小块平原，造就了典型的“小国寡民的城邦”，也决定了古希腊人只有通过商业贸易才能维持其生存和发展，而这种贸易只能是海外贸易，这又决定了古希腊人工商航海业居主导地位的民族特性。古希腊商业航海贸易遵循平等交换原则，加之商业贸易的发展要求自由的环境，进而又促使古希腊人平等观念的形成和民主政治的建立。

文艺复兴时期，欧洲的海洋文明又进入一个新阶段。1492年，意大利热亚那人哥伦布与西班牙国王达成契约，由西班牙资助其到海外占领“新陆地”，开辟了海外殖民的新航路。1497年葡萄牙资助达·伽马绕过好望角，横渡印度洋，于1498年到达印度。1519年，葡萄牙人麦哲伦在西班牙国王的支持下，横渡大西洋，再沿南美大陆海岸向南航行，穿过麦哲伦海峡，到达菲律宾群岛。从此以后，西方就开始进入了一个崭新的航海时代。但西班牙、葡萄牙这两个当时的海洋强国为争夺海外殖民地爆发长期战争，于是罗马教皇出面仲裁调解。根据教皇1493年的裁定，海洋通航垄断权以大西洋上的子午线为界，以西归西班牙，以东为葡萄牙所有。到了16世纪，荷兰、法国、英国等国家相继崛起，1609年春天，在荷兰莱顿匿名出版的《海洋自由论》是格劳秀斯最早发表的作品，这部著作实际上是他当时为一个著名的官司而写的辩护词的延伸。这个案件涉及荷兰与葡萄牙的海上争端，荷兰的东印度公司在新加坡海峡捕获了葡萄牙的凯瑟琳商船，该商船装载了价值惊人的贸易品，荷兰的东印度公司将这些价值总额相当于三百万荷兰盾的货物（这个数目略低于当时英格兰政府的平均岁入）收归已有，这样就引发了一场国际争端，即荷兰在东印度的远海上捕获葡萄牙商船是否合法。东印度公司为此委托格劳秀斯为这一行为辩护，格劳秀斯抓住这一契机，详尽阐发了他的国际法学说，尤其是自由海洋的理论。尽管《海洋自由论》的理论主旨是为荷兰的捕获行为辩护，证明捕获凯瑟琳商船是一个正义行为，但是格劳秀斯在著述中远远超越了这份司法辩护词的具体目的，而是开辟了一个有关海洋法律调整范围的新视域。荷兰的航行自由论在当时引起了西班牙、葡萄牙、英国等海洋强国的反对。这些国家纷纷出版著作，例如《西班牙辩护论》《海洋主权论》《闭海论》等，为自己的海洋主权辩护，坚持认定海洋归某个或某几个国家所有。其他国家必须在这些国家的管理下利用海洋。16世纪，葡萄牙通过殖民扩张，占据了中国澳门岛。

在中国，管仲的"唯官山海为可也"，可能是最早的海洋法律制度。"山海"就是铁和盐。司马迁在《史记·货殖列传》里，将早期海洋法律制度的建构，追溯到姜太公，他说："太公望封于营丘，地泻卤，人民寡。于是太公劝其女功，极技巧，通鱼盐，则人物归之，襁至而辐凑。故齐冠带衣履天下，海岱之间敛袂而往朝焉。其后齐中衰，管子修之，设轻重九府，则桓公以霸，九合诸侯，一匡天下；而管氏亦有三归，位在陪臣，富于列国之君。是以齐富强至于威宣也。"在传统海洋法的创制上，管仲的作用也是很大的。面对当时"竭泽而渔"式的经济开发，为了有效利用齐国的林木和渔业资源，他制定了"山泽各致其时"，即历史上最早的自然环境保护法，阐明了"渊深而鱼生之、山深而兽往之"的生态规律。

中国古代文明中灿烂的航海历史不容否认，但海洋文明也确实没有成为华夏文明的主流。中国古代重内陆渔业，不重海疆渔事，明清两次海禁，打断了海洋的发展进程。明代出于抗倭、防扰需要，实行海禁政策。明朝的海禁，只是禁止民间私人的海外贸易，并不禁止外国来华贸易，实行的是一种由官府垄断海外贸易的政策。清顺治十二年（1655年）实行海禁，宣布"寸板不得下海"，违者处死，货物全部没收，以后又多次下达"片板不许入海"的命令。清朝统一台湾后，宣布开放对外贸易，乾隆二十二年（1757年），清政府把四口通商减为广州一口，这就是所谓的"一口通商"政策。关于明清海禁（闭关锁国）政策的形成，究其原因，无外乎防御倭寇的骚扰和荷兰、葡萄牙等西方殖民者不断的侵扰，封建社会小农经济重农抑商思想，以及海洋环境风险较大。

与西方海洋文明相比较，学者们一般将中国传统文明归为农耕文明。如冯友兰先生将希腊称为“海洋国家”，将中国称为“大陆国家”。中国也有历史悠久的海洋经济和海洋文化，但为什么还属于农耕文明类型？从法律制度的特征分析，主要的原因在于对海洋的法律定位不同。

中国传统制度文明效力所及的范围是“四海之内”。《论语·颜渊》：“四海之内，皆兄弟也。”“四海之内”中的“四海”指古代的疆域范围。《礼记》中说得明白：“西不尽流沙，南不尽衡山，东不尽东海，北不尽恒山。凡四海之内，断长补短，方三千里。”从这里可以看出，“四海”实际上指的就是当时疆域的范围，虽然和真的大海没有关系，但说明了古代中国人对天下、国家的关注不是海外而是海内。而在西方，海洋比较早地被纳入了法律调整的对象范围。

全面地把近代海洋法介绍到中国来，是从同文馆总教习美国传教士丁韪良把美国国际法学者H.惠顿的《国际法原理》一书译成汉文开始的。惠顿这部书在当时是在各国外交界享有盛名的国际法著作。为了敦促清政府派遣驻外使节，当时在中国海关任要职的英国人赫德曾把这部书中有关使节的章节译成汉文，供总理衙门参考。1864年，在美国驻华公使蒲安臣的支持下，丁韪良作为同文馆总教习，把这部书全部译成汉文，名之为《万国公法》。

海洋文明需要以一定的制度文明为条件，否则海洋扩张只会成为国际社会交往的障碍。西方人在全球范围内的航海活动，使世界各地的联系越来越紧密，他们也就把自己的法治文化输入发现的“新世界”，强行改造殖民地为他们自己的家园，并由此逐渐强行地把世界各地各国联系在一起。所以说，西方海洋文明有很大的扩张性。帝国主义和殖民主义长期将殖民地国家作为其原料供给基地，掠夺与控制它们的自然资源，这必然引发矛盾。

第二节 海洋法与国际法的关系

海洋法是指有关各种海域的法律地位和在各种海域中从事航行、资源开发和利用、海洋科学研究和环境保护等活动的原则、规则和规章制度的总称。自从有了国际法，就有海洋法规，海洋法通常被视为国际公法的一个分支学科。

国际法的产生与海洋文明联系在一起。催生国际法理论的有两个基本概念：一个是国家主权，一个是领土。而这两个概念的产生与海洋密切相关。16世纪的荷兰是世界上的海上强国，而顺应这一局势，被中外学者奉为国际法之父的荷兰人格劳修斯积极鼓吹的“海洋自由论”，实际上是为当时荷兰的海外贸易提供理论支撑，其著作《海上自由论》也就成为国际法的经典著作。

国家主权是指对内具有至高无上的权力，对外具有独立平等的权力。在中世纪之前，西方传统文化中没有主权国家的概念。出生于法国的让·布丹是近代西方著名的法学家，他的《国家六论》也被誉为西方关于国家主权学说的重要论著。布丹认为主权是国家的主要标志，其目的是排除教皇对法国的干扰。近代西方主权国家形成后，主权之争导致了具有国际法性质的海洋法的产生。格劳修斯在让·布丹的国家主权学说基础上，提出了海洋法的一些措施和理论。格劳秀斯抨击葡萄牙对东印度洋群岛航线和贸易的垄断，主张殖民主义和海洋自由，这种主权理论是在西方海洋扩张和殖民的时代背景下提出的。英国以塞尔顿为代表的海洋闭锁论则为英国海洋法发展政策服务。塞尔顿认为海洋与陆地一样，可以沦为私人财产，并可被瓜分占有。据此，英国自16世纪以来先后击败西班牙、荷兰，逐渐成为具有全球海洋霸权的国家。

格劳秀斯《海洋自由论》中的“公海自由航行”概念来自荷兰海军舰炮的射程，从陆地起算三海里之外算是“公海”。但20世纪中期以后，各海洋大国为保护海上矿藏、渔场并控制污染、划分责任归属，传统公海概念已不敷使用。国际联盟曾在1930年召开会议对此进行讨论，却没有结果。第二次世界大战结束之前，海洋法等法律秩序基本稳定，然而1945年，美国总统杜鲁门发表了《大陆架》和《沿岸渔业养护》两个海洋政策宣言，他主张美国对领海外的海底地下资源和沿岸渔业行使国家权利，打破了传统公海认定原则。紧接着其他国家纷纷将领海延伸为12海里，有的甚至延伸到200海里，公海航行自由再次引起世界各国的关注和讨论。1958年第一次联合国海洋法会议通过了《领海与毗连区公约》《大陆架公约》《公海公约》《捕鱼与养护生物资源公约》。第一次联合国海洋法会议中，发展中国家为维护国家主权，强烈要求行使自然资源永久主权，否定西方殖民主义的海洋法律制度模式。1971年中国恢复联合国合法席位后，1974年4月邓小平出席联合国大会第六届特别会议，发表了“三个世界”的理论，阐述了发展中国家权利的主张。联合国大会第六届特别会议通过发展中国家提出的《关于建立新的国际经济秩序的宣言》和《行动纲领》。《关于建立新的国际经济秩序的宣言》明确指出每个国家对自己的自然资源和一切经济活动拥有充分的永久主权，同年12月联合国大会第二十九届会议通过《各国经济权利和义务宪章》，再次确认了自然资源永久主权的原则。

1967年，托利峡谷号油轮石油污染事故引起了国际社会对海洋石油运输过程中发生的石油污染事故及其危害的极大警觉。1969年国际海事组织的前身——政府间海事协商组织主持签订了《对公海上发生油污事故进行干涉的国际公约》。随后，国际社会针对海洋石油污染事故的预防和控制签订了多项公约和议定书。

为了规范海洋环境秩序，联合国曾召开三次海洋法会议，于1982年第三次联合国海洋法会议形成了《联合国海洋法公约》。《联合国海洋法公约》是广大发展中国家团结斗争的结果。主要内容包括：领海、毗邻区、专属经济区、大陆架、用于国际航行的海峡、群岛国、岛屿制度、闭海或半闭海、内陆国出入海洋的权益和过境自由、国际海底以及海洋科学研究、海洋环境保护与安全、海洋技术的发展和转让等。《联合国海洋法公约》对当前全球各处的领海主权争端、海上天然资源管理、污染处理等具有重要的指导和裁决作用。

传统上来说，相对于陆上国土，中国人对海洋主权问题的敏感度在很长一段时间以来都是比较低的。海洋问题真正开始成为老百姓的一个关注焦点，大致是在《联合国海洋法公约》生效前后，除了“领海”以外，像“基线”“毗连区”“专属经济区”这些词汇也是从那时起进入人们视线的。众所周知，我国对南海海域的权力主张以“九段线”为界，面积约350万平方千米。中国政府公布在南海划定的“九段线”是在1946年，在当时，无论是南海周边国家的殖民当局还是后来这些国家独立后的政权组织都没有对此表示过任何异议，即承认了中国的主张。而《联合国海洋法公约》是1994年才生效的，因此，中国在和南海周边国家处理海洋争端的过程中，其实并不适用《联合国海洋法公约》，只是可以视情况引用《联合国海洋法公约》作为必要的参考，这是符合一般法律原则的。

由此来说，对中国和周边国家的海洋利益争端而言，《联合国海洋法公约》其实更多的是适用于中国在东海和黄海与日本、韩国之间的主权争端。我国宣称对南沙群岛及其附近海域拥有无可争辩的主权，这从法理上来说是完全没有问题的。

2012年4月10日，菲律宾军舰突袭黄岩岛，引发全国性声讨，中国政府一方面进行紧急外交交涉，另一方面派出海监和渔政船只抵达黄岩岛现场，双方进行了激烈交锋。直至2012年6月3日，菲方船只才全部撤出黄岩岛潟湖。为防止菲律宾新的挑衅行为，中国船只留守黄岩岛附近海域，开始实施实际管控。2012年6月21日，中国宣布建立地级三沙市，三沙市人民政府驻西沙永兴岛，管辖西沙群岛、中沙群岛、南沙群岛的岛礁及其海域，并在随后数月间采取了落实三沙设市的一系列行政、司法、军事举措。2013年1月22日，菲律宾正式向联合国海洋法法庭提请针对中国的“仲裁”。

国际海洋法法庭是根据《联合国海洋法公约》设立的，总部位于德国汉堡市，可应当事方要求成立处理特别争端的分庭。《联合国海洋法公约》的强制解决程序在海洋划界争端中的作用十分有限，特别是南海这种不仅有海域争端，还涉及岛屿争端，更是超出了它的管辖范围。南海仲裁案，是由临时组建的仲裁庭，就菲律宾阿基诺三世政府单方面提起的仲裁进行的所谓“裁决”，其实质是披着法律外衣的政治闹剧。2016年7月12日，海牙国际仲裁法庭对南海仲裁案作出“最终裁决”，判菲律宾“胜诉”，并否定了“九段线”，还宣称中国对南海海域没有“历史性所有权”。2016年7月12日，中国发表《中华人民共和国外交部关于应菲律宾共和国请求建立的南海仲裁案仲裁庭所作裁决的声明》和《中华人民共和国政府关于在南海的领土主权和海洋权益的声明》，表明中国在南海的领土主权和海洋权益在任何情况下不受所谓菲律宾南海仲裁案“裁决”的影响，中国不接受任何基于该仲裁“裁决”的主张和行动。

第三节　海洋法与国内法的关系

《联合国海洋法公约》的出台，使得沿海国家能够以此为基础，通过国内立法对航行自由进行了不同程度的限制。《联合国海洋法公约》对内水、领海、临接海域、大陆架、专属经济区、公海等重要概念作了界定，因此对各国在处理领海主权、海上天然资源和污染管理等问题上具有重要的指导和裁决作用。

一、海洋法公约对各国海洋立法的影响

自《联合国海洋法公约》签署后，各国主要采取三种举措推进维护海洋权益：制定海洋法及相关法律、改革海洋管理体制，以及加强海上执法力量。

1982年，我国制定了《海洋环境保护法》。在1986年《渔业法》、1998年《专属经济区和大陆架法》等相关法律中，中国政府强调了捍卫专属经济区内渔业资源的态度，同时也表示尊重他国在自己专属经济区的权利。那时候，中国的渔业水平还不足以开发近海资源。在200海里专属经济区问题上，有得也有失。至少在东部海区，中国是半闭海国家，也就是地理条件半不利国家。大陆架上的资源实际上都是由大陆上的大河如长江、黄河等冲积而成的。如果没有200海里专属经济区的概念，只有大陆架原

则，则这部分资源必然归中国所有。同时，传统海权理论中并不存在的环境保护等都成为共识，这也是《联合国海洋法公约》正面效应最为明显的部分。

日本1970年制定了《海洋污染防止法》，并于1980年和1983年进行了修改。为抢占海洋资源，日本还在2007年制定了一部《海洋基本法》，并每5年修改一次。作为《海洋基本法》的配套法律，《海洋建筑物安全水域设定法》的规定更为详细：为保护在人工岛及专属经济水域内的建筑物的安全，设定建筑物周围半径500米区域为“安全水域”，没有国土交通相的许可，任何船舶不得进入。这为日本在相关国际争端中使用武力和以武力相威胁提供了国内法根据。

然而，作为最大海权国家的美国，至今都没有加入自己曾力主并力推过的《联合国海洋法公约》。反对《联合国海洋法公约》确立的国际海底区域制度是美国拒绝加入的直接理由。国际海底区域制度是《联合国海洋法公约》新建的一种海洋制度，它将国家管辖范围以外的海洋底土及其资源规定为“人类的公共继承资产”，建立“国际海底管理局”代表全人类进行管理。美国对这一规定表示了强烈不满，认为如果美国加入《联合国海洋法公约》，将意味着出让了美国自己掌握的海洋权益，包括丰富的油气、矿藏等海洋资源，以及军事战略资源等。于是，美国国会作出了这样一个决定——不能把美国的海洋权益交给联合国的一个机构管理，而只能是美国自己管理。

二、海洋法公约对各国海洋司法的影响

国内法有国内执法、司法机构强制执行，而国际法一般由各个国家自己执行，不得强制执行。《联合国海洋法公约》的签订，促进了各国对海洋生态环境的司法保护。

在《联合国海洋法公约》签订前，日本国内海洋生态破坏案件频发。影响较大的有日本水俣病事件。日本熊本县水俣湾外围的“不知火海”是被九州本土和天草诸岛围起来的内海，那里海产丰富，是渔民们赖以生存的主要渔场。1949年，位于日本熊本县水俣镇的日本氮肥公司开始制造氯

乙烯和醋酸乙烯。由于制造过程要使用含汞的催化剂，大量的汞便随着工厂未经处理的废水被排放到了水俣湾。五年后当地开始出现一种原因不明的怪病——水俣病。经过多年的分析，科学家认定：日本氮肥公司排放的废水中的汞是水俣病的起因。汞被水生生物食用后在体内转化成甲基汞，这种物质通过鱼虾进入人体和动物体内后，会侵害脑部和身体的其他部位，引起脑萎缩，破坏小脑平衡系统等，毒性极大。因果关系查明后，是责任主体的确认与责任的承担。日本的《海洋污染防治法》是通过国内法对《联合国海洋法公约》义务的回应，该法将刑事责任规定为污染方的主要责任类型。此后，很多国家环境司法实践中相继确立了这种责任制度。

美国没有加入《联合国海洋法公约》，总是根据自己的国内法处理国内外海洋环境案件。2010年4月20日，英国石油公司在美国墨西哥湾租用的钻井平台“深水地平线”发生爆炸，导致大量石油泄漏，酿成一场经济和环境惨剧。历时4个多月，墨西哥湾原油泄漏事件内部调查报告终于出炉。英国石油公司将大部分责任推给了油井的所有者——瑞士越洋钻探公司，以及负责油井加固的美国哈利伯顿公司。而对英国石油公司的责任，报告只有简单一句：没有正确解读油井的安全测试结果，没能“防患于未然”。经过协商和谈判，2010年6月16日，美国总统奥巴马在白宫宣布，英国石油公司将创建一笔200亿美元的基金，专门用于赔偿漏油事件的受害者。这笔基金将由美国资深律师负责运作，由三位法官组成的小组负责监督，并处理对申诉的裁决。奥巴马还在当天的声明中说，这笔基金的金额不是赔付的上限，而且这笔钱有别于英国石油公司应支付的环境破坏赔偿费用。

我国加入《联合国海洋法公约》后，通过制定《海洋环境保护法》等法律，加强了对海洋生态环境的司法保护。2011年6月，渤海湾一油田发生溢油事故，发生事故的油田是中海油与美国康菲公司的合作项目。经调查，该事故被认定为一起造成重大海洋溢油污染的责任事故。事故发生后，多家民间环保组织致信中海油和康菲公司要求道歉。2011年12月，康菲公司遭到百名养殖户的起诉，要求赔偿因油田溢油事故对养殖区域造成的损失。国家海洋局依据《海洋环境保护法》的规定，积极推进油田溢油事故海洋生态损害赔偿工作。康菲公司出资10.9亿元，赔偿本次溢油事故对海洋生态造成的损失；中国海油和康菲公司分别出资4.8亿元和1.13亿元，承担保护渤海环境的社会责任。国家海洋局表示，上述资金将用于渤海生态建设与环境保护、渤海入海石油类污染物减排、受损海洋生态环境修复等。2014年12月，天津海事法院判决康菲公司赔偿养殖户168万元。

三、海洋法公约的局限性

《联合国海洋法公约》在一些问题上的规定较为原则，存在着模糊性。同时，《联合国海洋法公约》的缔约国并不涵盖当今国际社会的所有国家，为保护海洋资源，合理、公平地利用和开发海洋，必须不断完善和创建国际法的新规范。

如日本当局于2021年4月13日召开内阁会议，正式决定将福岛核废水排向大海。对此，《联合国海洋法公约》没有相应的规制。按照东京电力公司的说法，至2022年秋季，日本福岛核电站的污水存储数量将达到极限。向大海排放核废水的决定一经透露就引发日本国内外媒体的普遍担忧，认为其可能会对生态造成难以估量的破坏。日本坚持排放核废水的这一做法，很显然是试图让全世界为其污染行为共同买单，为此甚至不顾可能出现的严重后果。

第九章　森林与气候的国际法教学案例

森林等绿色植物通过光合作用吸收大量的二氧化碳并放出氧气，维系了大气中二氧化碳和氧气的平衡，净化了环境，使人类不断地获得新鲜空气，所以森林被称为地球之肺。1972年，联合国人类环境会议通过了《人类环境宣言》，国际环境问题越来越被各国重视，这奠定了国际环境法的基础。1992年的联合国环境与发展大会发表了关于森林问题的原则声明，签署了《联合国气候变化构架公约》和《联合国生物多样性公约》，森林与气候的国际法保护也就成了国际生态环境法教学的重要内容。

第一节　大气法调整范围的演变

由于大气污染防治和防范气候变化需要全球合作，所以大气污染防治法、气候变化法不仅是国内环境立法和司法教学的内容，同时也是国际生态环境法教学的重要内容。

一、国际大气法的演变趋势

包围地球的空气称为大气。像鱼类生活在水中一样，我们人类生活在地球大气的底部，并且一刻也离不开大气。大气为地球生命的繁衍、人类的发展，提供了理想的环境。它的状态和变化，时时处处影响着人类的活动与生存。

（一）人类对大气的认识

与西方文化从海洋探索生命的起源不同，中国古代唯物主义哲学家认为“气”是世界的物质本原。东汉·王充谓“天地合气，万物自生”（《论衡·自然》）。北宋·张载认为“太虚不能无气，气不能不聚而为万物”（《正蒙·太和》）。张载提出了以“气”为核心的宇宙结构说，他认为世界是由两部分构成的，一部分是看得见的万物，一部分是看不见的，而这两部分都是由“气”组成的。“气”有两种存在方式，一种是凝聚，一种是消散。消散也不是消失得没有此物，只不过是人们的肉眼看不到而已。他用“太虚”表示“气”的消散状态，这是本来的原始状态，“气”是“太虚”与万物的合称。张载又曰：“知虚空即气，则有无、隐显、神化、性命通一无二。”

中国古人虽然很早就认识到了大气对人类生命生存的重要性，但没有对其进行科学分析。现代化学是从研究空中大气（俗称空气）的组成部分开始产生的。法国著名化学家、生物学家安托万-洛朗·德·拉瓦锡，被后世尊称为“现代化学之父”。他是“燃烧的氧学说”的提出者，也是第一个提出空气由氮气和氧气组成的化学家。他将空气中支持燃烧的一部分命名为“氧气”，另一部分命名为“氮气”，认为燃烧是物质和空气中约占五分之一的氧气反应的结果①。空气是多种气体的混合物，它的成分主要包括氧气、氮气、氩气、氖气、二氧化碳和水蒸气等。

大气污染是由于人类活动或自然过程引起某些物质进入大气中，呈现出足够的浓度，达到足够的时间，并因此危害了人体的舒适、健康或环境的现象。英国是工业革命的发祥地，蒸汽机的发明与推广推动了采煤业和制造业的发展，煤烟造成了“可以与日全食相比的黑暗”。这种空气污染在1952年的伦敦烟雾事件中达到巅峰。1952年12月5日开始，伦敦连续数日无风，煤炭燃烧产生的二氧化碳、一氧化碳、二氧化硫、粉尘颗粒等蓄积在伦敦上空无法散去，使市中心一度能见度不足50米。更严重的是，约1.2万人因吸入污染物而死亡，患病的人更是不计其数。1952年后，英

① 邓耿.拉瓦锡的化学革命及其反思与启示[J].化学教学,2021(12):95.

国人开始反思空气污染造成的苦果。1956年，英国国会通过了世界上第一部空气污染防治法案《清洁空气法》。法律规定在伦敦城内的电厂都必须关闭，只能在大伦敦区重建。要求工业企业建造高大的烟囱，加强疏散大气污染物。还要求大规模改造城市居民的传统炉灶，减少煤炭用量，逐步实现居民生活天然气化，冬季采取集中供暖。1968年以后，英国又出台了一系列的空气污染防控法案，这些法案针对各种废气排放进行了严格约束，并制定了明确的处罚措施，有效减少了烟尘和颗粒物。

美国洛杉矶光化学烟雾事件是世界上有名的公害事件之一。光化学烟雾是大量碳氢化合物在阳光作用下，与空气中其他成分起化学作用而产生的。随着洛杉矶市的繁华，迅速增加的汽车每天消耗大量汽油，向大气排放大量碳氢化合物、氮氧化物、一氧化碳等。汽车排出的废气在日光作用下，形成以臭氧为主的光化学烟雾。这种烟雾中含有臭氧、氧化氮、乙醛和其他氧化剂，滞留市区久久不散。在1952年12月的一次光化学烟雾事件中，许多人出现眼睛痛、头痛、呼吸困难等症状，还有一些老年人死亡。直到20世纪70年代，洛杉矶市还被称为“美国的烟雾城”。美国先后制定了《空气污染控制法》《清洁空气法》《空气质量控制法》等，并多次修正而逐步完善大气污染防治法。

（二）大气污染的国际法案例

[**案例9-1**]加拿大哥伦比亚省特雷尔附近有一家铅锌冶炼厂(距离美国边界十余公里),从1896年建成以来,该厂释放的大量硫化物使美国华盛顿州遭受大规模损害,特别是对庄稼、牲畜和建筑物的损害极为严重。在初期,污染受害者曾向该冶炼厂提出过多次私人赔偿要求,但这一问题显然不可能在任一国家的国内法范围内得到圆满解决。1925年,案件被重新提起,美国还成立了保护受害人协会,目的是取代单独申诉,签订集体协定。1927年,案件被正式提交给美国政府,美国政府向加拿大政府提出抗议。在以其他方式解决争端的尝试失败后,两国政府决定将争端提交仲裁,并于1935年4月15日签署了仲裁协议。国际仲裁庭于1938年裁定特雷尔冶炼厂排放的二氧化硫对华盛顿州造成

损害并要求加拿大对美国进行赔偿。1941年仲裁庭作出第二个裁决，在这份裁决中，有一段十分著名的判词："根据国际法，任何国家都没有权利以这样一种方式使用或允许使用其领土，以致于给另外一个国家的领土或财产或其人民造成烟雾损害，如果损害结果严重并且有可信的清楚的证据证明。"[①]这被各国普遍看作对跨界污染行为承担国家责任的国际法依据。

20世纪后半叶，大气污染问题在发达国家得到广泛关注。1972年至1977年间，多项研究证实了空气污染物质在沉积和造成破坏之前可以漂浮几千公里距离的假设。这些发现促成了国际社会在解决空气污染问题上的合作。《远程越界空气污染公约》是为控制、削减大气污染物的排放并防止远距离跨国界的空气污染而订立的区域性国际公约。该公约于1979年11月在日内瓦通过，1983年3月生效，有25个欧洲国家、欧洲经济共同体和美国参加缔约。其主要内容包括：应通过资料交换、协商、研究和监测等手段，及时制订防止空气污染物越界输送的政策和策略；各缔约国就硫化物等主要空气污染物的控制和监测技术，对健康和环境的影响，社会经济影响评价以及输送、扩散、转化机制的模拟等方面进行合作研究；设立执行机构，以检查、监督公约的执行情况等。

西方工业发达国家对大气污染防治制定的环境标准越来越高，致使很多企业都把目标转向了环境标准相对不高的发展中国家。印度博帕尔灾难是历史上最严重的工业化学事故，影响巨大。1984年12月3日凌晨，美国联合碳化物属下的联合碳化物（印度）有限公司设于印度博帕尔市居民区附近的一所农药厂发生氰化物泄漏，引发了严重的后果，造成了2.5万人直接致死，55万人间接致死。现在当地居民的患癌率及儿童夭折率，仍然因这场灾难而远高于印度其他城市。由于这次事件，世界各国化学集团改变了拒绝向社区通报的态度，亦加强了安全措施。这次事件也导致了许多环保人士以及民众强烈反对将化工厂设于邻近民居的地区。美国联合碳化物公司在1989年向印度政府支付了4.7亿美元的赔偿金，该公司在1999年

① 边永民.国际公法案例选评[M].北京：对外经济贸易大学出版社，2015：167-168.

被陶氏化学收购。

（三）森林与气候

工业革命影响了整个欧洲大陆。煤炭可以说是近代工业的食粮，如果没有煤，就没有大机器工业的发展，也就没有工业革命。1785年，一个使用瓦特蒸汽机的纺纱厂率先建成。很快，蒸汽机在棉纺织业、毛纺织业运用。工业革命之前，英国与世界上其他国家一样，都是以木柴作为基本燃料，由于英国的煤炭储藏量非常丰富，所以英国工业革命得到了蓬勃发展。终于，随着科学技术的广泛使用，人类发明了蒸汽机、汽车和原子弹，修建了铁路、工厂，彻底地改变了整个世界，极大地丰富了自身的物质和精神生活，人类进入工业文明时代。但工业文明在给人们带来众多享受的同时，也将人类居住的地球带入了一个危险的境地，出现了全球大气污染、臭氧层空洞、热带雨林急剧减少、土地沙漠化、水资源污染和减少、大量物种消亡等。

1992年6月3日至14日在巴西里约热内卢举办了联合国成立以来规模最大、级别最高、影响深远的一次国际会议——联合国环境与发展大会。会议通过了《里约热内卢宣言》和《21世纪议程》两个纲领性的文件，发表了关于森林问题的原则声明，签署了《联合国气候变化框架公约》和《联合国生物多样性公约》。

为了人类免受气候变暖的威胁，1997年12月，《联合国气候变化框架公约》第3次缔约方大会在日本京都召开，149个国家和地区的代表通过了旨在限制发达国家温室气体排放量以抑制全球变暖的《京都议定书》。《京都议定书》需要占1990年全球温室气体排放量55%以上的至少55个国家和地区批准之后，才能成为具有法律约束力的国际公约。中国于1998年5月签署并于2002年8月核准了该议定书。欧盟及其成员国于2002年5月31日正式批准了《京都议定书》。《京都议定书》建立了旨在减排温室气体的三个灵活合作机制——国际排权交易机制、联合履行机制和清洁发展机制。2007年12月，澳大利亚签署《京都议定书》，至此，世界主要工业发达国家中只有美国没有签署《京都议定书》。2012年《京都议定书》第一期承诺到期之后，国际社会如何进一步降低温室气体的排放，即所谓“后京都”问题是在内罗毕举行的《京都议定书》第二次缔约方会议的主要议题。

2015年12月12日，《联合国气候变化框架公约》近200个缔约方在巴黎气候变化大会上达成《巴黎协定》。这是继《京都议定书》后第二份有法律约束力的气候协议，为2020年后全球应对气候变化行动作出了安排。按规定，《巴黎协定》将在至少55个《联合国气候变化框架公约》缔约方（其温室气体排放量占全球总排放量至少55%）交存批准、接受、核准或加入文书之日后第30天起生效。《巴黎协定》是基于《联合国气候变化框架公约》和《京都议定书》的一个更强有力的协议，是由全世界近200个缔约方共同签署的气候变化协定，是对2020年后全球应对气候变化的行动作出的统一安排。《巴黎协定》的长期目标是将全球平均气温较前工业化时期上升幅度控制在2摄氏度以内，并努力将温度上升幅度控制在1.5摄氏度以内。

温室气体是能将阳光带来的部分热量和地表释放的部分热量截留在地球大气中的气体。《京都议定书》规定了六种主要的温室气体，它们分别是：二氧化碳、甲烷、氧化亚氮、六氟化硫、氢氟碳化物和全氟化碳。全球变暖是人类的行为造成地球气候变化的后果。随着人类的活动，全球变暖也在改变着人们的生活方式，带来越来越多的问题。减少二氧化碳排放量的手段主要有两个，一是碳封存，主要由土壤、森林和海洋等天然碳汇吸收储存空气中的二氧化碳，人类能做的是植树造林；二是碳抵消，通过投资开发可再生能源和低碳清洁技术，减少一个行业的二氧化碳排放量来抵消另一个行业的排放量，抵消量的计算单位是二氧化碳当量吨数。一旦彻底消除二氧化碳排放，我们就能进入净零碳社会。在碳封存、碳抵消话题之后，“碳中和”“碳达峰”的概念也逐渐被人们熟悉。“碳中和”是指企业、团体或个人测算在一定时间内，直接或间接产生的温室气体排放总量，通过植树造林、节能减排等形式，抵消自身产生的二氧化碳排放量，实现二氧化碳的“零排放”。“碳达峰”指的是碳排放进入平台期后，进入平稳下降阶段。简单地说，也就是让二氧化碳排放量“收支相抵”。2020

年9月22日，习近平总书记在第七十五届联合国大会一般性辩论上的讲话中提出："中国将提高国家自主贡献力度，采取更加有力的政策和措施，二氧化碳排放力争于2030年前达到峰值，努力争取2060年前实现碳中和。"2021年国务院政府工作报告中指出，扎实做好碳达峰、碳中和各项工作，制定2030年前碳排放达峰行动方案，优化产业结构和能源结构。这一切都表明了中国作为负责任大国的担当。

二、国内大气法的演变趋势

如果以1979年我国《环境保护法（试行）》为起点，我国关于大气污染的治理从没有停止过，但空气污染却一直是较为突出的环境问题。

（一）1987年《大气污染防治法》的制定

20世纪80年代，我国的大气污染在局部地区相当严重。除了粉尘和二氧化硫等主要大气污染物质外，还包括含有氟、氯、汞、砷、铅和硫化氢等有毒物质的废气，这些物质毒性较大，对人民群众的生产、生活和身体健康危害严重。所以，大气污染是我国环境保护中的一个突出问题。为加强大气环境管理，防治大气污染，保护和改善环境，保障人体健康，促进社会主义现代化建设的顺利进行，1980年由国务院环境保护领导小组牵头，国务院有关部委、部分地方环保局的同志和有关科研单位、大专院校的专家参加，组成了《大气污染防治法（草案）》起草小组。1987年9月5日六届全国人大常委会二十二次会议审议通过了《大气污染防治法》。

1987年的《大气污染防治法》把防治煤烟型污染作为主要内容，同时也对防治工业尾气、粉尘、恶臭和机动车船废气污染的措施作了规定。规定向大气排放污染物的单位，在超过国家和地方规定的排放标准的情况下，缴纳超标准排污费，这与《水污染防治法》中凡向水体排放污染物的企事业单位都要缴纳排污费的规定有所区别。同时，规定限期治理的决定权由人民政府行使，其原因主要是一些地方和部门担心，在没有必要的法律约束机制的情况下，如果由环保部门行使限期治理决定权，很可能导致权力的滥用。

（二）1995年《大气污染防治法》的修正

1987年的《大气污染防治法》对防治我国的大气污染，保护和改善生活环境和生态环境，保障人体健康，促进社会与经济的持续发展，发挥了重要作用。但是在我国经济持续高速增长和经济体制改革不断深化的形势下，1987年的《大气污染防治法》逐渐暴露出自身存在的问题和不足，需要作出修改和补充。

全国人大常委会十分重视《大气污染防治法》的修正工作，1993年全国人大环境保护委员会（1994年3月更名为全国人民代表大会环境与资源保护委员会）成立不久，就开始着手《大气污染防治法》的修改准备工作，并将其列入八届全国人大的立法计划。1994年10月21日在第八届全国人民代表大会常务委员会第十次会议上，全国人民代表大会环境与资源保护委员会就修改《大气污染防治法》的必要性作了说明，认为当时的《大气污染防治法》在强化各级政府保护公共环境利益的职责方面，与实际需要相比还有很大差距。各级政府既没有足够的法律和行政手段迫使污染者遵守国家和地方制定的环境标准，更没有有效的筹集和分配资金的机制，以引导社会各方控制污染。一些综合经济效益很好的公共环境工程因缺乏资金而“上不了马”，从而不能切实保护人民健康，维护公共利益。我国在建立社会主义市场经济法律体系的过程中，应当把保护公共的环境利益确立为政府的重要职能之一，并建立相应的法律制度和经济机制。而且1987年的《大气污染防治法》原则性的规定过多，难以操作实施，致使《大气污染防治法》在很大程度上成了国家的政策宣言。自《大气污染防治法》实施后，我国又相继加入了《保护臭氧层维也纳公约》《关于消耗臭氧层物质的蒙特利尔议定书》以及《联合国气候变化框架公约》等保护全球大气环境的国际条约。在1992年召开的联合国环境与发展大会上，中国政府提出了环境保护与经济发展并重的主张，并承诺愿为此而积极努力。国际社会要求我国采取行动的压力也在不断加大，因此有必要修改完善《大气污染防治法》。1995年《大气污染防治法》的修改，规定和细化了排污许可证制度、排污收费、总量控制、限期治理、城市大气环境质量的分级分区控制等法律制度，增强了法律的可操作性。

（三）2000年《大气污染防治法》的修订

我国是燃煤大国，燃煤是大气污染的主要来源。为了清洁有效地利用能源，减少污染物的排放，需要在煤炭开采、洗选加工和燃烧利用等环节采取相应的措施。一段时间内，我国二氧化硫排放量逐年递增，由此而产生的酸雨危害相当严重。1995年《大气污染防治法（草案）》对控制燃煤产生的二氧化硫问题的相关规定遭到了工业部门的强烈抵制。1998年第九届全国人大常委会成立，面对沙尘暴频繁袭击我国的问题，修订《大气污染防治法》又被提上议事日程。

2000年修订《大气污染防治法》时重点加强了对二氧化硫的排放控制，这对防治煤烟型污染发挥了重要作用。比如，首次提出要对机动车进行排放标准管理，这使得我国的机动车必须达到排放标准才能进行销售。2000年修订后的《大气污染防治法》根据当时我国大气污染的状况，在以下六个领域作出了一系列新的规定：划定大气污染防治重点城市，并要求限期达标；控制燃煤污染，在污染严重的城区禁止使用高污染的燃料，推广清洁能源；对机动车制造、使用、维修、燃油质量的监督检查作出规定；对消耗臭氧层物质的生产、进口实现配额管理，逐步减少直至停止其生产、使用；加强建筑施工管理，防止扬尘污染；鼓励和支持环保产业，推广大气污染治理新技术。为了有效推动大气污染防治，2000年修订后的《大气污染防治法》还就禁止超标排放、强化法律责任等加大了执法力度。例如，2001年，北京“申奥”成功，为了满足举办2008年奥运会对环境的要求，促进我国钢铁企业合理布局和产业优化升级，经国务院批准，中国首钢集团决定将涉钢产业迁出北京，在河北迁安、曹妃甸建设现代化钢铁基地。

（四）2015年《大气污染防治法》的修订

2015年《大气污染防治法》的修订和2000年修订相比，形势大有不同，主要在于污染形态已不同，污染物种类由二氧化硫、氮氧化物、颗粒物扩展到挥发性有机物、氨等大气污染物，点源污染发展成区域污染，工业污染发展成工业、生活、交通和农业污染叠加的污染。雾霾问题成为一些城市的治污难题，而且范围还在扩大，立法必须直面解决。2015年修订《大气污染防治法》，就是为治理雾霾提供法律保障①。

《关于〈中华人民共和国大气污染防治法（修订草案）〉的说明》中提道："随着经济社会快速发展，特别是机动车保有量急剧增加，我国大气污染正向煤烟与机动车尾气复合型过渡，区域性大气环境问题日益突出，雾霾等重污染天气频发，现行法已经不能适应新形势的需要：一是源头治理薄弱，管控对象单一。现行法缺乏能源结构、产业结构和布局等前端源头治理方面的要求，也没有对氮氧化物、挥发性有机物、颗粒物等多种污染物实施协同控制。二是总量控制范围较小，重点难点针对不够。根据现行法规定实行总量控制和排污许可的'酸雨控制区和二氧化硫控制区'（以下称'两控区'）不能适应全国总量减排的需要。同时，针对燃煤、工业、机动车、扬尘等重点领域的污染防治措施不够完善，污染严重的重点区域缺乏联合防治机制，重污染天气应对机制也不够健全。三是问责机制不严，处罚力度不够。对地方政府的责任规定较为原则，需要加强责任考核，完善对不达标地区的约束性措施；同时，企业违法成本低的问题突出，需要强化法律责任。"第十二届全国人民代表大会常务委员会第十六次会议于2015年8月29日通过《大气污染防治法》修订草案，此次修订亮点之一是推行区域大气污染联合防治，要求对颗粒物、二氧化硫、氮氧化物、挥发性有机物、氨等大气污染物和温室气体实施协同控制，对建立重污染天气监测预警体系等作出明确规定。

2018年，由于国家机构改革，全国人大常委会对《大气污染防治法》进行了相应修正，主要是将"环境保护主管部门"等修改为"生态环境主管部门"等，实质内容没有变动。

---

① 人大拟修订大气污染防治法 为治理雾霾提供法律保障[EB/OL].(2014-03-04)[2022-01-04].http://politics.people.com.cn/n/2014/0304/c70731-24523926.html.

三、大气法与国内城乡建设法的关系

改革开放带来了中国经济发展的腾飞，但这一过程中也出现了一些环境问题。随着经济社会的快速发展，特别是机动车保有量的急剧增加，我国大气污染正向煤烟与机动车尾气复合型过渡，区域性大气环境问题日益突出，雾霾等重污染天气频发。所以《大气污染防治法》确定了大气污染联防联控制度。

我国的《大气污染防治法》以改善大气环境质量为目标，强化了地方政府责任，加强了对地方政府的监督。同时，坚持源头治理，从推动经济发展方式转变、优化产业结构、调整能源结构的角度完善了相关制度。下面我们对《大气污染防治法》实施现状和大气污染案件区域性较强的特征进行分析，并通过分析国际法上气候变化公约的国内适用情况，谈谈我国《大气污染防治法》的修改与国内城乡建设法的关系。

改革开放以来，中国的经济发展取得了举世瞩目的成就，但同时大气污染现象也不容忽视，经济发展较为活跃的京津冀、长三角、珠三角地区已经沦为大气污染的重点区域。我国过去对大气污染的防治几乎处于单打独斗的状态，因此，大气污染的防治成效不显著。

多年来，我国的雾霾天气受到各方的关注，以京津冀为例，因为区域经济的发展，工业与人口都较为集中，需要消耗较多的能源资源，大气颗粒物成为最主要的大气污染物，造成了严重的空气污染。但是由于空气是流动的，受到多种因素的作用，具有很强的扩散性。靠地方政府单独治理重点区域的大气污染，效果并不理想。所以，我们有必要对重点区域大气污染联防联控进行深入的探究。

我国现行的大气污染治理模式是以行政区域划分为基础的、由中央人民政府和地方各级人民政府负责的属地主义治理模式。而通常大气污染主要集中在我国的城市化和工业化较高的城市群地区，如京津冀、长三角、珠三角等地区，这些地区的经济社会发展紧密联系、人口密集程度高，需要消耗大量的能源资源，大气污染相对集中，具有一定的区域性。按照传统的行政区域划分的原则，以属地主义、各自为政的管理模式来防治这种混合式、复合型的大气污染，无法有效解决重点区域的大气污染问题。

首先，空气是流动的，加之受到自然环境如地形、压强、风力等多重因素的影响，大气污染比土地污染、水污染更具有扩散性。假设某区域发生了大气污染，那么相邻地区甚至更远地域的空气质量必然会受到不同程度的影响。以人为设定管辖的行政区域来分割大气污染的治理是极不科学也不合理的，无法实现大气污染治理的理想效果。

其次，属地主义的大气污染治理模式无法克服重复治理和交叉污染的困境。各地的发展速度不同、资源分布不同、产业结构不同，在应对大气污染的问题上，自然也有不同的地方标准、地方政策和地方法规，如果一方积极治理大气污染，而另一方怠于大气污染的治理，则不可避免地会出现重复治理和交叉污染的局面，使政府陷入污染与治理的死循环，这不仅劳民伤财，也无法有效地治理大气污染。

最后，各自为政的管理模式无法触动政府对联合防治的积极性。我国现行的大气污染治理模式主要靠地方政府的自觉性，可以说在大气污染的治理时限、治理力度、治理方式上地方政府是掌握主导权的，在缺乏外部干预监督和激励政策的情况下，尤其是在面临着经济发展和环境保护的选择时，有的地方政府可能会优先发展经济，而忽视了环境保护的重要地位。

四、区域合作防治大气污染的立法动态

越来越多的人开始关注到自己赖以生存的大气环境，公众对于生存环境质量提出了更高的要求。保障公众的生命健康，满足公众的生存环境需求，就必须加大大气污染的整治力度，尤其是重点区域性的大气污染治理，必须建立更完善、有效、持久的区域性联合防治制度，还公众一片洁净的蓝天。

建立区域联动、合作治理大气污染的区域大气污染合作治理模式是美国治理大气污染最重要的经验之一。1990年美国《清洁空气法》修正案划

分了“臭氧传输区域”，建立了“臭氧传输委员会”。其成员由各州代表及美国环保局组成，工作职责是风险评估与模型研究，制定区域性的大气污染防治政策，主要通过与科研机构的共同研究来制定大气污染的规划与措施，与成员中的各州代表协商区域性大气污染的防控问题、讨论协作方式并签署合作协议。《清洁空气法》里的“酸雨计划”，率先采用了“总量控制—交易”的市场交易机制。美国的总量控制制度，最早是用来限制电厂的大气污染物排放，其主要目的是控制和减少二氧化硫和氮氧化物的排放来降低酸沉降的负面影响，之后为了更有效地施行总量控制制度，大幅减少大气污染物排放，达到空气质量标准，引入了总量控制的市场交易模式。政府根据区域环境容量评估的最大排放总量，对二氧化硫和氮氧化物的年度排放总量进行了限额设定，限额被分割为若干份，在一级市场中，排污者通过政府配置、招标、拍卖等方式获得初始排污份额。超额排放的排污者可以通过市场手段，向没有使用完排污份额的排污者购买多余的份额。排污权交易可以促进企业减少排污，提升大气污染物的排放效率，维护了总体容量的使用效率。“总量控制—交易”同时与联邦政府的“控制命令”行政手段相结合，促进了州际之间或地方政府之间的联控，使得各个地方在治理大气污染的同时，获得了巨大的经济效益和社会效益。之后，这种模式也迅速在全球推广，被广泛使用。

目前，我国在法律中已经明确了环境保护是我国的一项基本国策，将“优先保护”作为环境保护的一项基本原则，在社会发展、经济建设、环境保护三者间环境保护处于首要的地位。但是我国尚未建立完整的区域性环境保护的法律体系，没有区域性的大气污染监管主体及跨地域的组织机构，没有相对完善的区域性大气污染治理政策和工作评估机制，也没有系统、科学、有效的保障机制。这就使得区域性的大气污染防治制度在制定与实施上具有较大的不确定性，直接阻碍了区域性大气污染防治制度的完善与落实，同时导致了区域性的大气污染时常暴发，影响公众的生存环境和生命健康。当前我国的大气污染治理主要是“命令—控制”式的行政策略，上级政府对下级政府下达治理任务，下级政府对上级政府的命令遵照执行。但从政策的实施来看，这种单一的执行模式存在两方面的问题：一方面不符合各地区大气污染防治的需要，另一方面区域政策的协调性、持久性和权威性都比国家法律效力要差，需要将区域性的大气污染防治政策上升为法律，进而构建一个完整的区域性大气污染防治法律体系。我国虽然在一些大型的国际活动中成功采用了一系列区域性联防联控的政策手段，并且取得了良好的效果，但这些都是具有期限性、局限性的短期行为，无法实现长期有效的区域性大气污染联防联控。区域性的大气污染治理不是一蹴而就的，必须长期研究、长期防治，形成一套完善的长效治理机制。要想解决我国当前重点区域的大气污染问题，亟须突破行政区域划分的限制，改变以往属地主义、各自为政的管理方式，构建重点区域联合防治制度。

我国可以借鉴美国治理区域性大气污染的成功经验，进行总量控制。目前我国很多产业还处于粗放型的模式。我国的总量控制制度可以由生态环境部牵头，根据重点区域环境容量评估的最大排放总量，对重点区域内的各项大气污染物的年度排放指标进行限额设定，将限额分为若干份，以配置、招标、拍卖等形式进行分配。当然，在设定限额的过程中，应举行多轮大型的听证会，集思广益，并进行反复论证，最终确定各重点区域的限额，确保限额的科学性和公正性。

单一的总量控制措施在一定程度上还是有缺陷的，重点区域大气污染物总量控制的有效实现，需要大气固定排污许可证制度的保证。大气固定排污许可证制度可以由三步加以落实：第一步，确定排污的固定源。这需要建立大气污染物信息化共享网络，通过互联网检测系统严密检测排污口从而确定大气污染源。第二步，确定符合大气固定排污许可的条件。被颁发排污许可证的企业必须符合大气污染排放准入标准，并享受自己的排污定额。第三步，确定排污许可的部门。我国生态环境部作为环境保护的主管部门，大气固定源许可应由其根据《大气污染防治法》作出。

我国还可以引入市场交易机制，提升区域合作防治大气污染的总体效益。我国各地区的发展水平各不相同，区域间的发展模式、产业结构也有不同的侧重，有的地区工业发达，资源消耗多，大气污染物排放较为集中，需要更多的排放指标；有的地方以农副业、服务业为主，大气污染物排放相对较少，有空置的排放指标。这样就会造成总量控制的使用率不充分，一方面抑制了工业发达地区的发展，另一方面会让污染物排放少的区域，无法享受少排带来的福利。在我国市场经济如此活跃的今天，引入市场交易机制，允许排污权在各重点区域进行交易，提高总量控制的利用率，在联防联控中促进政府间、企业间的交流合作，在市场经济模式的刺激下实现总量控制和经济效益的双丰收。

五、国际法中的区域性大气污染防治制度

由于大气的流动性和整体性，大气污染往往带有全球性的特征，由这些污染物造成的全球性的酸雨问题、温室效应问题、臭氧层的破坏等已成为世界各国特别关注的问题。全球性的大气污染直接损害地球生命支持系统，因此，跨界大气污染已日益成为区域环境合作中的热点问题。

《远程越界空气污染公约》是为控制、削减大气污染物的排放并防止远距离跨国界的空气污染而订立的区域性国际公约。该公约于1979年11月在日内瓦通过，1983年3月生效，有25个欧洲国家、欧洲经济共同体和美国参加缔约。其对防治越界空气污染的政策和策略，合作研究对主要空气污染物的控制监测技术、影响评价以及传输机制等进行了规定。

《蒙特利尔议定书》全称为《蒙特利尔破坏臭氧层物质管制议定书》，是联合国为了避免工业产品中的氟氯碳化物对地球臭氧层继续造成损害，承续《保护臭氧层维也纳公约》的大原则，于1987年9月16日邀请所属26个会员国在加拿大蒙特利尔所签署的环境保护议定书。该议定书自1989年1月1日起生效。《蒙特利尔议定书》对氟氯碳化物的生产作了严格的管制规定，并规定各国有共同努力保护臭氧层的义务，凡是对臭氧层有不良影响的活动，各国均应采取适当防治措施。此外，该议定书中亦决定成立多边信托基金，援助发展中国家进行技术转移。

第二节　森林公约的适用效力

森林被称为“地球之肺”。自1992年联合国环境与发展大会发表了关于森林问题的原则声明以来，联合国森林论坛谈判各方一直在为保护森林进行着不懈的努力。面对国际森林公约谈判的困难，欧洲各国开始了具有法律约束力的欧洲森林协议的相关谈判。

一、森林公约与生物多样性保护

森林是陆地上最具生物多样性的生态系统，超过80%的动物、植物以森林为家，超过10亿人直接依靠森林生存。生物多样性指生物与环境形成的生态复合体以及与此相关的各种生态过程的总和，包括生态系统、物种和基因三个层次。生物多样性是人类赖以生存的条件，是经济社会可持续发展的基础，是生态安全和粮食安全的保障。

世界各国正在采取一致行动，以共同应对气候变化日益严重情况下的全球性生物多样性危机。1992年，在巴西里约热内卢举行的联合国环境与发展大会上签署了《联合国生物多样性公约》和《里约环境与发展宣言》。《里约环境与发展宣言》指出，地球提供了生命演化所必需的条件，生命群落的恢复力和人类的福祉依赖于一个拥有所有生态系统、种类繁多的动植物、肥沃的土壤、纯净的水和清洁的空气的健全的生物圈，资源有限的全球环境是全人类共同关心的问题，保护地球的生命力、多样性和美丽是一种神圣的职责。《联合国生物多样性公约》于1993年12月29日正式生效，目前共有196个缔约方，中国是较早的缔约方之一。该公约具有法律约束力，旨在保护濒临灭绝的动植物和地球上多种多样的生物资源。

《联合国生物多样性公约》规定，每一缔约国要根据国情，制定并及时更新国家战略、计划或方案。作为《联合国生物多样性公约》较早的缔约国之一，中国一直积极参与有关国际事务，就国际履约中的重大问题发表意见。中国于1994年公布《中国生物多样性保护行动计划》，使大量保护生态环境的活动有章可循。依据《野生动物保护法》，破坏野生动物资源的违法行为将一律受到处罚。

正是由于森林对生物多样性保护具有重要意义，我国对边境地区的原始森林加强了法律保护。中缅边境有着广袤的原始森林，巨大的经济利益使得很多人铤而走险砍伐原始森林。缅甸由于保护措施不力使野象的栖息地大量丧失，造成很多跨界象群最终栖身我国境内。缅甸北部的生态环境变化关系着我国滇西的生态环境。在野象数量增加的同时，野象栖息地内人口的数量也明显增加了。西双版纳国家级自然保护区周边土地资源十分有限，野象时常进入耕作区，使得人象冲突不断加剧。1990年，世界自然基金会成功地开展了限制象牙交易的国际活动，并与西双版纳国家级保护区当地居民合作，探索解决亚洲象的保护问题。1992年，世界自然基金会与其他组织共同促使各国政府在联合国环境与发展大会上签署了《联合国气候变化框架公约》和《联合国生物多样性公约》。

二、森林公约与气候变化应对

森林隔绝并存储了大气中的碳，有助于调节全球碳循环和减缓气候变化。然而，人类活动和气候变化导致的持续毁林对可持续发展带来了重大挑战，对地球和人类福祉产生了严重影响。

亚马孙雨林位于南美洲的亚马孙平原，横越了巴西等8个国家，是世界上最大、物种最多的雨林，对世界气候变化有极大的作用。它不仅能够吸收大量的二氧化碳，还能释放大量的氧气。亚马孙雨林主要位于巴西境内。巴西现有热带雨林面积约占其国土面积的三分之一。现如今巴西对于亚马孙雨林的砍伐率已经超出了世界热带雨林平均砍伐率。热带雨林的减少会对气候产生不良的影响。科学研究表明，森林面积的减少会导致地面温度上升、降水量下降。

1978年7月，南美洲八国在巴西首都巴西利亚签署了《亚马孙合作条约》，以共同加速开发亚马孙地区。《亚马孙合作条约》声明，缔约国独自使用和利用各自领土内的自然资源是其固有权利，并规定该条约不吸收其他国家参加。签署该条约的目的是，各成员国共同努力并采取联合行动，促进亚马孙地区各自领土的协调发展，对各成员国产生公平、互利的结果，促进环境保护和合理使用自然资源。各成员国保证合理利用水力资源，在保持生态平衡、保护动植物资源以及在经济、社会发展方面进行科技合作等。

保护森林有利于改善气候，破坏森林则会带来气候的恶化。而气候变暖也会引起森林火灾等环境灾害。1987年5月6日，黑龙江省大兴安岭地区的西林吉、图强、阿木尔、塔河4个林业局所属的几处林场同时起火，引起新中国成立以来最严重的一次特大森林火灾，致使人民的生命财产、国家的森林资源损失惨重，生态环境遭受巨大破坏。国际社会对大兴安岭火灾给予很大关注，多个国家和国际组织表示了慰问，并捐赠救灾资金、器材、药品和食品等。

20世纪90年代以来，印尼一些企业和个人通过在热带雨林中放火的方式垦荒，这样既能烧出空地，又可将燃烧后的灰烬用作肥料，但这种垦荒方式对环境的破坏较大，会加剧烟霾污染。许多火灾是由农民“毁林改田”的行为而起的。印尼频发的火灾使新加坡的空气质量下降，引起了新加坡的不满。里约热内卢是巴西乃至南美的重要门户，同时也是巴西及南美经济最发达的地区之一，依山傍水，风景优美，是著名的旅游观光胜地。1992年6月，联合国环境与发展大会在巴西里约热内卢召开，这是继1972年6月瑞典斯德哥尔摩联合国人类环境会议之后，环境与发展领域中规模最大、级别最高的一次国际会议。这次大会是在全球环境持续恶化、发展问题更趋严重的情况下召开的。会议围绕环境与发展这一主题，在维护发展中国家主权和发展权，发达国家提供资金和技术等根本问题上进行了艰苦的谈判。会议取得了重要的成果，通过了《里约热内卢宣言》和《21世纪议程》，发表了关于森林问题的原则声明。会议期间，对《联合国气候变化框架公约》和《联合国生物多样性公约》进行了开放签字。这些会议文件和公约有利于保护全球环境和资源，要求发达国家承担更多的义务，同时也照顾到发展中国家的特殊情况和利益。这次会议的成果具有积极意义，在人类环境保护与持续发展进程上迈出了重要的一步。

除了国际公约，一些区域性关于森林与气候的协议也发挥着重要作用。印尼和周边的东南亚国家经常发生为使用土地而焚烧森林的情况。为此，东盟10国于2002年6月签订预防森林火灾协议。此举受到联合国环境规划署的好评，被称作“解决跨界污染问题的全球典范”。随着东盟对森林火灾的防治，为使用土地而焚烧森林的现象逐步减少。可是，森林野火对全球暖化带来的冲击依然令人担忧。2019年8月，烟霾笼罩马来西亚，当地舆论纷纷指责印尼山火是造成烟霾的主因。对此，印度尼西亚政府表示，此次烟霾是马来西亚境内林火所致，与印尼无关。

第三节　美国对国际森林法的选择性适用及其影响

2015年达成的《巴黎协定》是全球近200个国家合作推动绿色低碳发展的来之不易的成果，森林及相关内容被纳入其中。根据《巴黎协定》中有关森林的条款，2020年后各国应采取行动，保护和增强森林碳库和碳汇，继续鼓励发展中国家实施和支持减少毁林和森林退化排放及通过可持续经营森林增加碳汇行动，促进森林减缓以适应协同增效及森林可持续经营综合机制。传递了全球绿色低碳经济转型的强烈信号，成为全球气候治理的转折点和新起点。

保护和发展森林资源是建设和改善人类生存环境的治本之策，而如何更好地保护森林资源，除构建和完善各国森林法律体系外，还需要国际合作。众所周知，美国既是一个森林资源大国，也是一个森林法治体系比较健全的国家，其森林法对国际法的影响也很大。

美国在全球气候治理和原始森林保护中扮演了“双面角色”，总喜欢将国内法凌驾于国际法之上，对国际规则采取“合则用，不合则弃”的实用主义态度。美国森林资源的国内法保护和管理开始于1891年颁布的《森林保留地条例》，基于该法案划定了美国历史上第一处保留林——黄石国家森林公园，这也是美国森林资源的保护和管理工作正式走上法治轨道的开始。1897年威廉姆·麦金利总统签署了《杂项法》，规定建立保留林地的目的是涵养水源和实现木材的永续利用，但法案的适用范围是有限制的，更多的公共土地被用来开发。美国历届总统都不断扩大美国森林保留地的面积，建立起了原始森林保护的基本法律框架。

美国从联邦到州都有一套完整的林业管理体系，组织健全，体制稳定。但美国大都市发展与原始森林国家公园管理制度是完全不同的。美国国会于1876年在农业部下设立林业代办处，后一步步升级到林业局，统管全国林业行政事务。美国林业局成立于1905年，是管理美国森林与草地的联邦机构，它对森林资源的管理并不是主要通过采伐许可的行政强制手段，而是通过向美国国有或私有林业机构提供财政与技术支持的行政服务手段来实现的。林业局对森林资源的监测和管理主要通过制定、实施、评价和修订各级林业计划来实现，形成对国家林业的宏观调控与指导。美国林业局统筹全国森林管理事务，主要任务是负责全国的国有林管理、林业科学研究、政策法规制定、人员培训及使用、木材生产、指导州和私有林经营、行政管理等。

美国是一个能源消耗大国，与之密切相关的环境问题也很突出。内政部土地管理局是美国林地管理的主要政府部门之一，但内政部管辖的森林以国家森林公园和其他附着于国有土地上的公有林为主体，以保护生态环境、提供公共服务和游乐为主要目的。美国国家公园管理局是美国内政部之下的一个联邦部门，负责管理为数众多且体系错综复杂的美国国家公园体系属地。这些行政机关的管理职能不是独立的，而是相互配合进行综合决策，他们根据《多用途可持续生产法案》和《国家森林管理法》等法律授权协调执法。由于林业局与环保局的协调立法决策，美国的健康森林制度也在不断地发展完善。由当初的单纯获取木材到关注森林的可持续发展，由从森林中获取最大的经济效益，到关注森林的生态功能、精神文化价值，挖掘、欣赏自然之美。例如，美国的塞拉俱乐部积极呼吁对荒野的保护以及宣布人类有欣赏自然美的权利，为美国《荒野法》的制定、环境保护和人类环境权益的保障起到了非常重要的作用。

美国森林法律体系的形成不是一蹴而就的，而是不断整合的结果，其立法目的也经过了一个从重视经济效益到注重生态效益的过程。在第二次世界大战期间，由于木材丰富加之经济建设的需要，美国对木材采取掠夺式的开发利用，导致后来出现了“木材荒”。第二次世界大战后，美国逐渐意识到林业对于社会经济生活和生态保护的重要性。20世纪，美国相继制定和颁布了各类关于环境保护的法律，并更加注重对林业的可持续利用和法律保护。其中比较为人熟知的有1960年颁布的《多用途可持续生产法案》，扩大了国有林的功能利用范围，除了原有的提供水源利用和木材外，还用于室外游憩、提供野生动物栖息地等，这是美国历史上森林经营思想发展的重要转折点，由原来的以生产木材为主的传统林业经营思想转变到以经济、生态、社会多效益利用为一体的现代林业经营理念，这点在美国对《雷斯法案》的修改上也有所体现。而1964年颁布的《野生动物保护法》则将大片的林地从国有林的采伐区内划出并保护起来，进一步加强对森林资源的保护，以发挥森林资源的生态效益。

1976年的《国家森林管理法》是美国森林立法决策体制的综合体现，这是将《森林草地及可更新资源计划法》《多用途可持续生产法案》等多部法律条文中关于国家森林管理的条款进行修改和补充以后进行整合而成的综合性法案。《国家森林管理法》对森林资源的管理并没有制定具体的规则，只是制定了森林生态管理的目标，即要求农业部对林业管理要遵循多功能综合利用和永续利用原则，而具体的管理计划和实施细则由林业局根据这些原则和有关的林业法律规定进行制定。除此之外，《国家森林管理法》还创设了森林管理的程序以及实体性的规定，确立了国家森林管理体制，即美国用材林的所有权形式基本上分为公有林和私有林两大类。公有林包括联邦林业局所管辖的国有林和其他联邦、州政府部门所管辖的森林，私有林包括私营企业所管辖的森林及小私有林所有者的林地。美国私有林主和森林公司作为市场主体，在遵守采伐要求的前提下，自主决定采伐活动。

美国的森林立法决策体制有一个重要的特点，就是社会立法频繁。所谓社会立法，也称民间立法，是民间团体通过契约形成的一些规范制度。美国超过一半的土地为私人所有，在私人土地上存在着许多民间组织根据“保护契约”形成的保护地役权。保护地役权是指为了实现诸如野生动物栖息地、野生植物生长地、自然景观或农地保护等特定的保护目标，而在土地所有者和地役权获得者之间签订的具有法律约束力的协议，土地所有者因地役权而承担义务，而地役权获得者则有权限制土地所有者从事不利于实现保护目的的活动。这是通过合约的形式规定土地使用者采用有利于生物多样性保护的土地利用方式，或放弃土地开发的权利。可以由任何个人、组织或政府机构与土地所有者之间签订这种保护契约，而且这种保护地役权还可以通过捐赠等形式转让。在参与社会立法的民间团体中，大自然保护协会是典型代表。大自然保护协会是除美国联邦政府外最大的私有土地所有组织。美国积极鼓励民间团体力量加入林业管理当中，因而非政府组织的参与为美国健康森林的发展作出了突出贡献。

与美国的森林管理体制不同，我国由于历史文化等原因造成森林立法决策中行政部门的作用较大，而社会立法不够。新中国成立初期，我国成立了林垦部，把林业与土地的管理归于一体，1970年又将农业、林业和水资源的管理重新整合，成立农林部。直到1998年才把国家林业局改为国务院的直属机构，负责全国林业及其生态建设的监督管理。在森林行政主管部门的管理下，我国的森林资源得到了较好的保护和培育，但公众参与还不够，没有形成社会立法的保护体制。我国在森林行政管理机构设置方面与美国有较大的不同，美国采用分层管理的方式，联邦和州相关管理机构之间不存在行政隶属关系。而我国从中央到地方的森林管理机构之间是上下级的行政隶属关系，同时兼有其他相关林业管理机构进行辅助管理。这种模式设置有利于决策的执行和加强各林业部门之间的联系交流，但是也同时存在一些问题，如专业的林业管理人才和技术集中在上层，下层管理机构人员冗杂等，不利于林业的民间管理和社会立法。而美国一些非政府机构对林业管理也发挥了重要的作用，这种政府与民间组织相结合的管理方式值得我国借鉴。

正处于高速发展阶段的中国需要借鉴西方国家的经验，但也要摒弃其殖民掠夺式的生态破坏教训。美国作为以国家森林公园的形式发展生态旅游的先驱者，在森林法观念的改变方面取得了比较大的成功，同时也引起许多国家的争相效仿，纷纷建立国家森林公园，中国也是其中之一。我国同样有着丰富的森林资源，在全国的许多省份划定自然保护区建立国家森林公园以实现对森林资源的管理和保护。我国第一个国家森林公园为1982年建立的张家界国家森林公园，目前我国已经批准建立的国家森林公园有700多处。与美国森林法观念不同，我国最初建立国家森林公园是将其作为自然保护区的一种，发展生态旅游只是发展经济的附加产业之一。这主要是因为我国人口众多，基本上没有美国那样的“荒原”。因此，法律移植不是照抄照搬，而是以中国特色社会主义法治理论为指导对国外法律进行扬弃。美国的国民主要是移民，随着人口的不断增加，对土地的需求也在增加，毁林开荒也成了必然，随之而来的是森林资源的锐减，环境的恶化，水土流失严重，由生态系统遭到破坏而引起的各种次生灾害频繁。后来美国虽然出台了《国家公园法》《荒原法》《国家环境政策法》等，但其主要是通过种种暴行强行迫使美洲印第安人迁居而制造出“荒原”，从而建立国家森林公园。在中国，就不可能有这样的“荒原”。中国几千年的历史文化演变，形成了人与自然和谐相处的丰富多样的农耕文化与土地资源保护制度、森林文化与森林保护制度、草原文化与草原保护制度、海洋文化与海洋保护制度等，形成了视土地、森林、草原为家园的村落、族群等社会组织，国家与这些社会组织在土地、森林等自然资源的保护和利用方面的利益是共同的。土地、森林等自然资源虽然属于国家和集体所有，但也是人们眼中的家园。因此，中国森林立法的决策过程，始终关注的是国计民生问题，不是自然主义的荒原思想，由此我国森林立法决策模式的形成，无法割裂这种历史文化和国情的影响。

第十章　湿地保护的国际法教学案例

湿地是水陆相互作用形成的独特生态系统，具有季节性或常年积水、生长或栖息喜湿动植物等基本特征，是自然界具有生物多样性的生态景观和人类重要的生存环境，被称为“地球之肾”。湿地与森林、海洋并列为全球三大生态系统类型。本章的课程设计是对湿地保护的国际立法和国内法转化适用进行教学。

第一节　湿地公约调整范围的演变

湿地之水，除了江河、溪沟的水流外，湖泊、水库、池塘的蓄水，都是生产、生活用水的重要来源。广阔众多的湿地具有多种生态功能，孕育着丰富的自然资源，被称为物种贮存库、气候调节器，在保护生态环境、维护生物多样性以及经济社会发展中具有不可替代的重要作用。

一、湿地的法律概念

美国是最早认识到湿地的价值并对其进行调查和法治化管理的国家，1956年美国鱼类和野生动物管理局首次提出“湿地”概念并将其定义为：表面暂时或永久有浅层积水，以挺水植物为特征，包括各种类型的沼泽、湿草地、浅水湖泊，但不包括河流、水库和深水湖的地域。与美国相似，那时在欧洲也有很多湿地被开垦，许多水禽丧失了栖息地，为此，美国和欧洲的一些专家学者提出了签订国际性公约保护湿地的动议。1971年2月，来自18个国家的代表在伊朗南部海滨小城拉姆萨尔签署了一个旨在保护和合理利用全球湿地的公约——《关于特别是作为水禽栖息地的国际重要湿地公约》（简称《湿地公约》）。《湿地公约》将湿地定义为：不问其为天然或人工、长久或暂时之沼泽地、泥炭地或水域地带，带有静止或流动的淡水、半咸水或咸水水体，包括低潮时水深不超过6米的浅海区域。1979年美国鱼类和野生动物管理局又将“湿地”重新定义为：介于陆地和水域之间、水位接近或处于地表、或有浅层积水的地域，并且必须具有至少周期性地生长有适应此环境的水生植物，或者底层厌氧环境的湿土，或者每年生长季节植物底层被水淹没的特征。

英国也是较早的《湿地公约》签约国。英国的湿地定义是：一个地面受水浸润的地区，具有自由水面，通常是四季存水，但也可以在有限的时间段内没有积水。自然湿地的主要控制因子是气候、地形和地质，人工湿地还有其他控制因子①。英国是湿地资源比较丰富的国家，据学者考察，英国全国列入《湿地公约》名录的湿地数目是缔约国中最多的。英国湿地保护法律体系分别由欧盟指令、国际条约、中央政府立法和各邦立法三个部分构成。

在日本，湿地一般被称为“干潟”。《广辞苑日语词典》将其解释为：潮浸区，在浅海滩，退潮时露出海面的地方。日本环境省将湿地定义为：潮浸幅度在100米以上，潮浸面积在10 000平方米以上的砂、碎石、沙、泥等基础地区②。日本是岛国，即便是内陆湖泊也有延伸至海洋的部分，所以日文文献中的“干潟”指的是滨海湿地。以《湿地公约》为依据，日本出台了一系列关于“干潟”和浅海域的决议及劝告书。有关湿地保护的法律规范散见于针对湿地生态系统的单项自然资源或特定区域保护的立法中。

我国2021年制定的《湿地保护法》第二条规定：“本法所称湿地，是指具有显著生态功能的自然或者人工的、常年或者季节性积水地带、水域，包括低潮时水深不超过六米的海域，但是水田以及用于养殖的人工的

---

① 赵蓓，王斌，宋文鹏．环渤海区域填海造陆对滨海湿地的影响研究[M]．北京：海洋出版社，2017：120.

② 梅宏，高歌．日本湿地保护立法及启示[J]．环境保护，2010(22)：72.

水域和滩涂除外。”

二、湿地与生物多样性保护

湿地是生命的摇篮。许多人不知道《湿地公约》，这与湿地不太为人所知有很大关系，但《湿地公约》短暂而迅速的发展历程却具有非常重要的意义。

湿地具有涵养水源、净化水质、调蓄洪水、控制土壤侵蚀、补充地下水、美化环境、调节气候、维持碳循环和保护海岸等极为重要的生态功能，是生物多样性的重要发源地之一。各国约定共同保护湿地，因为湿地不仅是各个国家的资源，也为他国甚至全球所共享。澳大利亚的鸻鹬必须落脚上海崇明东滩，西伯利亚的白鹤不得不到鄱阳湖越冬。一只迁徙鸟的生命历程需要相隔几千公里的多个湿地完成，没有其中的任何一块湿地都可能导致物种濒危，一个国家湿地的变化会对另一个甚至多个国家的湿地产生影响。湿地保护需要全球范围的国际合作。

签订保护湿地公约的想法起于1962年，那时在欧洲有许多湿地被开垦，导致许多水禽丧失了栖息地。美国动物学家霍夫曼致力于湿地研究和管理，他于1960年发起了一项拯救瓜达尔基维尔河周边自然湿地的活动。当时国际自然与自然资源保护联盟（现在的国际保护联盟）、国际水鸟与湿地研究局（现在的湿地国际）、国际保护鸟类理事会（现在的国际鸟类组织）也参与了该项目活动。他们于1962年11月开会研究了保护湿地的问题。经过8年的多次会议协商，在荷兰政府的支持下由马修斯教授主持起草了《湿地公约》的文本，当时文本的核心内容是保护水禽。最后于1971年2月在里海边的伊朗旅游城市拉姆萨尔召开了国际会议，18个国家的代表在公约文本上签了字。

《湿地公约》有过两次修改，第一次修改是1982年，第二次修改是1987年。1982年12月在法国巴黎联合国教科文组织总部召开了缔约方特别大会，通过了对公约文本的修正，即《巴黎议定书》。这是公约的第一次修改，规定了公约修改程序以及把阿拉伯文、法文、英文、德文、俄文和西班牙文定为正式语言。1984年5月在荷兰格罗宁根召开了第二届缔约方大会，制定了公约实施框架。1987年5—6月在加拿大里贾纳召开了缔约方特别大会以及第三届缔约方大会，对公约第6条和第7条进行了非实质性修改，规定了缔约方大会的权力，建立常委会、预算和常设执行局。这次大会还修改了国际重要湿地标准和建立湿地合理利用工作组。1988年7月在瑞士蒙特勒市召开了第四届缔约方大会。大会再次修改国际重要湿地标准，决定建立蒙特勒档案，设立湿地保护基金，决定把西班牙文作为公约的三种工作语言之一，其他两种工作语言是英文和法文。

三、湿地公约调整范围的扩张

湿地具有提供水源、补充地下水、调洪蓄水、保护堤岸、清除和转化毒物和杂质、保留营养物质等生态功能，对湿地生态功能的国际法保护显示了湿地公约调整范围的不断扩展。

为提高人们保护湿地的意识，1996年《湿地公约》第十九次常委会决定，将每年的2月2日定为世界湿地日。经过几十年的发展，《湿地公约》无论是组织机构，还是理念都发生了较大的变化，已经由最初的主要关注水禽栖息地的公约发展成一个保护湿地生态系统及其功能、维持湿地文化、实现社会经济可持续发展的公约，这明显不同于《联合国生物多样性公约》等单一目标的公约。

与生物多样性保护目标不同，1972年美国颁布的《清洁水法》中的“湿地条款”主要是为了保护水资源，因此其对湿地的界定与《湿地公约》有所不同。该法将湿地定义为：地表周期性或永久性被地表水或地下水淹没或浸没的地区，符合典型的湿生植物的产生条件，一般包括沼泽、湿草地、泥炭地及其他相似的地区[①]。与《湿地公约》不同，《清洁水法》规定的湿地范围不包括河流、湖泊，即使是水深不超过6米的河流、湖泊也不包括。美国保护湿地是为了保护“可航水域”。美国联邦1899年制定了

① 邵琛霞.美国湿地补偿制度及其对我国湿地立法的借鉴[D].上海交通大学凯原法学院,2011:17.

《河流和港口法》，其中规定：建设桥梁、闸坝或围堤、码头或进行河道整治，以及进行可能改变航道原有的特性的工程，必须经负责航道管理的陆军工程兵团批准，取得许可证。后来《河流和港口法》为美国《清洁水法》所替代，对湿地的保护也被纳入《清洁水法》之中。

从保护水禽到保护可航水域，《湿地公约》历届缔约方大会通过的决议充分反映了湿地生态功能的演变。1993年以前的大会决议，以及衡量国际重要湿地的标准等均以保护水禽为主，直到1996年第六次缔约方大会上才增加了鱼类作为衡量国际重要湿地的标准，并决定加强对泥炭地、珊瑚、海岸带、喀斯特地貌等湿地类型的重点保护。随后，湿地的水文学、净化水质、提供水源、水资源管理、流域综合管理、湿地文化等逐渐成为缔约方大会的热门话题和政策重点。其中，“水”已经成为《湿地公约》关注的重点，甚至有人说《湿地公约》的未来发展应该是“水公约”。如湿地常常作为居民生活用水、工业生产用水和农业灌溉用水的水源。湿地是一个巨大的蓄水库，可以在暴雨和河流涨水期储存过量的降水，均匀地把径流放出，减弱危害下游的洪水。当地下水位降低时，湿地可以补充地下水；而当地下水位过高时，湿地又可以充当地下水的排泄区。湿地发挥着净化水质的重要作用，将污染物“锁定”在沉积物、土壤及其植被中等。更能反映这一系统性演变的是1998年湿地公约常务委员会关于更改公约徽标的决定。在1989年至1998年间，《湿地公约》的徽标最初是飞行的水禽与其湿地栖息地的组合，而1998年之后的徽标则反映了湿地的多种功能，强调的是湿地生态系统，尤其是与水的关系。

第二节　湿地公约的国际适用

湿地公约的国际适用就是全球或世界某个区域的国家之间直接采纳认可或通过国内立法转化并适用（引用）湿地公约的相关规定。

一、里海区域的适用

《湿地公约》在伊朗的拉姆萨尔签订，这与里海的生态功能在国际法中的地位有很大关系。里海虽称海，但却是一个巨大的内陆咸水湖。里海也是世界上接壤周边国家最多的湖，一共与伊朗、俄罗斯、哈萨克斯坦、土库曼斯坦和阿塞拜疆5个国家接壤。

伊朗面积虽大，但高原和山地居多，且极度干旱缺水，虽石油产量大，但是土地并不肥沃。里海沿岸是伊朗最平坦的地区，且降水较多，是伊朗水资源最丰富的地区。俄罗斯、哈萨克斯坦和阿塞拜疆附近的里海水域油气资源丰富，因此这三个国家坚持里海为内陆海，应依据《国际海洋法公约》，对里海水体及海底进行划界，明确各国的主权和专属经济区范围。而伊朗、土库曼斯坦两国则因为附近水域油气资源相对较少，坚持认为里海是内陆湖泊，按国际法里海资源应当是沿岸各国的共同财产，任何国家开采里海任何资源必须征得各国同意或经协商后方能进行。

1991年苏联解体以前，里海是平静的。里海的地位已在1921年和1940年苏联与伊朗两国签订的条约中作了明确规定。但里海的法律地位不仅存在内陆海与湖泊的争议，还与国际保护野生水禽有很大关系。为此，1971年2月2日，苏联、英国和加拿大等国家的代表在伊朗的拉姆萨尔签署了《湿地公约》，防止里海作为水禽栖息地的湿地功能减弱。里海周围有大小100多条河流汇入，其中主要的河流包括伏尔加河、乌拉尔河、库拉河、捷列克河等。由于一些内陆湿地的消失，里海的水位不断下降。里海的水一半以上来自伏尔加河，伏尔加河也是欧洲最大的河流，流经包括莫斯科在内的多个俄罗斯主要城市，这增加了里海生态功能减弱的风险。

《湿地公约》最初只有18个参加国，到现在已有100多个缔约国。说明随着时间的推移，越来越多的人认识到保护湿地生态系统的重要性。各缔约国承认人类同环境的相互依存关系；考虑到湿地的调节水分循环和维持湿地特有的动植物特别是水禽栖息地的基本生态功能；相信湿地为具有巨大经济、文化、科学及娱乐价值的资源，其损失将不可弥补；期望现在及将来阻止湿地被逐步侵蚀及丧失；承认季节性迁徙中的水禽可能超越国界，因此应被视为国际性资源；确信远见卓识的国内政策与协调一致的国际行动相结合能够确保对湿地及其动植物的保护。

二、中国与东盟合作区域的适用

澜沧江—湄公河流域的湿地面积大，涉及柬埔寨、老挝、缅甸、越南、泰国、中国等6个国家，开展湿地保护管理合作对地区维护物种安全、水资源安全、粮食安全、应对气候变化等都具有重要作用。湄公河是世界上大型鱼类最多的河流，光是这条河里的鱼就有上千种。湄公河三角洲是位于东南亚中南半岛的一个地形区，在这里湄公河直接与大海汇流，是东南亚最大的湿地所在地，其中大部分区域位于越南境内。该地区多面环水，村庄之间须乘船抵达。为加强新型次区域合作，2016年在中国海南，澜沧江—湄公河流域6国首次领导人会议共同发起了澜沧江—湄公河合作机制，开启了澜湄合作新纪元。2018年在柬埔寨金边，第二次领导人会议提出了《五年行动计划（2018—2022）》，在多方面各领域进一步深化合作，充实了合作内容，推动澜湄合作由培育期迈入成长期。

红树林保护是澜湄合作的重要议题之一。红树林是中国及东南亚最具特色的海洋湿地生态系统，兼具陆地生态和海洋生态的特性。东南亚是全球红树植物的主要分布区域，但那里的红树林生存情况也并不乐观。20世纪80年代以来，在政府的鼓励下，东南亚的对虾养殖业发展迅猛。泰国、印度尼西亚、菲律宾、马来西亚、缅甸等国大面积的红树林被改造为鱼塘。随着湄公河流域的对虾养殖面积不断增长，大面积的红树林消失。在我国，红树林消失的主要原因同样是围塘养殖。相关调查数据显示，1980年至2000年间，我国共消失了一万多公顷的红树林，其中90%以上用于修建鱼塘。快速扩张的围塘养殖，在取得巨大的经济效益的同时，也带来了隐患。一方面围塘养殖直接破坏了大面积的红树林，另一方面造成了养殖污染，包括养殖尾水排放、清塘淤泥排放、农药残留等。

为了应对红树林面积减少、生态功能退化的问题，我国实施了多个以红树林为主要对象的国际合作项目。这些项目以引进国外的资金、技术和管理理念为主。广西北海山口红树林生态自然保护区于1990年经国务院批准建立，是中国首批5个国家级海洋类型自然保护区之一，1993年加入中国人与生物圈网络，2000年加入联合国人与生物圈网络。北海红树林湿地为海岸保护、环境维护等发挥了重要的生态服务功能。

第三节 湿地公约的国内适用

湿地保护涉及湿地公约的国内适用问题，以及各主权国家和地方之间多方面的利益冲突，因此湿地管理制度安排是关键，如果不能从源头上对各种矛盾纠纷进行规制，那么湿地管理就难以取得实效。

一、湿地公约对美国湿地保护的影响

美国湿地很多。五大湖是位于北美洲的淡水湖群，是苏必利尔湖、密歇根湖、休伦湖、伊利湖和安大略湖5个相连湖泊的总称。除密歇根湖属于美国外，其余4个湖均跨美国和加拿大两国。加入《湿地公约》以后，美国和加拿大政府经过协商建立了由湖区相关区域政府合作组成的国际湖区联合委员会。在20世纪后期，签订《大湖宪章》，作为合作共管的法律依据；签订《大湖契约》等，为湖区管理奠定了基本框架，并在此基础上签订修复、保护、合理利用的各种协议。

就美国的湿地管理来说，有30多个联邦机构或多或少地参与湿地的管理、恢复、改善、绘图、目录编制、划界、研究等工作。其中，美国陆军工程兵团、美国农业部下属的农场署和自然资源保护署、内政部下属的鱼类与野生生物署、商业部下属的国家海洋和大气管理局和国家环境保护局是主要的湿地管理机构。例如，《清洁水法》授权陆军工程兵团和环境保护局对湿地进行管理，它们的权限是相互关联且复杂的。

美国的湿地保护立法也错综复杂，形成了以美国宪法为基础，联邦、州和地方政府湿地保护法三级立法体系。联邦、州、地方三级立法体系虽

效率各异，但相互配合得非常妥当。其中，联邦一级制定的有关湿地法规，是湿地保护的主要法律依据，包括《国家环境政策法》《河口保护法》《河流和港口法》《鱼类和野生动物协作法》《北美湿地保护法》等。不过，美国联邦一级的立法尚无一部全面规范湿地保护事务的综合性湿地保护法[①]。

由于联邦湿地法规不具有优先适用的效力，各州可以自由地制订和适用自己的湿地法规。美国的“联邦—州”二元立法体制，使得州议会的立法权限比较宽泛，凡不是联邦专属立法权的事项以及不属于联邦和州宪法明文禁止的立法事项，州议会都可以行使立法权。作为湿地保护的先行者和积极推动者，20世纪60年代，美国各州和地方政府就开始通过法律保护湿地。以美国加利福尼亚州（简称“加州”）为例，1920年代，加州就建立了自然资源保护部门保护湿地，先后制定了与湿地相关的加州环境质量法、加州生态河流法、加州濒危物种法等，这些法律授权地方政府保护、恢复和改善湿地的一些职权。

美国不仅重视湿地保护法律体系的完善，还很重视法律的实施。1993年8月，为大力支持对美国湿地进行有效的保护和重建，提倡地方政府的参与，美国出台了《保护美国湿地：公正、灵活、有效的方法》，通过建立湿地保护区或湿地公园等形式对重要湿地加以保护和恢复。该文件明确了各州、地方政府、公众在湿地保护中的重要作用，强调美国湿地保护的目标为保持美国现有湿地的“零净损失”，提出了提高国家现有湿地资源质量，增加现有湿地的长期目标。

二、湿地公约对英国湿地保护的影响

英国全国列入湿地公约名录的湿地数目是《湿地公约》缔约国中最多的。与美国不同，英国很重视湿地管理的顶层设计，中央的法律比地方政府制定的法规效力更强，中央政府有责任起草全国性的湿地立法并通过议

① 梅宏.由墨西哥湾溢油事故反思美国滨海湿地保护的政策与法律[J].中国政法大学学报,2010(5):92.

会指导其实施，中央政府的部门在相关事务中有许多权力。在1949年《国家公园与乡土利用法》颁布之前不久，英国就设立了专门机构即自然管理委员会，专门负责英国的自然保护，包括自然保护区管理工作。该机构于1965年合并到自然环境研究委员会，1973年后又重新独立出来，并更名为自然保护委员会。1990年以后，随着地方分权势力的增强，这种中央性质的管理机构最终被解散，取而代之的是按地理分区重新组建的自然保护管理机构。与此同时，为了弥补中央性质的管理机构解体后可能出现的弊端，在新组建的地区自然保护委员会的基础上，成立了具有协调性质的自然保护联合委员会。此外，英国政府其他部门（如农业和林业等部门）以及地方政府（尤其是规划部门）在各自的职责范围内也都依法承担了相应的自然保护义务，如规划部门负责对保护区内土地利用申请进行审查。由此可见，英国湿地保护区管理体制最基本的特点是：由比较专门的机构对自然保护区实行统一管理，同时，其他政府部门在各自管辖范围内协助自然保护机构开展工作[①]。

在英国，中央政府对国家所有的湿地，一般实行严格的指令控制加以保护，但对一些私人所有的湿地，极少运用国家强制手段加以管理，往往通过公共购买和签订行政合同并用等方式对其加以管理和保护，如《野生动物和农村法》规定：对于具有自然保护价值，特别是对具有国际或国家重要性湿地中采取的一些活动，国家有权发布命令，要求国家自然保护委员会必须在15个月内与湿地所有权人解决分歧并达成协议。

为了让公众自觉接受湿地保护法，英国很重视公众参与制度的建构，让湿地利益惠及湿地保护区内的居民和周边居民。英国湖区国家公园是英格兰和威尔士的11个国家公园中最大的一个，也被认为是风景最美的一个。为了应对经济发展和环境保护之间的矛盾冲突，湖区成立了专门的委员会——国家公园管理委员会，由委员会来协调当中的利益。国家公园管理委员会的职责是讨论各项决定，比如有哪些建筑需要整修，哪些地方污染较严重以及如何解决等。国家公园管理委员会在制定条例时还会尽量对

① 李仁强.全球变化下生物多样性适应性保护规划与管理[M].北京:中国言实出版社,2018:74-75.

英国湿地保护法予以具体化细节化，例如减少商铺的开设，减少建筑的破坏和再建造等。此外，英国国家公园协会也会参与其中，为了保护国家公园的利益而向当地政府提出立法方面的建议和意见。

三、湿地公约对韩国湿地保护的影响

韩国的湿地政策演变基本上可以划分为三个阶段：湿地开发阶段（1990年以前）、湿地政策转变阶段（1990—2005年）和湿地保护阶段（2005年至今）。1962年韩国虽然制定了《公共水域循环法》，通过许可制度来管理公共水域的活动，但政策上仍然鼓励围垦，以换取农业等发展空间。20世纪70年代，随着韩国内需的增加，一些大型围垦工程出现，一度为韩国经济迅速增长提供了动力，韩国的经济发展虽然很快，但大量的围垦工程也引发了生态危机。20世纪90年代早期，韩国政府开始转变政策，积极引入发达国家湿地新政策，制定了《环境政策基本法》和《环境保护法》，来保护自然环境。到20世纪90年代后期，韩国政府还专门成立了海事渔业部门，对滨海湿地进行综合管理，并制定《海岸带管理法》加强对海岸带的管理。尽管如此，在1999年以前很长的一段时间里，韩国不但没有保护滩涂反而进行了“新万金”“始华”等世界级的大规模围海造田工程，对滨海湿地造成很大破坏。

1997年7月，韩国加入《湿地公约》，成为该公约第101个缔约国。为迎合国际趋势，韩国于1999年制定了《湿地保护法》，首次以专门法的形式保护湿地，这是韩国湿地政策的重要转折点。2007年，韩国制定《海洋生态管理法》，保护滨海湿地。2008年10月28日，《湿地公约》第十届缔约方大会在韩国举行，大会的主题是“健康的湿地，健康的人类”。韩国总统李明博在开幕仪式上致辞，阐述湿地生态系统与人类健康和可持续发展战略的密切关系。大会讨论了湿地和人类健康等33个议题。在反复协议和磋商后，大会通过了“增进作为湿地系统的稻田生物多样性”“加强对保护水鸟飞行路线的国际合作”“气候变化和湿地”和“湿地和生物能源”等32项决议。其中，在“增进作为湿地系统的稻田生物多样性”这项决议中，将稻田列入《湿地公约》，加强了对稻田生态价值的认识，并将通过持续可行的种植法，共同加强稻田的生物多样性。由韩国起草、专家会议最终定案的《有关人类健康与湿地的昌原宣言》（以下简称《昌原宣言》）是本届大会的最大成果之一。《昌原宣言》将湿地看作天然的水基础设施，提出各国政府应从国家角度解决气候变化问题，将湿地管理纳入有效的战略决策体系。该宣言向制定湿地政策的决策者强调了湿地的价值和保护湿地的必要性，并提出了具体实施方案。《昌原宣言》对于国际社会如何保护湿地具有指导意义。《湿地公约》第十届缔约方大会是韩国主办的非常有意义的国际会议。通过主办这次会议，韩国政府向国际社会表明了保护湿地尤其是滨海湿地的决心，韩国政府和民众也对《湿地公约》的意义有了新的认识①。

四、国外湿地保护法对我国湿地管理的启示

启示一，应依法协调湿地保护与开发利用各方的矛盾冲突。在国外，由于许多湿地属于私人所有，美国、英国这些国家一般通过“行政契约”的形式协调湿地所有者与管理者的关系。在我国，湿地归国家或集体所有，如何协调管理权与所有权，则是一个难题。美国、英国等国家建立了许多湿地保护的法律制度，如湿地权属制度、湿地环境影响评价制度、湿地监测制度、湿地审批许可制度、湿地自然保护区制度、湿地保护公众参与制度以及湿地法律责任制度等。在这些制度中，湿地权属制度是对湿地保护最有影响力的制度。而在我国，由于当前湿地产权制度不规范，产权不清晰、关系不明确的问题依然存在，这种情况严重制约了湿地的保护和利用，也为湿地管理的矛盾冲突留下了隐患。例如，我国现有法律法规中的湿地自然保护区权属法律制度，由于片面强调自然保护的一面，而漠视了土地经济功能的发挥和自然保护区土地的财产属性。政府因财政能力有限，将土地经营管理权授予自然保护区管理机构，这就意味着自然保护区管理机构可以利用行政管理权、土地经营权集于一身的便利，追逐湿地利

① 梅宏.滨海湿地保护：韩国的立法及启示[J].湿地科学与管理，2011(4)：54.

益。这样一来，不仅湿地管理所追求的生态保护目标难以实现，而且湿地自然保护区利益并未服务于解决社区贫困问题，造成了社区与政府之间的利益冲突。新时期如何深化湿地产权制度改革，建立合理合法、长期稳定的湿地产权关系，是亟待解决的一个重要问题。

反观美国、英国这些湿地保护较好的国家，他们的相同做法就是通过法律来规范湿地保护和居民的利益冲突。1986年，美国在《食物安全法》中制定了“湿地破坏者”条款。“湿地破坏者”条款旨在为湿地开发与保护确立一个平衡点，使得当事人可在权衡相应的农业优惠政策和对湿地进行破坏性索取所获利益之间进行理性的选择。如果一个农场项目要排干被保护湿地上的水，那么这个项目的收益将被农业部长否决。虽然美国、英国的法律体系表面上看很杂乱，但实质上联系很紧密，这是因为湿地的权属规定很明确，湿地行政主管部门只能按照程序进行监管，防治湿地所有者权利滥用。目前，我国地方政府申报各类湿地保护区的积极性并不高，他们担心申报了保护区之后，国家投入的钱太少，他们反而没有自主权了。现在积极申报保护区的地方，无非受两个方面的利益驱动，一是希望得到国家的资金支持，二是需要品牌来发展旅游业。如果纯粹是为了保护湿地，地方政府的积极性并不高。同时，林业部门常被农民告上法庭，原因是湿地保护过程中对农民利益造成了损害。也就是说，由于我国湿地权属不清，容易出现管理者与公众产生冲突的现象，因此，我国应通过湿地立法厘清湿地经营管理中的权属关系。湿地管理部门一方面应保障公众湿地权益，另一方面应依法行政，做到湿地管理实质合法和形式合法。美国、英国虽然是判例法国家，但在湿地管理方面却有明确的法律。我国是大陆法系国家，法院没有创制先例的权力，就更需要有一部湿地法律。因此，我国应制定湿地保护法律，通过依法确立湿地权属，建立湿地管理档案等制度，协调湿地保护与开发利用各方的矛盾冲突。

启示二，建构湿地综合管理协调中心具有必要性。在我国，有草地、林木、水和滩涂的管理法，湿地的组成部分都有相应的管理法律，为什么还要单独的湿地立法？这是因为湿地虽然是由水、草、土、木、动物等构成的，但它们合起来所形成的特殊形态的生态系统，所表现出来的生态特征、自然属性、管理需求，却是我国诸环境资源法仍不能满足的。环境法律自近代滥觞以来，其格局在现代发生着深刻而快速的变化。其中重要的一点，就是环境法律开始由线型的、单一要素的环境保护，转变为立体多维网状的生态保护，这种保护在立法结构上的体现，就是从原来的对诸如土地、林、草、水、动物等分割资源要素的管理，到对它们“合成”的形态各异的生态系统的管理，也就是从经济的、功能的资源管理，向生态的、和谐的生态系统管理的迈进。湿地立法的出现，深刻地印证了这一点。所谓生态系统管理，是指在充分认识生态系统整体性与复杂性的前提下，以持续地获得期望的物质产品、生态及社会效益为目标，并依据对关键生态过程和重要生态因子长期监测的结果而进行的管理活动。生态系统管理思想的形成肇始于美国。20世纪80年代，随着生态学的发展，美国对自然资源的管理由围绕单一物种或单一资源，越来越接近整体论的形式，由此产生生态系统管理的概念。

为克服分散的湿地管理体制带来的问题，需要有一个主导机构来协调和整合各管理机构和利益主体之间的矛盾冲突。在美国，为了处理复杂的湿地问题，有时会在总统领导下成立临时性的协调机构，如机构间湿地工作组，以协调联邦与州、州与州之间的湿地管理工作。2001年，为了协调《清洁水法》和《濒危物种法》的执行问题，美国联邦环境保护局、鱼类与野生生物服务署、国家海洋与大气管理局等机构共同签署了合作备忘录，协调和改善各机构行动，在全国范围内协调管理，合作制定和执行全国水质量标准，监督各州及地方政府的执行情况，协调管制和保护程序。在英国，则主要由环保、水务或国家自然保护委员会承担湿地管理工作，其他部门协同。

我国加入《湿地公约》后，在国家林业和草原局下设湿地管理司（中华人民共和国国际湿地公约履约办公室），承担湿地管理等专项工作，因此，我国林业部门在湿地管理中具有重要作用。湿地管理司的主要职责包括：起草湿地保护管理法律法规、部门规章草案；拟订全国性、区域性湿地保护政策、规划、标准并组织实施，组织实施湿地生态修复、生态补偿工作；负责全国湿地资源的监督管理，指导湿地保护工作，监督管理湿地的开发利用；组织开展全国湿地资源动态监测与评价，开展湿地生态状况评估并发布相关信息等。国务院明确了国家林业和草原局在湿地保护方面负有组织协调的职能，却并没有赋予其“统一管理”职能。湿地管理涉及国土、林业、农业、环保、水利等多个部门的职责，从我国行政机构的结构来看，林业部门也难以对其他主管部门进行指挥协调。借鉴美国、英国这些国家的湿地保护的经验，法律一般在赋权专门机构行使专项的湿地管理职能的同时，还通过中央和强化地方政府的一些综合性协调机构来解决各部门的利益冲突。所以，我国应该在国务院和省级地方政府建立综合性的环境保护协调机构，形成宏观统一组织协调前提下的多部门参与的多中心治理的湿地管理机制。

2021年12月24日，第十三届全国人民代表大会常务委员会第三十二次会议通过了《湿地保护法》，自2022年6月1日起施行。《湿地保护法》规定，国务院林业草原主管部门负责湿地资源的监督管理，负责湿地保护规划和相关国家标准拟定、湿地开发利用的监督管理、湿地生态保护修复工作。国务院自然资源、水行政、住房和城乡建设、生态环境、农业农村等其他有关部门，按照职责分工承担湿地保护、修复、管理有关工作。《湿地保护法》还规定省级以上人民政府及其有关部门根据湿地保护规划和湿地保护需要，依法将湿地纳入国家公园、自然保护区或者自然公园；在湿地范围内从事旅游、种植、畜牧、水产养殖、航运等利用活动，应当避免改变湿地的自然状况，并采取措施减轻对湿地生态功能的不利影响。《湿地保护法》对泥炭沼泽和红树林湿地进行了专门规定，这对海岸防护将起到重要作用，同时保护红树林还可有效缓解温室效应等。

主要参考文献

一、专著类

[1] 蔡守秋.基于生态文明的法理学［M］.北京：中国法制出版社，2014.

[2] 蔡守秋.环境与资源保护法学［M］.长沙：湖南大学出版社，2011.

[3] 蔡守秋，常纪文.国际环境法学［M］.北京：法律出版社，2004.

[4] 杜群.生态保护法论——综合生态管理和生态补偿法律研究［M］.北京：高等教育出版社，2012.

[5] 黄锡生，等.环境与资源保护法学典型案例解析［M］.重庆：重庆大学出版社，2010.

[6] 金瑞林，汪劲.20世纪环境法学研究评述［M］.北京：北京大学出版社，2003.

[7] 理查德·拉撒路斯，奥利弗·哈克.环境法故事［M］.曹明德，李兆玉，赵鑫鑫，等译.北京：中国人民大学出版社，2013.

[8] 吕忠梅.环境法新视野［M］.北京：中国政法大学出版社，2019.

[9] 马汉.海权论［M］.一兵，译.北京：同心出版社，2012.

[10] 那力.国际环境法［M］.北京：科学出版社，2005.

[11] 钱俊生，余谋昌.生态哲学［M］.北京：中共中央党校出版社，2004.

[12] 王立.中国环境法的新视角［M］.北京：中国检察出版社，

2003.

［13］王曦.美国环境法概论［M］.武汉：武汉大学出版社，1992.

［14］徐国栋.绿色民法典草案［M］.北京：社会科学文献出版社，2004.

［15］徐祥民，胡中华，梅宏.环境公益诉讼研究——以制度建设为中心［M］.北京：中国法制出版社，2009.

［16］周珂.环境与资源保护法［M］.北京：中国人民大学出版社，2015.

［17］朱力宇，叶传星.立法学［M］.北京：中国人民大学出版社，2015.

二、期刊类

［1］蔡守秋.从我国环保部门处理环境民事纠纷的性质谈高效环境纠纷处理机制的建立［J］.政法论坛（中国政法大学学报），2003，21（5）：3-12.

［2］常纪文.新《环境保护法》：史上最严但实施最难［J］.环境保护，2014（10）：23-28.

［3］杜群.环境法与自然资源法的融合［J］.法学研究，2000（6）：119-128.

［4］高利红，余耀军.环境民事侵权适用惩罚性赔偿原则之探究［J］.法学，2003（3）：106-112.

［5］金成波.信息与规制事务办公室：美国行政立法的看门人［J］.国家行政学院学报，2016（5）：126-131.

［6］金果林，德永健.中外防治水污染立法的演进历程［J］.中国人大，2007（17）：25-27.

［7］李国强.碎裂型政府架构下的行政事务管理——以美国湿地管理机制为例［J］.公共管理学报，2007，4（4）：31-37，122.

［8］林震，冯天.邓小平生态治理思想探析［J］.中国行政管理，

2014（8）：10-12.

［9］吕忠梅.论生态文明建设的综合决策法律机制［J］.中国法学，2014（3）：20-33.

［10］钱水苗.环境法调整对象的应然与实然［J］.中国法学，2003（3）：25-33.

［11］桑东莉.美国《超级基金法》责任条款的司法博弈［J］.法学评论，2013（1）：146-152.

［12］孙佑海.环境法治建设：人与自然和谐发展的保障［J］.人民论坛，2005（11）：16-17.

［13］王灿发.论生态文明建设法律保障体系的构建［J］.中国法学，2014（3）：34-53.

［14］王树义.论生态文明建设与环境司法改革［J］.中国法学，2014（3）：54-71.

［15］徐祥民.环境权论——人权发展历史分期的视角［J］.中国社会科学，2004（4）：125-138，208.

［16］余俊，温秀丽.美英湿地保护法对我国湿地管理的启示［J］.中国政法大学学报，2014（3）：30-36，158.

［17］张璐.生态经济视野下的自然资源权利研究［J］.法学评论，2008（4）：116-122.

［18］张梓太.论我国环境法法典化的基本路径与模式［J］.现代法学，2008，30（4）：27-35.

［19］周珂，陈微.新修订《环境保护法》向环境污染宣战［J］.环境保护，2014（11）：27-31.